EUGENIO XAMMAR

EL HUEVO DE LA SERPIENTE

TRADUCCIÓN DE ANA PRIETO NADAL
PRESENTACIÓN DE CHARO GONZÁLEZ PRADA

BARCELONA 2005   ACANTILADO

PRIMERA EDICIÓN *septiembre de 2005*
TÍTULO ORIGINAL *L'ou de la serp*

Publicado por:
ACANTILADO
Quaderns Crema, S. A., Sociedad Unipersonal

Muntaner, 462 - 08006 Barcelona
Tel.: 934 144 906 - Fax: 934 147 107
correo@acantilado.es
www.acantilado.es

© 2005 by Herederos de Eugenio Xammar
© de la traducción, 2005 by Ana Prieto Nadal
© del artículo de Josep Pla «Cosas de Baviera: Hitler (monólogo)»,
1923 by Herederos de Josep Pla
© de esta edición, 2005 by Quaderns Crema, S. A.

Derechos exclusivos de edición:
Quaderns Crema, S. A.

Esta obra ha sido editada con ayuda de la Dirección General del Libro,
Archivos y Bibliotecas del Ministerio de Cultura.

En la cubierta, fotografía de Eugenio Xammar saliendo
de la Cancillería en Berlín, tomada el año 1934

ISBN: 84-96489-16-7
DEPÓSITO LEGAL: B. 36.785 - 2005

AIGUADEVIDRE *Gráfica*
QUADERNS CREMA *Preimpresión*
ROMANYÀ-VALLS *Impresión y encuadernación*

Bajo las sanciones establecidas por las leyes,
quedan rigurosamente prohibidas, sin la autorización
por escrito de los titulares del copyright, la reproducción total
o parcial de esta obra por cualquier medio o procedimiento mecánico o
electrónico, actual o futuro—incluyendo las fotocopias y la difusión
a través de Internet—y la distribución de ejemplares de esta
edición mediante alquiler o préstamo públicos.

El Acantilado, 114
EL HUEVO DE LA SERPIENTE

CONTENIDO

PRESENTACIÓN, *por Charo González Prada*, 9

LA ALEMANIA DE HOY: La República aún tiene miedo, 15 — LA ALEMANIA DE HOY: El hundimiento del marco: los valores nominales y los valores efectivos, 19 — DE ALEMANIA: Política interior. El Gobierno y los partidos, 24 — LA ALEMANIA DE HOY: Reparaciones y estabilización del marco o el cuento de nunca acabar, 28 — LA ALEMANIA DE HOY: El cuento de nunca acabar o las reparaciones y la estabilización del marco, 33 — LA ALEMANIA DE HOY: El problema de las reparaciones y su solución, 36 — LA ALEMANIA DE HOY: Entrada de invierno, 42 — LA ALEMANIA DE HOY: El proceso Harden, 46 — NOTAS DE ALEMANIA: Berlín y la ocupación de la cuenca del Ruhr, 50 — LA ALEMANIA DE HOY: De la cuenca del Ruhr a la cuenca del Volga, 55 — NOTAS DE ALEMANIA: Cataluña en Berlín, 60 — LA SITUACIÓN EN LA CUENCA DEL RUHR: La ocupación y el problema de las reparaciones, 64 — LA ALEMANIA DE HOY: 3.500.000.000.000, 68 — LA ALEMANIA DE HOY: La situación financiera, 73 — LA ALEMANIA DE HOY: El presupuesto y el mecanismo de la baja del marco, 76 — LA ALEMANIA DE HOY: Una voz sensata, 80 — JORNADAS EN LA CUENCA DEL RUHR (I): Día de llegada a Essen, 85 — JORNADAS EN LA CUENCA DEL RUHR (II): Día de llegada a Essen, 90 — JORNADAS EN LA CUENCA DEL RUHR (III): Consejos de guerra, 93 — JORNADAS EN LA CUENCA DEL RUHR (IV): La ocupación de una ciudad, 98 — JORNADAS EN LA CUENCA DEL RUHR (V): El gran problema. De Essen a Düsseldorf en un tren militar francés, 103 — JORNADAS EN LA CUENCA DEL RUHR (VI): Intermedio en Düsseldorf, 107 — JORNADAS EN LA CUENCA DEL RUHR (VII): Conversaciones con gente de poca importancia, 111 — JORNADAS EN LA CUENCA DEL RUHR (VIII): La resistencia de los mineros, 115 — JORNADAS EN LA CUENCA DEL RUHR (IX): Los ingenieros esperan su hora, 119 — JORNADAS EN LA CUENCA DEL RUHR (X): De la nueva guerra a la nueva paz, 124 — JORNADAS EN LA CUENCA DEL RUHR (Y XI): De la nueva guerra a la nueva paz, 127 — LA ALEMANIA DE HOY: Periódicos y periodistas (I), 131 — LA ALEMANIA DE HOY: Periódicos y periodistas (II), 136 — LA ALEMANIA DE HOY: Periódicos y periodistas (III), 139 — EL PROBLEMA DE LAS REPARACIONES: Tragedia de errores, 143 — La nueva Internacional. Los hombres y el programa, 146 — ALEMANIA Y LAS REPARACIONES: Una voz contra el empréstito internacional, 149 — LA ALEMANIA DE HOY: Pasividad, 152 — LA ALEMANIA DE HOY: El caso Fechenbach y el problema de Baviera, 156 — LA ALEMANIA DE HOY: El primer viaje del «Albert Ballin», 159 — LA ALEMANIA DE HOY: El dictador bávaro, 162 — LA ALEMANIA DE HOY: Baviera: galería de retratos, 166 — LA ALEMANIA DE HOY: La crisis de la unidad, 170 — LA ALEMANIA DE HOY: Sigue la crisis, 173 — LA ALEMANIA DE HOY: Fuera de Berlín, 177 — DE LA ALEMANIA DE HOY: El oasis de Colonia, 180 — DE LA ALEMANIA DE HOY: La organización del movimiento separatista, 183 — DE LA ALEMANIA DE HOY: El golpe de Estado como espectáculo, 187 — DE LA ALEMANIA DE HOY: Matthes habla del presente y del futuro de la República renana, 193 — DE LA ALEMANIA DE HOY: El separatismo y la Bolsa negra, 197 — DE LA ALEMANIA DE HOY: Von Kahr explica el golpe de Estado de Múnich, 200 — DE LA ALEMANIA DE HOY: Adolf Hitler o la necedad desencadenada, 204 — LA INQUIETANTE PERIFERIA GERMÁNICA: Cosas de Baviera: Hitler (monólogo), *por Josep Pla*, 208 — DE LA ALEMANIA DE HOY:

Un consejo de amigo a los tenedores de marcos, 213 — DE LA ALEMANIA DE HOY: Quien tiene marcos no tiene ni tendrá nunca nada, 217 — DE ALEMANIA: Una conversación con el canciller Marx, 221 — ALEMANIA: Explicaciones, en lugar de pronósticos electorales, 230 — DE ALEMANIA: Los conservadores después de las elecciones, 235 — EN ALEMANIA: Las elecciones vistas desde Berlín, 240 — DE ALEMANIA: El plebiscito autonomista de Hannover, 244 — ALEMANIA: El Parlamento, la crisis y la Constitución del señor Preuss, 247 — DE ALEMANIA: El general Von Seeckt, 253 — Los monárquicos rusos se ponen en evidencia, 256 — ALEMANIA: Siete candidatos, 261

APÉNDICE: VIEJAS NACIONES Y NUEVOS ESTADOS

Masaryk, presidente del pueblo, 269 — Una jornada con el presidente Masaryk, 274 — La industria checoslovaca y sus problemas, 282 — A través de la Eslovaquia liberada, 288 — Bratislava, o la gloria de la fraternidad, 294

PRESENTACIÓN

Xammar me ha enseñado más que todos los libros juntos. Es el hombre más inteligente que conozco.

JOSEP PLA

Eugenio Xammar (Barcelona, 1888-L'Ametlla del Vallès, 1973) publicó ya en su juventud sus primeros artículos en el semanario *La Tralla* y en *El Poble Català*, pero fue en Londres, en calidad de corresponsal de un periódico catalán—*El Día Gráfico*—, donde se inició de verdad como periodista, además de frecuentar a intelectuales españoles—Ramiro de Maeztu y Julio Camba entre otros—, y donde, sin duda, su mentalidad y su carácter acabaron de definirse, deudores de una filiación inglesa que no lo abandonó jamás. Corresponsal de guerra para *La Publicitat* después de breves etapas en el periodismo barcelonés y en el de Madrid, Xammar comenzó un largo periplo por el extranjero: desde Ginebra—donde trabajó para la sección de información de la Sociedad de Naciones—se trasladó a Berlín. Allí, de 1922 a 1937, fue, sucesivamente (y a veces simultáneamente), corresponsal de diarios catalanes, madrileños—*El Liberal*, *El Heraldo de Madrid* y, sobre todo, *Ahora*, desde su creación en 1930 —y sudamericanos.

Xammar dice en sus memorias que llegó a Berlín «un día de invierno, frío y con niebla» de 1922. Encontró un país deprimido en todos los sentidos. El Tratado de Versalles había impuesto duras indemnizaciones de guerra.

Además había crisis económica, y la ocupación francesa del Ruhr—habiéndose negado Alemania a pagar íntegramente las controvertidas reparaciones de guerra—agravó el panorama: se perdió la confianza en la moneda y estalló una inflación sin precedentes. En este contexto, Xammar escribió—no siempre con regularidad—sus crónicas, primero para *La Veu de Catalunya* y, después, para *La Publicitat*.

Era el Berlín de la posguerra europea: se digerían las durísimas condiciones de la derrota y se gestaba el nazismo. Xammar estaba, pues, en el centro neurálgico de las preocupaciones europeas, y eso en la misma época en que España vivía los primeros años de la dictadura de Primo de Rivera. En Berlín coincidió con Josep Pla—entonces corresponsal de *La Publicitat*—, con quien durante unos años (de 1923 a 1925) llevó una actividad profesional paralela: así, viajaron juntos a la Renania ocupada y a la Baviera donde se estaba incubando el fascismo. «Hicimos muchas interviús», escribió Pla, «y, si el país hubiera tenido sensibilidad europea, habríamos adquirido fama de grandes periodistas.» El resultado fue media docena de artículos en los que, en efecto, aparecen entrevistados los protagonistas políticos del momento y en los que se trata el intento frustrado de golpe de Estado que Hitler protagonizó en Múnich. Esta serie de artículos fue interrumpida bruscamente después de una entrevista con el mismo Hitler—Xammar promete al final del artículo una continuación que jamás llegaría a publicarse—, censurada, en parte, allí donde se menciona la expulsión de los judíos españoles. No deja de ser una hipótesis aventurada que la responsabilidad de la interrupción fuera de la dirección del periódico, pero la versión de Pla para *La Publicitat*[1] demuestra que existía más material sobre aquella entrevista. Xammar no volvió a colaborar en *La Veu* hasta meses más tarde, cuando envió—con la firma conjunta de Josep Pla—unas cartas al director sobre el periodismo en Cataluña que suscitaron una considerable polémica en la prensa barcelonesa del momento. Poco tiempo después de que Pla abandonara Berlín, en mayo de 1924, Xammar empezó a escribir para *La Publicitat*. Fueron años de intensa amistad con el escritor ampurdanés, que en su obra ha dejado testimonio de las tertulias en casa de Xammar, «el círculo de Berlín». En 1925 viajaron juntos a Rusia. De este viaje, Pla envió artículos a *La Publicitat*, mientras Xammar escribía para *La Veu*. Esta serie de crónicas marca el final de una larga etapa de colaboración con periódicos catalanes. Las crónicas rusas, como las cartas de la polémica Pla-Xammar, están recogidas en un volumen presentado por Josep Badia i Moret y editado por Quaderns Crema (*Periodisme*, 1989).

Años más tarde, Xammar se vería sorprendido en Berlín, primero, por la llegada de Hitler al poder, y después, por el comienzo de la Guerra Civil española. Pasó el resto de la guerra como agregado de prensa de la República en la embajada de París. Acabada la Segunda Guerra Mundial, trabajó en Francia para la Associated Press y después fue, durante muchos años, traductor de las Naciones Unidas en Nueva York y en Ginebra. Vivió sus últimos años entre Granollers y L'Ametlla del Vallès, donde murió el 5 de diciembre de 1973.

CHARO GONZÁLEZ PRADA

[1] Recogido en las páginas 208-213 de este volumen.

EL HUEVO DE LA SERPIENTE

LA ALEMANIA DE HOY

LA REPÚBLICA AÚN TIENE MIEDO

Se sabe desde hace unos días: el ciudadano Fritz Ebert continuará siendo presidente de la República hasta el día 20 de junio de 1925. Faltaba una formalidad para que la modificación constitucional aprobada por el Reichstag quedara sancionada a efectos prácticos: la aceptación oficial de la parte del mismo ciudadano Fritz Ebert. La República alemana, joven y todavía bastante desorientada, debe ir improvisando poco a poco su protocolo. Y los orígenes revolucionarios y socialistas que la República tiene en Alemania hacen que la sistematización de la nueva cortesía oficial sea una tarea poco sencilla. (Ha sido necesario que pasaran años, por ejemplo, antes de que el jefe del Estado se haya atrevido a enarbolar en público un sombrero de copa alta.) No hay precedentes y se han ido creando. El Reichstag decidió prolongar el término de autoridad del presidente Ebert. ¿Qué era preciso hacer para informar del acontecimiento al interesado?

Se ha mantenido el principio de huir de la ostentación. Se decidió que una comisión del Reichstag, con el presidente a la cabeza, iría oficialmente a ver al jefe del Estado, para informarle de la decisión del Parlamento y para rogarle que accediera a quedarse. Así se ha hecho. Los dos presidentes, los dos ciudadanos Ebert y Loebe, se han encontrado cara a cara y lo cierto es que no por primera vez. Numerosas plataformas electorales y revolucionarias, numerosos comités de huelga los reunieron en tiempos pasados. Los tiempos presentes exigen de uno y otro una actividad más acompasada y ceremoniosa. Como presidente del Reichstag, el ciudadano Loebe ha comunicado al jefe del Estado la decisión del Parlamento. Como presidente de la República, el ciudadano Ebert ha dicho que se inclinaba ante la decisión del Parlamento. Los periódicos han reservado a la información del acto un lugar destacado en segunda página. Y el ciudadano Fritz Ebert continuará al frente de los asuntos del Estado hasta mediado el año 1925.

Nadie lo lamenta. El presidente Ebert tiene el oficio de sillero. Todo el mundo lo sabe y la mayoría lo ha olvidado. Pero la prensa de la derecha no deja escapar una sola ocasión, cuando se presenta, para recordarlo, y lo hace de tal guisa que se diría que, al estallar la revolución, el ciudadano Ebert dejó una silla a medio rellenar para meterse a presidente de la República sin más. Lo cual no debe creerse, puesto que en realidad el presidente Ebert desde su juventud dejó el oficio para ejercer de periodista, para dedicarse a la propaganda política y para ejercer de administrador de sindicatos obreros poderosísimos. Y es de suponer que el hombre debe poseer cualidades de discernimiento, adaptación y, por tanto, de aptitud para el mando superiores a las del común de los mortales, si atendemos a cómo, después de haber hecho una carrera regularmente ascensional, se aguanta desde hace cuatro años en una posición delicada y consigue fortalecer su prestigio. Su autoridad en los consejos del Gobierno tiene más peso cada día, y su popularidad en el país es cada vez mayor. Nadie duda de que si el día 2 de diciembre se celebraran las elecciones para la presidencia, como en un primer momento se había pensado, el presidente Ebert saldría reelegido por una gran—grandiosa—mayoría.

Aun así, las elecciones han sido aplazadas. Habrá que preguntarse por qué y tratar de explicarlo.

Previamente, una anécdota servirá para ahorrarnos explicaciones más prolijas. No hace mucho que la Administración Postal alemana devolvió a su expedidor una tarjeta postal con la mención reglamentaria: «Dirección insuficiente, imposible encontrar al destinatario». Esta tarjeta postal iba dirigida al jefe del Estado con dos palabras: «Reichspresident Ebert». Claro y conciso, pero insuficiente para la Administración Postal.

Si se trata, en cambio, de encontrar a las autoridades pretéritas, los funcionarios están dispuestos a tomarse todas las molestias necesarias. También recientemente, uno de estos bienaventurados que tienen la manía de escribir a los soberanos mandó desde un pequeño pueblo de Bélgica una carta dirigida a «Monsieur l'Empireur, Allemagne». La carta llegó a Berlín y a pesar de que la dirección era insuficiente y estaba escrita en francés—y mal escrita, por añadidura—la tarjeta postal no fue devuelta. Antes bien, los funcionarios se tomaron la molestia de traducirla y de completar la dirección: Berlín C2, Schloss. Así debían ir dirigidas, en efecto, las comunicaciones transmitidas por el correo a la corte imperial. Pero sucede que el Estado republicano ha instalado en los locales del antiguo correo imperial un instituto de biología, cuyo director se ha encargado de dar publicidad a este documento bastante interesante para quien quiera conocer el estado psicológico de buena parte de la burocracia alemana.

Si damos valor a esta anécdota singular, huelga decir que es porque se podría alargar tanto como se quisiera la lista de ejemplos análogos. La República en Alemania se asienta sobre un consenso colectivo lo suficientemente amplio para ser calificado de general, sobre la convicción de muchos ciudadanos y sobre el entusiasmo activo de muy pocos. Vive desde hace cuatro años en estado de perpetua defensa, pero no se decide a atacar. Y, en cambio, sus adversarios atacan: hoy devuelven una postal diciendo que no saben dónde está el presidente de la República y mañana intentan asesinar al canciller. Tan pronto como el Gobierno hizo pública la intención de celebrar las elecciones presidenciales el 2 de diciembre, el Partido Nacional Alemán decidió—aunque no oficialmente—que frente a la candidatura del presidente Ebert habría la del mariscal Hindenburg. Simultáneamente, el Partido Popular declaró ser partidario del aplazamiento.

No había temor de que el mariscal Hindenburg—que desde hace cuatro años se dedica a pavonearse en las fiestas de regimiento—saliera elegido. Pero, en cambio, el Partido Popular, que es la representación política de la gran industria, ha temido tener que decidir entre el ciudadano Ebert y el mariscal Hindenburg, o, lo que es lo mismo, entre la república y la monarquía. Y el miedo del Partido Popular se ha contagiado al Gobierno, porque el Partido Popular, aunque no forma parte del Gobierno, es la fuerza que tiene más influencia sobre el Gobierno de Alemania. Y este tema, por sí solo, merecería otra crónica.

Berlín, noviembre de 1922

[*La Veu de Catalunya*, 9-XI-1922]

LA ALEMANIA DE HOY

EL HUNDIMIENTO DEL MARCO: LOS VALORES NOMINALES Y LOS VALORES EFECTIVOS

La Comisión de Reparaciones se halla en Berlín en negociaciones directas con el Gobierno alemán. ¿De qué se trata? De poner orden en las finanzas de Alemania, sin lo cual no es posible practicar una política de reparaciones que dé un rendimiento efectivo. Pero, para que la ordenación financiera de Alemania sea posible, antes es indispensable—todo el mundo lo reconoce—que se estabilice el curso del marco. Éste es, pues, el grave y urgente problema de ahora: la estabilización de la moneda alemana. La Comisión de Reparaciones y el Gobierno alemán se ocupan de encontrar una solución al problema.

Si no la encuentran no será por falta de ayudantes competentes. Mientras, por un lado, se reunían los ministros y los miembros de la Comisión de Reparaciones, por el otro, se ha reunido estos días en Berlín una comisión internacional de técnicos, banqueros y economistas, con el propósito de ver si es posible estabilizar el marco. Esta comisión la integraban las figuras más destacadas de la economía mundial. Banqueros, como el holandés Vissering y el inglés Brand, gerente de la casa Lazard de Londres, y el alemán Fürstenberg. Profesores de economía, como el americano Jenks, el sueco Cassel, el alemán Schumacher y, naturalmente, Keynes, el diagnosticador de las consecuencias económicas de la paz. Desde hace tres años todos estos señores se han convertido en médicos de cabecera del marco, y el marco ha ido empeorando cada día más.

Sin ninguna relación de causa a efecto, la última reunión de los facultativos ha coincidido con una nueva crisis del paciente. Todavía no había atravesado ninguna tan fuerte. Cuando la Comisión de Reparaciones llegó a Berlín, un dólar—100 marcos más o menos—valía 4.000 marcos desde hacía quién sabe cuántos días. Parecía exactamente como si, cansado de tanto bajar, el marco quisiera estabilizarse por sí mismo. Cuando se reunió la comisión internacional de técnicos, el dólar continuaba valiendo todavía 4.000 marcos. Pero al finalizar esta comisión sus tareas, dos días después, el dólar valía más de 6.500 marcos. En el momento en que escribo, 6.666 exactamente. Un magnífico capicúa.

—No puede estar más claro—me dice un amigo alemán después de enterarse del último cambio—. Seguimos el curso de la corona austriaca, a pocos meses de distancia. Espere un poco y ya verá lo que va a pasar en Berlín.

Vamos a esperar y a ver qué pasa. Pero nadie sabría decir qué es lo que va a pasar. ¿Continuará la baja? Las fuerzas que empujan al marco hacia el abismo son poderosas y complejas: los especuladores, una gran parte de la banca dedicada al comercio de divisas, una gran parte de la industria pesada (el obrero alemán no llega a ganar hoy, en valor real, ni la tercera parte de lo que ganaba antes de la guerra) y, si hay que guiarse por la actitud de la Bolsa de Nueva York, los mismos Estados Unidos. Francia, por su parte, tiene un claro interés en evitar que el marco sea definitivamente aniquilado como la corona austriaca o el rublo comunista, y este interés lo comparten tanto la clase media alemana—que vive de milagro—como los obreros alemanes, que, desde hace unos años, no saben lo que es comprarse ropa nueva o ahorrar cinco céntimos. Del Gobierno alemán no hace falta hablar. Sus intenciones son buenas, pero su impotencia es completa. Un alemán conocedor de las costumbres españolas lo ha comparado, muy atinadamente, con una «tertulia» que discute los acontecimientos día a día sistemáticamente, pero sin tener ningún tipo de intervención ni de influencia.

Entretanto, con el dólar a 6.500 marcos y la vieja nomenclatura monetaria en vigor, hacer comparaciones entre el valor nominal y el valor efectivo de las cosas y de los servicios resulta una operación entretenida. Nunca las cosas habían valido tanto como ahora y nunca habían sido tan abaratadas. Los alemanes se quejan y se escandalizan, y parece como si no supieran hacerse a la idea. La duración del prestigio del marco entre el pueblo alemán es un fenómeno psicológico de lo más curioso. Debe tenerse en cuenta que un marco no llega a ser hoy una décima de céntimo de peseta, y que en los barrios obreros los céntimos de marco todavía no intervienen en las operaciones. Que la mantequilla cueste 1.000 marcos la libra, el pan 100, un panecillo 12 marcos, un doble de cerveza 80, un sombrero 6.000, una liebre 2.000, una libra de buey 700, un billete sencillo en tranvía 20, un diario 15 y el gas 30 marcos el metro cúbico, son cosas que a un alemán no le entran en la cabeza.

—Ya ve, ya ve—os dirá—. Veinte marcos el tranvía y hablan de ponerlo a treinta o a cuarenta. No habrá manera de vivir.

Los precios nominales—hay que confesarlo—son impresionantes de verdad. Tomando el marco a la par, lustrarse los zapatos cuesta 10 duros; no se puede comer decentemente en un restaurante por menos de 1.000 pesetas; para lavarse las manos en el baño de un café, hay que dar 5 duros de propina (y, si no, se queda mal); coger un coche de línea por menos de 100 duros es impensable; hacerse afeitar cuesta 70 pesetas y 20 de propina; escribir a un amigo, 6 pesetas, y si vive en el extranjero, cuatro veces más; ir a Múnich en primera vale hoy 2.500 pesetas, si no 3.000. Las tarifas normales del mundo deben multiplicarse por tres, cuatro o quinientas veces su valor.

Pero, una vez hecha mentalmente la operación de cambio, los precios efectivos resultan muy distintos. Al limpiabotas se le dan 4 céntimos, se puede comer bien por 4 duros, basta con dar 10 céntimos de propina en un guardarropía para ser tomado por millonario; los coches de línea son tan baratos en Berlín como los tranvías en Ginebra, y se puede ir al barbero por menos de una peseta. Si suben el tranvía a 40 marcos, como dicen, costará en realidad 4 céntimos. Actualmente, sólo cuesta 2. Los precios normales del mundo quedan reducidos a la tercera, cuarta o quinta parte.

Hay dos excepciones: los ferrocarriles y el correo. El caso de estos dos servicios es mucho peor. Una carta para el interior de Berlín cuesta 3 marcos (menos de la tercera parte de un céntimo); para Alemania, 6 marcos (algo más de un céntimo); y para el extranjero, 20 marcos (no llega a 2 céntimos). El día 15 de este mes, las tarifas ascienden al doble, y el déficit de los servicios postales previsto para el presente ejercicio es, naturalmente, formidable: 50.000 millones de marcos. En los ferrocarriles la situación es análoga: por cuatro cuartos se hace el trayecto Berlín-Hamburgo (270 kilómetros) en segunda, y para ir de Koenigsberg a la estación alemana de Basilea (cuarenta horas y dos noches de tren) es suficiente con 8 o 10 pesetas para hacer el viaje, con vagón cama incluido. Para primeros de diciembre se ha previsto un aumento de tarifas del cincuenta por ciento, pero nadie dice que una nueva depreciación del marco no pueda dar a este aumento un carácter ilusorio. Y, si bien es verdad que durante el primer semestre los ferrocarriles alemanes no han tenido déficit, tampoco han ganado ni un céntimo, y no hay que olvidar que antes de la guerra el superávit era de 1.200 millones de marcos oro anuales.

[*La Veu de Catalunya*, 15-XI-1922]

DE ALEMANIA

POLÍTICA INTERIOR.
EL GOBIERNO Y LOS PARTIDOS

Decíamos el otro día que la fuerza política más influyente de Alemania—el Partido Popular—está gobernando el país desde fuera del Gobierno. Este hecho crea una situación interesante que a cada momento se agrava y de la que vale la pena hablar.

El Gobierno Wirth vive en estado de crisis desde el día en que se constituyó. Integrado por representantes del Partido Socialdemócrata, del Partido Democrático y del Católico, disponía hasta hace poco de unos doscientos veinte votos en una cámara que tiene alrededor de cuatrocientos setenta miembros. Según soplara el viento, giraba ahora a la derecha, ahora a la izquierda, para pedir que lo ayudaran a salir del apuro. Para la política exterior llamada de ejecución, podía contar con los 70 votos del que hasta hace pocas semanas ha sido Partido Socialista Independiente. Las exigencias de la política interior, en cambio, tanto si se trataba de alcanzar el acuerdo para el empréstito obligatorio de 1.000 millones de marcos oro como si era preciso hacer una afirmación del principio de autoridad ante una huelga de los servicios públicos, lo empujaron a buscar la ayuda del Partido Popular. Sin mayoría propia, el Gobierno ha ido viviendo especialmente del crédito que algunos de sus hombres, como el canciller Wirth y aún más el ministro de Finanzas Hermes (por no hablar de Walter Rathenau, eliminado del modo más trágico y estúpido),[1] tienen en el extranjero.

Parlamentariamente, la situación ha cambiado. La unificación de los dos partidos socialistas da a la coalición gubernamental una mayoría decisiva. Si los dos partidos burgueses, desde el primer momento, hubieran convenido en rehacer el gabinete y dar al Partido Socialista Unificado una representación en el Gobierno proporcional a su fuerza en el Reichstag, la República alemana tendría hoy, por vez primera desde su institución, un gobierno con mayoría propia en el Parlamento. Sería, con todo, un gobierno de acusada tendencia socialista, porque los socialistas tienen, por sí solos, casi el doble de fuerza parlamentaria—y electoral—que los católicos y demócratas juntos. Y eso es precisamente lo que los partidos burgueses no han querido. Así pues, la crisis continúa, y bajo la presión de los hechos cotidianos, de los últimos días sobre todo, parece agudizarse sin remedio. Nadie dice que en el momento de la publicación de esta crónica no exista ya un planteamiento oficial. Nadie puede decir tampoco que el Gobierno no vaya a aguantar aún unas semanas más. Lo mismo da. Como habíamos dicho ya, el gran problema político de la Alemania de hoy se plantea fuera del Gobierno.

Tan pronto como los dos partidos socialistas realizaron la unificación, los tres partidos burgueses republicanos (los católicos y demócratas son republicanos por principios, los populares lo son por oportunismo) con-

---

[1] Ministro de Asuntos Exteriores, asesinado por la extrema derecha ese mismo año (1922).

certaron un convenio para dirigir de común acuerdo los trabajos parlamentarios. Desde el Gobierno, católicos y demócratas, al asociarse para el trabajo parlamentario con el Partido Popular, que no tiene representación en el Gobierno, indicaban cuál era la posición que tomaban ante la unificación de las fuerzas socialistas. Dijeron muy claro, sin necesitar ser muy explícitos, que no querían un gobierno de afirmación republicana con preponderancia socialista, y que era necesario ensanchar la coalición gubernamental a derecha y a izquierda. Si los socialistas unificados quieren que los antiguos socialistas independientes tengan en el Gobierno una representación personal, es preciso que entre también en el Gobierno, para mantener el equilibrio, una representación del Partido Popular.

Hace ya algún tiempo que se habla de la participación directa del Partido Popular en el Gobierno. Hace ya un año y medio que el Gobierno Wirth lo quiere y lo teme. El Partido Popular es la expresión política de la gran industria alemana, sin cuyo concurso es imposible—una vez eliminadas las soluciones francamente socialistas—practicar una política económica que permita salir de la desorganización y de las ficciones del presente. Todo gira hoy en torno al problema de las reparaciones. La clave del problema de las reparaciones son los libramientos en especie, y la gran industria tiene en sus manos la posibilidad de hacer que esos libramientos pasen del papel de los convenios a la realidad de las transacciones efectivas. No bastó que el demócrata Rathenau pusiera en Wiesbaden los fundamentos y abriera el camino a una política acertada. Ha sido preciso que pasaran dos años y que en la realización de esta política Hugo Stinnes,[1] miembro del Partido Popular, viera allí un negocio.

Fuera del Gobierno, los grandes industriales del Partido Popular, después de poner obstáculos durante años a la política de reparaciones del Gobierno, han llevado, cuando les ha convenido, al problema de las reparaciones a dar los primeros pasos hacia su solución. Fuera del Gobierno, el Partido Popular tiene suficiente fuerza para determinar el aplazamiento de las elecciones a la presidencia de la República. Se comprende perfectamente que una fuerza así no tenga prisa por participar nominalmente en el Gobierno, ni se avenga tampoco a participar de una manera modesta. El Partido Popular no tiene ningún inconveniente en gobernar; ni lo tiene en participar en un gobierno de coalición, puesto que, dado el reparto de las fuerzas políticas alemanas, no es posible ninguna otra solución. En principio, la colaboración con los socialistas tampoco lo asusta. El Partido Popular sólo pone una condición para entrar en el Gobierno: quiere la dirección de la política exterior. De lo cual los socialistas no quieren, naturalmente, ni oír hablar.

Hasta ahora, el canciller Wirth se ha dejado llevar por los socialistas, y el Partido Popular espera pacientemente ante la puerta de la casona de la Wilhelmstrasse que le llegue la hora de entrar. Todo induce a creer, empero, que esta hora está próxima. La autoridad de Wirth se tambalea, porque su prestigio en el extranjero decae. Las mayores probabilidades de sucederle las tiene el actual ministro de Finanzas, Hermes, al cual se considera

[1] Empresario alemán, creador de un gran complejo industrial.

como un aliado del Partido Popular. Pero, aunque Wirth no se derrumbe en esta etapa de crisis perpetua, es dudoso que se decida a ceder el Ministerio de Asuntos Exteriores a los socialistas mientras la gran industria contempla el hundimiento financiero de Alemania y no mueve un dedo para detenerlo.

Berlín, noviembre de 1922

[*La Veu de Catalunya*, 16-XI-1922]

LA ALEMANIA DE HOY

REPARACIONES Y ESTABILIZACIÓN DEL MARCO O EL CUENTO DE NUNCA ACABAR

Se está representando en estos momentos una nueva refundición de la comedia de gran espectáculo llamada de las reparaciones y estabilización del marco. La acción del primer acto sucede esta vez en Berlín, y el éxito ha sido, como siempre, deplorable. De nada ha servido el cambio de escenario, ni haber dado en esta ocasión unos cuantos papeles importantes a actores alemanes distinguidos, ni haber contratado—sin reparar en gastos—una lucida comparsería de técnicos y banqueros extranjeros, escogidos entre lo mejor del mundo. Absolutamente de nada. Acaba de caer el telón tras el primer acto, una parte de la compañía ha vuelto a París con intenciones, según dicen, de representar el segundo, la comparsería se dispersa y el público tiene, más que nunca, la sensación de que lo están engañando. Un dramaturgo ruso, Chéjov, el admirable autor de *El jardín de los cerezos* y de *Las tres hermanas*, pretendía por medio de un diálogo divergente crear lo que él denominaba una «atmósfera». Probablemente Chéjov no sospechaba que al cabo de unos años los capitostes de la política adoptarían con tanto entusiasmo los principios de su estética teatral. Desde hace cuatro años, los hombres de Estado no hacen sino sostener diálogos divergentes, con lo que contribuyen a crear en Europa una atmósfera irrespirable.

La Comisión de Reparaciones se ha ido sin llegar a entenderse con el Gobierno alemán. Era de esperar. Las proposiciones de la Comisión le han parecido inaceptables al Gobierno alemán y las contraproposiciones del Gobierno alemán le han parecido inaceptables a la Comisión. No es necesario entrar en los detalles de estas proposiciones y contraproposiciones. Su importancia es escasa porque sus resultados serán nulos. Ambas partes, Comisión de Reparaciones y Gobierno alemán, tienen razón. Es una manera como otra cualquiera de decir que no la tiene nadie.

A los señores de la Comisión de Reparaciones resulta algo difícil entenderlos. Se sabe lo que quieren: cobrar. Pero el problema de las reparaciones ha entrado en una fase que hace insuficiente el «qué» y exige además un «cómo». Además de la cuestión de principio, resuelta por el Tratado de Versalles, se presenta un problema de método que el tratado no resuelve. La tarea de la Comisión de Reparaciones debería ser precisamente la de resolver este problema de método, y, con toda objetividad, es preciso confesar que las cosas suceden como si los hombres que componen esta opulenta Comisión no entendieran en absoluto el negocio que se traen entre manos. El mes de marzo de este año, por ejemplo, la Comisión de Reparaciones exigió al Gobierno alemán, con toda energía y solemnidad, la imposición de 60.000 millones de marcos papel de nuevas contribuciones. El Gobierno alemán rechazó esta exigencia. La Comisión de Reparaciones insistió en su postura y, entretanto, la moneda alemana se ha ido depreciando hasta el punto de no valer hoy más del cuatro por ciento de lo que valía en el mes de marzo. Así, para satisfacer a la Comisión de Reparaciones, las nuevas contribuciones deberían ser de 500.000 millones en lugar de 60.000 millones.

Si el Gobierno alemán hubiera aceptado hace ocho meses el plan de la Comisión y hubiera creado los 60.000 millones de impuestos nuevos, ¿se habría avanzado en algo? Está claro que no. Actualmente la Comisión de Reparaciones propone como panacea el establecimiento de un control financiero tanto para la administración federal de Alemania como para las administraciones de cada uno de los países federados. La tarea principal de este control sería velar por que la recaudación de los impuestos existentes fuera estrictamente ejecutada, y averiguar qué gastos superfluos pueden ser inmediatamente reducidos o suprimidos. Programa admirable... si no fuera porque la moneda alemana es el marco papel y, por tanto, basta con que el dólar suba de 10.000 a 20.000—lo cual no tiene nada de inverosímil—para que el valor real de los impuestos quede reducido a la mitad, y el valor nominal de los gastos imposibles de suprimir—e incluso de reducir—se duplique. Todo ello sin contar con que semejante control exigiría una gran cantidad de funcionarios a los que sería preciso pagar en oro.

Francamente, los señores de la Comisión de Reparaciones son ya demasiado mayores y están demasiado bien pagados. Al cabo de cuatro años, actúan como si el tiempo no hubiera demostrado ni enseñado nada, ni los hechos tuvieran ninguna clase de importancia. Quieren cobrar y ayudan con todas sus fuerzas, que son todavía muchas, a que la operación resulte cada día más difícil. Y los días pasan y el marco papel es cada día, por así decirlo, de un papel más malo, y deviene un instrumento inútil para todo aquello que no sea la prolongación de la ficción económica en que Alemania vive actualmente.

Así de claro lo han visto las sumidades económicas y financieras que el Gobierno alemán ha convocado para que lo iluminen a él y a la Comisión de Reparaciones. Sus informes son dignos de Monsieur de La Palice. Llamados a dar su opinión sobre un enfermo, la han formulado, más o menos, en los siguientes términos:

—Usted está, en efecto, enfermo, muy enfermo, acaso más enfermo de lo que cree. Y, desengáñese, lo que le conviene es ponerse bien. Y mientras dure la fiebre, no se haga ilusiones, podrá mejorar, pero bien, lo que se dice bien, no se pondrá. Haga bajar la fiebre, repóngase y, cuando lo haya conseguido, vaya a tomarse las aguas. No se le ocurra ir a un balneario mientras se encuentre así, pues no le serviría de nada ni podemos garantizarle las consecuencias.

Dicho de otro modo: Alemania debe equilibrar el presupuesto; mientras no lo consiga, no puede haber equilibrio en la balanza de pagos, y sin esta condición no hay manera de estabilizar el marco sólida y definitivamente. Toda medida de carácter parcial corre el peligro de ser reducida a la nada por la absorción cada día más formidable del déficit.

Exacto. Pero, si el equilibrio del presupuesto y de la balanza de pagos son las condiciones para la estabilización del marco, ¿cuál es la condición para que el equilibrio del presupuesto y la eliminación del pasivo en la balanza de pagos de Alemania resulten operaciones posibles?

Está claro que la condición no es el aumento de los impuestos (en marcos papel), ni el control financiero para asegurar que la recaudación del papel vaya como una seda. La respuesta a la pregunta que acabamos de formular no es ni puede ser otra que la siguiente: la ficción de la deuda de reparaciones. Mientras no se determine la deuda de reparaciones, no hay posibilidad de que Alemania pueda tener las cuentas claras, ni de que se le pueda exigir el equilibrio del presupuesto. Mientras el presupuesto no se equilibre, no hay posibilidad de que la balanza de pagos devenga activa. Y, mientras Alemania salde sus cuentas interiores con pasivo, sus acreedores del exterior cobrarán muy poco o nada. Lo cual es una verdadera lástima porque Alemania puede pagar bastante.

Y como ya hemos anunciado que este tema era el cuento de nunca acabar, no podemos sino dejar los intentos de demostrar lo que decimos para otro día.

Berlín, noviembre de 1922

[*La Veu de Catalunya*, 22-XI-1922]

LA ALEMANIA DE HOY

EL CUENTO DE NUNCA ACABAR O LAS REPARACIONES Y LA ESTABILIZACIÓN DEL MARCO

Durante la guerra abundaban en Alemania los artículos de papel: sábanas, calcetines, barracas, alfombras, ropa de hombre y de mujer, cestas y cortinajes. Al cabo de cuatro años de paz, todas estas cosas vuelven a ser de verdad. De papel ya no hay nada más, por así decir, que las servilletas de los restaurantes y los marcos. Sobre todo los marcos.

Parece un misterio. Alemania es un país al que no le faltan—muy al contrario—los elementos de riqueza: una agricultura sabia que sabe sacar partido de las tierras menos fértiles, una industria admirablemente desarrollada, abundantes minas de carbón, una técnica sin par y un sistema de transportes perfecto. Y la representación de todo esto no es más que una montaña de papel que crece cada día y que cuanto más crece menos valor tiene. Bajo el peso de esta montaña, cuyo nombre técnico es el de deuda flotante, la vida financiera de este país se ha convertido en una inmensa ficción y su economía se ahoga. Y los acreedores de Alemania, brillantemente representados por la Comisión de Reparaciones, se están quedando con un palmo de narices.

Que Alemania no tenga un gran interés en pagar es humanamente comprensible y, por tanto, es natural hasta cierto punto que el Gobierno alemán proponga expedientes dilatorios incluso a sabiendas de que el problema fundamental queda sin resolver. Más misterioso resulta que los acreedores de Alemania hagan lo mismo, que la Comisión de Reparaciones pida que el Banco de Alemania se deshaga de la mitad de su reserva de oro—500.000 millones de marcos—para contribuir a una operación de estabilización provisional del marco con la que no se conseguiría más que el aplazamiento del problema a seis meses vista. ¿Será que los acreedores de Alemania no quieren cobrar?

Decíamos el otro día que sin equilibrio financiero interior no hay manera de que un Estado pueda efectuar pagos al exterior. Equilibrio financiero interior significa equilibrio del presupuesto. Y no hay equilibrio del presupuesto posible sin una moneda estable. Y Alemania no tiene crédito ni podrá tenerlo mientras la cifra de la deuda de reparaciones sea, legalmente, la fijada en el Estado de Pagos de Londres, impuesto a Alemania bajo forma de ultimátum hace dos años.

Es fácil de entender. El Estado de Pagos de Londres fija la cifra de la deuda de reparaciones en 132.000 millones de marcos oro de principal con un interés del cinco por ciento y amortizable en cincuenta años. En total suma—dicen los que lo han contado—unos 210.000 millones de marcos oro. Los 132.000 millones están divididos en tres series de cédulas. Una serie A de 20.000 millones, una serie B de 32.000 millones y una serie C de 80.000 millones. La garantía de esta bendición de papel es, naturalmente, Alemania. De entrada Alemania dijo que no podía garantizar semejante suma, pero sus acreedores le exigieron por medio de un ultimátum que dijera que sí, y Alemania dijo que sí, que lo garantizaba todo. Por prometer que no quede.

Establecido el Estado de Pagos de Londres y arrancado el consentimiento de Alemania, ya no faltaba sino una cosa: negociar en la Bolsa las cédulas de la deuda de reparaciones. Primero las de la serie A, después las de la serie B y, finalmente, las de la serie C. Una millonada... si la Bolsa las tomara. Pero las cédulas de la deuda de reparaciones no encuentran tomador. El mercado financiero mundial no cree en la solvencia de Alemania. Y la deuda de reparaciones sin negociar es papel mojado.

La actitud del mercado financiero es de lo más natural. Se basa en el siguiente hecho: la riqueza total de Alemania, hoy por hoy, no pasa—admitiendo las tasaciones más optimistas—de 230.000 millones de marcos oro. Es, pues, sensiblemente igual a la cifra que Alemania debe hacer efectiva según el Estado de Pagos de Londres. Alemania tiene hipotecada la totalidad de su riqueza, la riqueza que permite vivir a un pueblo de 60 millones de almas con sus correspondientes cuerpos. No tiene nada de raro que, en estas condiciones, este pueblo no tenga crédito. Ni podrá tenerlo mientras el Estado de Pagos de Londres subsista.

Que Alemania no puede pagar 210.000 millones de marcos oro es evidente. Que Alemania no pueda pagar nada, o que ya haya pagado todo lo que podía pagar, es evidentemente exagerado. Ni los alemanes, que son sensatos, pretenden tal cosa. Hace algunos días el cronista de *La Veu de Catalunya* tuvo el privilegio de hablar con una de las personalidades más eminentes de la Alemania de hoy. Las declaraciones de esta personalidad saldrán en *La Veu* tan pronto como el texto haya sido aprobado por su autor, actualmente ocupado en una tarea importantísima. Al hablar del problema de las reparaciones nos dijo:

—Fíjese bien en que yo no digo que Alemania no deba pagar nada o que no pueda pagar nada. Alemania ha perdido la guerra y eso jamás sale gratis. Alemania debe pagar y queremos pagar. Se trata de que nos digan cuánto, y que este cuánto esté dentro de los límites de lo posible.

¿Qué es lo posible con las capacidades actuales y futuras de Alemania? Mucho menos de 232.000 millones y mucho más que nada. ¿Cuánto? Que nuestros lectores nos perdonen. Ya lo avisamos en el título de estas crónicas. La respuesta la daremos en el próximo artículo.

Berlín, noviembre de 1922

[*La Veu de Catalunya*, 29-XI-1922]

LA ALEMANIA DE HOY

EL PROBLEMA DE LAS REPARACIONES Y SU SOLUCIÓN

Si hemos de considerar el problema de las reparaciones como un problema puramente político, es posible que las malas lenguas tengan razón. Las malas lenguas pretenden que las divergencias entre Alemania y Francia no son sino un modo de hablar. Alemania dice que no puede pagar de ninguna manera, y Francia que quiere cobrar bien que mal. Pero, en realidad, ni Alemania quiere pagar por el momento ni Francia tiene el menor interés en cobrar demasiado rápido. Alemania piensa que, encadenando una moratoria con otra, quizá llegue el día de no tener que pagar nada. Y Francia piensa que, conservando tanto como se pueda la posición de acreedor no satisfecho, tal vez no llegue nunca el día de irse de las tierras del Rin.

Supongamos que las malas lenguas no tienen razón. Si la tuvieran, la solución al problema de las reparaciones sería, tarde o temprano, la guerra. Es más agradable, pues, suponer que no la tienen. Y planteando, por tanto, el problema de las reparaciones en el terreno económico, ¿cuál puede ser la solución?

No hay sino una. Que Alemania pague... y que Francia se avenga a cobrar e irse del Rin tan pronto como haya cobrado o tenga la garantía de que va a cobrar puntualmente. Alemania puede pagar. No puede pagar, naturalmente, los 210.000 millones de marcos oro que le pide el Estado de Pagos de Londres. No puede pagarlos porque apenas los vale Alemania entera. Si los pagara, los 60 millones de habitantes, reducidos al pauperismo, deberían vivir de la beneficencia y éste es un lujo que el mundo no puede permitirse. Pero decíamos en nuestra crónica anterior que entre 210.000 millones y nada hay margen para numerosas soluciones intermedias. ¿Qué les parecerían a ustedes, por ejemplo, 50.000 millones de marcos oro?

Es una cantidad respetable. Tan respetable que ciertamente no podría pagarla Francia en treinta años sin arruinar sus finanzas. A duras penas Inglaterra o los Estados Unidos. Y a pesar de ello, si los acreedores de Alemania quisieran cobrar lo que buenamente Alemania puede pagar, Alemania debería poder pagar buenamente 50.000 millones de marcos oro sin arruinarse.

Preguntan: ¿cómo es posible que Alemania pueda pagar una suma superior a las actuales capacidades de pago de Francia o de Inglaterra? La respuesta es muy sencilla: Alemania está en situación de pagar gracias a la desvalorización del marco. Esta desvalorización representa, para el Estado alemán y para la economía alemana, una ganancia formidable, y esta ganancia puede dedicarse al pago de las reparaciones.

Nos explicaremos. La ganancia tiene cuatro fuentes: la venta de marcos al extranjero, la cancelación automática y casi total de la deuda interior—tanto del estado federal como de los estados federados y municipios—, la cancelación automática y casi total de la deuda en obligaciones de los ferrocarriles del Estado, y la cancelación automática y casi total de las hipotecas sobre la propiedad rústica y urbana.

Lo que la venta de marcos al extranjero haya podido producir no es fácil de calcular. Faltan las estadísticas, y las estimaciones son discordantes. Un puñado de miles de millones de marcos oro, en cualquier caso. Negocio perfectamente lícito realizado por Alemania a costa de los señores que se han dedicado a comprar marcos con la exclusiva y piadosa intención de enriquecerse a costa de Alemania. Pero, frente a las demás ganancias, ésta tiene relativamente escasa importancia.

La cancelación de la deuda pública es el capital fuerte. Antes de la guerra Alemania tenía, junto con los estados federados y los grandes municipios, una deuda de 20.000 millones de marcos oro. A esta cifra hay que añadirle 78.000 millones de marcos de empréstitos de guerra. Unos 100.000 millones de marcos en conjunto, cuyo servicio de intereses y amortización sube a más de 6.000 millones de marcos por año. Pero el marco a duras penas tiene hoy la milésima parte del valor que tenía al firmarse el armisticio. En el momento actual, la deuda pública efectiva de Alemania no llega a 100 millones de marcos oro, y el servicio de intereses y amortización no llega a los 5 millones de marcos oro por año. Toda la deuda pública de Alemania, estado federal, estados federados y grandes municipios, es inferior en valor efectivo a la deuda del Ayuntamiento de Barcelona. No creemos que ningún otro país se encuentre en un caso parecido, a no ser alguna de las infinitesimales repúblicas de Centroamérica.

Por el mismo procedimiento automático han sido eliminadas la deuda en obligaciones de los ferrocarriles del Estado (25.000 millones de marcos oro, que han quedado reducidos a una veintena de miles de millones) y las hipotecas sobre la propiedad rústica y urbana (alrededor de 70.000 millones, que han quedado convertidos en menos de 70).

Así pues, Alemania no tiene, hoy por hoy, deuda interior. Tiene, además, la red de ferrocarriles completamente amortizada, junto a una propiedad rústica y urbana limpia de hipotecas.

Hemos dicho que todo esto eran ganancias y lo son. Pero está claro que ni para la economía general ni para las finanzas del Estado se trata de ganancias absolutas.

Son ganancias conseguidas a base de la miseria de una gran masa de rentistas, una parte considerable de la pequeña y mediana burguesía. Un número incalculable de familias han sido lenta e implacablemente expropiadas en el espacio de cuatro años y se encuentran hoy con que, aun conservando la misma renta nominal, en realidad no tienen nada, pues si antes de la guerra 10.000 marcos, por ejemplo, garantizaban la vida confortable de una familia de cinco personas durante un año, hoy no llegan ni para ir al mercado una semana entera. Una parte de estas familias tienen reservas de juventud y capacidad que les permiten recuperarse e incluso convertirse en fuerzas de producción. Muchas otras, en cambio, por vejez o incapacidad, constituyen un problema de beneficencia que preocupa ya al poder público. Y todas han perdido por completo, por lo menos de momento, la posibilidad de tributar. Nada puede exigir el fisco a quien nada tiene.

Cuando la Comisión de Reparaciones pretende que los pagos de Alemania deben salir de un aumento de la tributación, pretende una imposibilidad. Si no hubiera otras razones—y las hay—, la que hemos expuesto demuestra suficientemente que la capacidad tributaria de Alemania debe haber disminuido por fuerza. Sin embargo, el presupuesto alemán puede saldarse con superávit, porque si las posibilidades de recaudación han menguado, mucho más aún han menguado, debido a la desaparición de la deuda interior, las obligaciones del Estado.

Para que el presupuesto federal de Alemania se salde con superávit y los ferrocarriles, liberados del pago de intereses a los obligacionistas, vuelvan a dar, por lo menos, el beneficio anual de 1.200 millones de marcos oro que daban antes de la guerra, sólo es preciso que Alemania pueda llevar las cuentas claras y prever con seguridad los ingresos y los gastos. Para ello es indispensable una moneda estable, el oro. Y el oro no circulará normalmente mientras no se restablezca la confianza, es decir, el crédito. Y Alemania no tendrá el menor crédito mientras sus acreedores mantengan el Estado de Pagos de Londres.

Que digan los acreedores de Alemania que se contentan con 50.000 millones de marcos oro y que, tan pronto como el pago de esta cantidad esté sólidamente garantizado, retirarán el ejército de ocupación, que cuesta 900 millones de marcos oro al año. Esta suma, unida al superávit del presupuesto y al de los ferrocarriles, garantiza plenamente el servicio de intereses y amortización de una deuda de 50.000 millones de marcos oro. Además, Alemania puede ofrecer al extranjero, como garantía de los empréstitos que necesite para el funcionamiento normal de su economía, el conjunto de la propiedad rústica y urbana libre de hipotecas.

Pero si las malas lenguas tienen razón, y Francia dice que quiere cobrar, por no decir que quiere quedarse con el Rin, y Alemania dice que quiere pagar lo que pueda con la intención de no pagar nada si puede, entonces, naturalmente, todo lo que acabamos de decir no tiene ningún sentido.

[*La Veu de Catalunya*, 1-XII-1922]

LA ALEMANIA DE HOY

ENTRADA DE INVIERNO

Al ir languideciendo un día tras otro con agradable lentitud, el otoño nos ha dicho definitivamente: «Adiós.» Hace tres días cayó sobre Berlín y el norte de Alemania la primera nevada fuerte del año. No cesa de helar ni de día ni de noche. Hemos entrado de lleno en el invierno y no saldremos de él hasta abril.

Estamos a las puertas del quinto invierno de paz. Contamos los inviernos de paz como solíamos contar los inviernos de guerra, y eso quiere decir que no hemos salido todavía del terrible ínterin comenzado hace ocho años. ¿Tenemos por lo menos la esperanza de salir de ella? Desde Alemania, excelente observatorio central, la situación de Europa no parece excesivamente halagüeña.

Puede decirse que la situación de la misma Alemania no lo es en absoluto. El invierno que empieza nos atemoriza a todos. Hasta ahora, por lo menos, el trabajo abundaba. Hacia finales del pasado verano la cifra de obreros desempleados alcanzó un nivel ínfimo, sin precedentes en la historia de ningún país industrial. Con las industrias a pleno rendimiento, todos los obreros tenían trabajo, y la abundancia de trabajo es un factor poderosísimo de tranquilidad. Pero si el trabajo empieza a escasear, nadie puede prever lo que hará una clase trabajadora espoleada por el hambre y el frío. Inglaterra ha atravesado sin sacudidas revolucionarias una crisis aguda de paro forzoso, porque el obrero inglés acababa de salir de una larga época de prosperidad, y el Estado, por otra parte, ha tenido suficiente resistencia financiera para cubrir, por medio de un socorro sustancial, las necesidades más inmediatas de los desempleados. Muy diferente es el caso de Alemania, donde el obrero no ha podido ahorrar ni un céntimo desde hace cuatro años, y el Estado vive en plena ficción económica. Para afrontar una crisis de paro forzoso no existe, hoy en día, en Alemania, ninguna fuerza de resistencia efectiva.

Y, entretanto, aparecen síntomas de inquietud. El inmenso edificio de papel construido gracias a la inflación fiduciaria se agrieta. Tomemos el ejemplo, sin ir más lejos, de los tranvías de Berlín. Hace un mes y medio el trayecto costaba 20 marcos, hace tres semanas subió a 30 y a partir de hoy vale 50, y, a pesar de todo, la Administración prevé un déficit para el mes de diciembre de más de 500.000 marcos, además de tener que despachar cerca de dos millares de trabajadores. Pues sucede que cada nueva subida de las tarifas ha determinado una reducción considerable del trasiego, y la autoridad municipal, a fin de no agravar aún más el desastroso estado financiero de la explotación, se ve obligada a despedir al personal innecesario.

Lo mismo sucede con el servicio de correos. A cada aumento de tarifas, corresponde una reducción del trasiego en todos los departamentos y, sobre todo, una fuerte disminución del volumen de correspondencia. Cada día aumenta, por tanto, el número de funcionarios que no saben qué hacer, y la Administración ha decidido que a finales de este mes empezarán las reducciones de personal.

Podríamos multiplicar los casos. Todos los servicios

públicos urbanos, especialmente el de transportes y el de luz, se ven obligados a suprimir personal por disminución del consumo. Cada mes suben los precios en proporciones mayores. Acaba de hacerse pública la llamada cifra índice del encarecimiento de la vida en el mes de noviembre: representa, en relación con el mes de octubre, el 102,6 por ciento. En la inmensa mayoría de los casos el aumento de sueldos y salarios queda muy por debajo de esta proporción, y en el caso de las mensualidades hay que tener en cuenta, además, que el dinero cobrado a finales de noviembre, en relación con la cifra del encarecimiento durante este mes, deberá gastarse en el curso del mes de diciembre, cuando los precios habrán subido mucho más todavía. El resultado de todo esto es que centenares de miles de familias a duras penas tienen lo necesario para vivir, que la gente no remite correspondencia superflua y va a pie siempre que puede, y que en las casas se consume luz en una sola habitación y tan pocas horas como es posible. Y los tranvías, el correo y las fábricas de gas y electricidad tienen que despedir a buena parte de su personal, por lo que aumenta el número de los que sufren.

No es de esperar que los desempleados vuelvan a encontrar fácilmente trabajo. Ya hemos dicho que hasta ahora la industria podía absorber toda la mano de obra disponible, pero la crisis económica y financiera está a punto de convertirse también en una crisis industrial. La depreciación monetaria, que por una parte facilita la exportación (sirva de ejemplo la existencia en España del coeficiente de moneda depreciada), por otra hace cada día más difícil la importación de materias primas extranjeras que se pagan en oro y sin las cuales—por lo menos una gran parte de la industria alemana—no puede trabajar ni producir. No tardará en comenzar, si no ha comenzado ya, el cierre total o parcial de fábricas. Aumentará el número de desempleados, y ¿qué pasará entonces? No hace ni un par de semanas que en Colonia, en Hamburgo y en otros lugares, el encarecimiento de los comestibles provocó escándalos y desórdenes. Fueron sobre todo las mujeres, indignadas al ver que el dinero de la semana no llegaba ni para lo más indispensable. Otro día, quizá, serán las mujeres y los hombres juntos, y en lugar de media docena de ciudades perturbadas serán veinte, treinta o cincuenta, y ese día nadie sabe lo que puede ocurrir.

¿Soluciones? El Gobierno prusiano, del que depende la policía de Berlín, ha decidido la supresión total del baile a la hora del té en los locales públicos. El presidente del Consejo de Ministros de Francia ha dado a entender que, si las cosas no evolucionan según sus deseos, el ejército francés ocupará la cuenca del Ruhr. Cada cual hace lo que puede. Pero se diría que los hombres de Estado de Europa están obligados a algo más.

Berlín, 1 de diciembre de 1922

[*La Veu de Catalunya*, 13-XII-1922]

EL PROCESO HARDEN

Hablamos del «proceso Harden» porque en verdad durante los debates parecía que el acusado era Harden y no los hombres que, un atardecer del mes de junio, lo quisieron asesinar. Dos días después del atentado contra Rathenau, al volver a su casa de un paseo por el bosque, Maximiliano Harden fue atacado por tres hombres armados con llaves inglesas y cascanueces. Harden cayó inconsciente delante de la puerta del jardín debido a los golpes. Alarmados por el grito de dolor que lanzó la víctima al recibir el primer trastazo, acudieron vecinos y paseantes, y consiguieron que sólo llegara a escaparse uno de los tres criminales. Maximiliano Harden se debatió un par de semanas entre la vida y la muerte, y tuvo que interrumpir su actividad de escritor durante cuatro meses. Ankermann, el asesino fugitivo, sigue inencontrable. Grenz y Weichardt, los asesinos capturados, acaban de comparecer ante el Jurado de Berlín y, después de cuatro días de debates, han sido declarados culpables del delito de lesiones sin intención de causar la muerte. A Weichardt, además, se le ha otorgado el beneficio de las circunstancias atenuantes. Ateniéndose al veredicto del Jurado, el tribunal, a pesar de la indulgencia demostrada por el presidente durante la vista de la causa, ha aplicado la pena máxima que estaba en su mano: cuatro años y nueve meses de prisión a Grenz; dos años y nueve meses de prisión a Weichardt.

Hablando en plata: los debates y el veredicto del proceso Harden constituyen un escarnio escandaloso a la justicia. Sobre los hechos, ninguna clase de duda. Sobre las intenciones, tampoco. Es cierto que, a la hora del proceso, los acusados, naturalmente, han asegurado que su plan no era matar a Maximiliano Harden, sino impedir—a golpes de llave inglesa y de cascanueces—que fuera a los Estados Unidos a hacer propaganda contra Alemania. Sin embargo, los asesinos, en las declaraciones que hicieron momentos después de ser detenidos, confesaron abiertamente su intención de asesinato. Parece que después lo han pensado mejor... De todos modos, ante el hecho de que Harden estuvo a punto de perder la vida, las intenciones finales de los agresores son algo secundario.

Con todo, los jurados de Berlín lo han entendido de otra manera, y la versión que los criminales han dado de su delito ha sido aceptada por la justicia popular.

A lo largo de los debates ha habido un pasaje particularmente exquisito. Siguiendo el ejemplo de los filósofos y de los economistas, los criminales políticos tienen en Alemania una terminología propia. Tienen, por ejemplo, una preferencia especial por el verbo *erledigen*. *Erledigen* significa «eliminar». En la correspondencia mantenida entre los asesinos de Rathenau, entre los autores del atentado fracasado contra Scheidemann y entre los agresores de Maximiliano Harden, abunda el verbo *erledigen*, conjugado en todos los tiempos. Según la terminología del criminal nacionalista alemán, Erzberger, Eisner, Haase, Rathenau no son hombres asesinados. Son, sencillamente, hombres «eliminados». Pero los agresores de Harden pretenden que hay dos modos de eliminar a un hombre: una, que podríamos calificar de definitiva, y otra, transitoria. Ellos nunca habían tenido la intención de eliminar a Harden definitivamente. Tan sólo querían impedir su viaje de propaganda a los Estados Unidos. Para ello no era necesario matarlo. Era suficiente con una buena paliza que le quitara las ganas.

Maximiliano Harden ha tenido que responder ante el tribunal de este proyecto de viaje a América del Norte, como si para un escritor político republicano la travesía del Atlántico fuera un crimen imperdonable. No bastó con que el acusado—esto es, Harden—dijera y demostrara que, ocho meses antes de que quisieran asesinarlo, había abandonado definitivamente el plan de ir a los Estados Unidos. Ni el presidente del tribunal ni los abogados defensores se dieron por satisfechos. ¿Qué quería hacer Harden en los Estados Unidos? ¿Quién lo invitó? ¿Qué precio le ofrecían por las conferencias? ¿Por qué razones anuló el viaje? Con una paciencia de benedictino, el acusado—esto es, Harden—soportó las molestias materiales y espirituales de un interrogatorio grotesco. Entretanto, los dos asesinos, sentados, por respeto a la costumbre, en el banquillo de los acusados, se partían—literalmente—de la risa.

El interrogatorio de los asesinos no fue, ni mucho menos, tan riguroso. Sin embargo, los hechos del crimen y de su preparación quedaron plenamente confirmados. El organizador de la empresa había sido Grenz, presidente de una liga patriótica en Oldenburg y dueño de una librería conocida por su abundante surtido de grabados académicos y literatura pornográfica. Bien relacionado con organizaciones reaccionarias especialmente dedicadas a la preparación y ejecución de crímenes políticos, Grenz recibió un día el encargo de buscar a «un par de hombres emprendedores, dispuestos a servir a la patria». Ankermann y Weichardt fueron estos dos hombres. Emprendedores, dispuestos a servir a la patria y a asesinar a quien fuera necesario por un precio razonable. Grenz recibió de las organizaciones reaccionarias una suma respetable de miles de marcos, una parte de la cual fue destinada a recompensar por anticipado a Ankermann y a Weichardt por su espíritu de empresa y por su patriotismo. Con la cartera bien provista, los «hombres emprendedores, dispuestos a servir a la patria», llevaron durante unos cuantos días, por todos los cabarets y locales dudosos de Berlín—los hay a miles—, una vida de jarana y francachela. Cuando se acabó la subvención y faltaron los medios de vida, no hubo más remedio que decidirse a cometer el asesinato. Ankermann huyó, quedando a deber 15.000 marcos en consumiciones a la cajera de un bar.

Y el tribunal del Jurado ha creído que estos dos «hombres emprendedores, dispuestos a servir a la patria», eran merecedores de alguna consideración...

Delante del Jurado, antes de que éste se retirase a deliberar su veredicto, Maximiliano Harden pronunció un discurso de dos horas. Habló el viejo escritor republicano, el íntegro patriota alemán, sin rencor pero con firmeza, sin superflua piedad por sus asesinos. «Fijaos», dijo, «en que Alemania tiene delante un mundo enemigo. Alemania es mirada por el mundo más o menos como los judíos son mirados por los antisemitas.» Palabras llenas de sensatez y de contenido. De todos los problemas que se presentan en la Alemania de hoy, el más delicado, si no el más urgente, es el de la búsqueda de amistades. Incidentes como el veredicto escandaloso del proceso Harden no contribuyen a solucionar el problema.

Berlín, diciembre de 1922

[*La Veu de Catalunya*, 28-XII-1922]

NOTAS DE ALEMANIA

BERLÍN Y LA OCUPACIÓN DE LA CUENCA DEL RUHR

EN EL REICHSTAG

Sesión solemne. Muchos diputados se han vestido de luto. Escaños y tribunas abarrotados. En el banco del Gobierno todos los ministros y, detrás de ellos, un montón de secretarios de Estado, de directores y de consejeros de ministerio. Todos ponen la cara más seria que pueden y saben. Nada más empezar la sesión, el ciudadano Loebe, presidente, con una voz que hace que todo retumbe, suelta cuatro barbaridades contra los franceses y consigue un ruidoso éxito. Todos los diputados se ponen de pie, gritan y baten palmas. Tan sólo los comunistas permanecen indiferentes, sentados y silenciosos.

El canciller Cuno tiene la voz más fina que el presidente Loebe. Como además tiene poca práctica parlamentaria, lleva los discursos escritos en un papel, lo cual quién sabe cuánto le perjudica. No obstante, es un hombre discreto y, como se suele decir, sin un pelo de tonto. Su discurso duró media hora. «¿Hay derecho a que el ejército francés entre en nuestra casa, armado de arriba abajo, porque el año pasado dejamos de entregar un millón de toneladas de carbón y unos cuantos miles de postes de telégrafo?», preguntó el canciller Cuno. Todos los diputados reconocieron, naturalmente, que no había derecho. Y, aunque no entusiasmó al auditorio con tanta intensidad como el presidente Loebe, el canciller Cuno fue también muy aplaudido y felicitado.

El doctor Stresemann, en nombre de todos los partidos burgueses, y Hermann Müller, en nombre del Partido Socialista Unificado, se unieron a la protesta del canciller. En nombre del Centro Católico, el diputado Marx presentó una moción de confianza al Gobierno. Llegada la hora de votar, la moción de los católicos recogió 283 votos. El Reichstag tiene 469 diputados. Muchos diputados y pocos votantes. ¿Qué había pasado? Como el presidente no había querido dar la palabra al viejo Ledebour, un gran número de socialistas se negaron a tomar parte en la votación.

Y a pesar de haber empezado con toda solemnidad, la sesión solemne del Reichstag tuvo un final algo mezquino.

EN LA CALLE

Ayer domingo, día de luto nacional: manifestaciones de protesta contra la ocupación de la cuenca del Ruhr por el ejército francés. En Berlín las fuerzas protestatarias se han dividido. El Partido Socialista ha dicho que no quería ningún tipo de contacto con los monárquicos y antisemitas, y ha protestado por cuenta propia. Quince mítines con una gran afluencia de público y un orden perfecto, puesto que los socialistas son el único partido de orden que existe hoy por hoy en Alemania. Los comunistas también han protestado: contra la ocupación de la cuenca del Ruhr, contra el capitalismo francés y alemán, y contra todo y todos. La salvación—dijo uno de los oradores—debe venirnos de Rusia. Estos comunistas son unos bromistas consumados.

La gran manifestación de protesta en la calle la han realizado los partidos burgueses reunidos: nacionalistas, Partido Popular, católicos y demócratas. Ante el edificio del Reichstag, alrededor del monumento de Bismarck y de la columna de la Victoria, se han reunido más de un centenar de miles de personas, número más que suficiente para que los periódicos pudieran decir que habían sido 300.000. Hacía un magnífico día de invierno barcelonés, con un sol caliente que enamoraba. Si el Gobierno no hubiera prohibido las banderas para evitar que monárquicos (negro-blanco-rojo) y republicanos (negro-amarillo-rojo) se liaran a porrazos, el espectáculo hubiera sido hermoso de veras.

A las doce del mediodía, cantos patrióticos y discursos. Después, cada uno a su casa. Éste era el programa, que no llegó a cumplirse al pie de la letra. A cuatro pasos del Reichstag, en la Pariser Platz, se encuentra la embajada francesa, acordonada ayer por unos cuantos centenares de policías a pie y a caballo. Los manifestantes no intentaron ni siquiera acercarse a ellos, pero una columna de gente joven decidida tiró por la Budapesterstrasse hasta la Potsdamer Platz, donde están instaladas las misiones interaliadas de control militar. Gritos, amenazas, llegada de la policía, acordonamiento de los edificios de las misiones y, después de todo esto, la juventud patriótica se dedicó, según la costumbre establecida para estos casos, a perseguir a todo aquel que tuviera cara de extranjero. Unos cuantos garrotazos mal repartidos entre media docena de judíos, un par de portugueses y algún balcánico suelto...

Cuando empezaba a oscurecer, ya todos los manifestantes, incluso los más patriotas, se habían retirado a sus respectivas casas.

EN EL TEATRO

Primero la policía dijo que hoy domingo, día de luto nacional, no habría diversiones de ningún tipo, ni cinematógrafos, ni teatros, ni bailes. Después, viendo que esto salía demasiado caro, se acordó suprimir sólo los bailes y dejar funcionar los teatros y cinematógrafos, encargando, no obstante, a los directores que procurasen dar a los espectáculos un carácter adecuado a la solemnidad del día.

La Orquestra Filarmónica eliminó del programa la quinta sinfonía de Chaikovski y puso la *Heroica* de Beethoven. El cinematógrafo de mi barrio, en lugar de *La hija de Napoleón*, película amena, nos obsequió con una serie de filmes sobre la pesca de la ballena, la vida de las tortugas y el cultivo del café en Brasil.

Pero los demás teatros... El periódico *Morgen Post* sale hoy escandalizado. Entre los títulos de las obras representadas ayer en los teatros de Berlín, ha descubierto los siguientes títulos: *Bigamia*, *El marido modelo*, *La cocotte Dissy*, *Madame Pompadour*, *Tienes una boca que da gusto*, *Boca abajo*, *Los tropiezos de Dorina*, *La Mariquita*, *Por un millón*, *Un año sin amor*, *Casado con tu mujer*, *La chica no quiere ni oír hablar*, etc., etc. Es cierto que en todos estos teatros, antes de comenzar la representación, un portavoz de la empresa hizo, a telón echado, un discurso patriótico. «Pero eso», dice el *Morgen Post* con saña, «no es una excusa para ofender los sentimientos de la población.»

Nosotros, con el debido respeto al *Morgen Post*, miramos las cosas desde otro ángulo. Y mientras haya alemanes que crean que la ocupación de la cuenca del Ruhr por el ejército francés es un motivo suficiente para perseguir extranjeros por las calles de Berlín, nos parece muy bien que haya alemanes capaces de ir a ver, en día de luto nacional, *Tienes una boca que da gusto* o *Casado con tu mujer*. Es necesario que se cumpla la ley de las compensaciones.

Berlín, enero de 1923

[*La Veu de Catalunya*, 20-1-1923]

LA ALEMANIA DE HOY

DE LA CUENCA DEL RUHR A LA CUENCA DEL VOLGA

«¿Qué decís, qué decís? Mientras en Poniente una parte de nuestro pueblo sufre lo indecible, mientras el marco se hunde en las profundidades infernales y el Tratado de Versalles se resquebraja y nadie sabe qué forma adoptará nuestro presente inmediato, por no hablar ya de nuestro porvenir, mientras todo eso sucede, vosotros, soñadores, ¿os volvéis hacia Oriente y queréis que nos preocupemos de vuestras desfasadas ideas? Precisamente por todo lo que acabáis de decir, contestamos nosotros. Ha de ser ahora, éste es el momento, pues todas las esperanzas que habíamos depositado en Poniente no han resultado ser sino espuma.»

Con estas palabras, uno de los periodistas y escritores alemanes más agudos y de mente más abierta, Stefan Grossmann, empieza la editorial del último número de *Das Tagebuch*, la valiente revista literaria y política dirigida por él mismo. Por otra parte, el número entero está dedicado a Rusia: la crónica política y la crónica económica; el propio Stefan Grossmann propone la creación en Berlín de un club ruso-alemán; el comisario popular ruso Rakovski, detenido en Berlín un par de días cuando iba de Lausana a Moscú, le dedica una breve nota cordial; el ex secretario de Estado August Müller habla de la colaboración económica entre ambos países en el terreno práctico: de lo ya hecho y de lo mucho por hacer; Stefan Grünberg manifiesta sus impresiones sobre el úl-

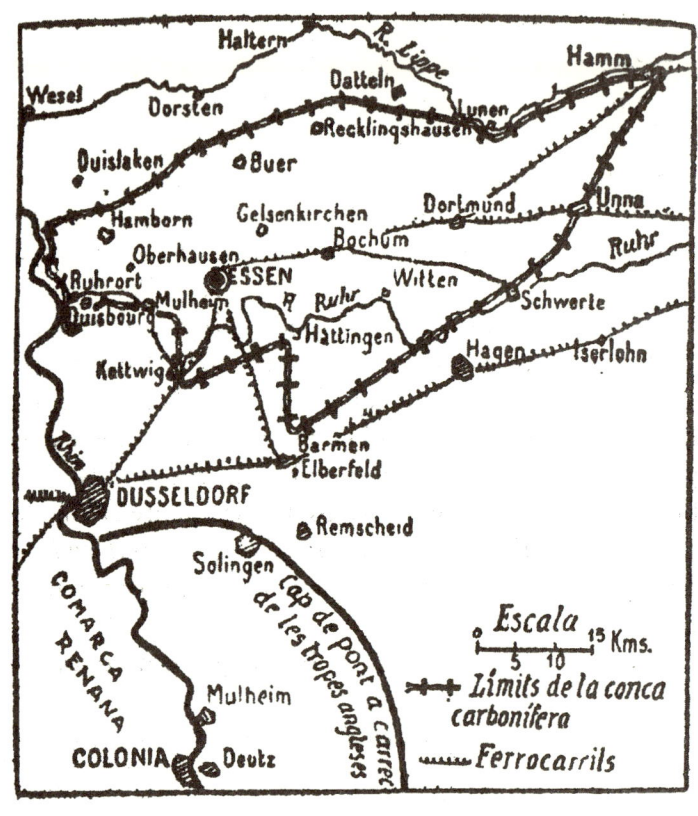

Mapa publicado en La Veu de Catalunya *ilustrando el artículo* «De la cuenca del Ruhr a la cuenca del Volga».

timo Congreso de la Tercera Internacional, dominado por las maniobras tácticas de los jefes revolucionarios a fin de disimular el abandono de la política económica comunista; el excelente caricaturista Major retrata a Chicherin con una cara de taimado que asusta; la sección literaria la ocupa un relato, largo y ruso, de Alexis Tolstói.

Poco a poco, la concepción maestra de Walter Rathenau, anunciada teatralmente al mundo desde Génova, fue robusteciéndose y adquiriendo un perfil más preciso. El número ruso de *Das Tagebuch*, las palabras de Stefan Grossmann, son algo más que una intuición de periodista. Son un programa, todo un programa expuesto con oportunismo, aprovechando el momento actual de estéril excitación de los espíritus para señalar a la gente los amplios caminos de una nueva política de realizaciones. De cara a Poniente, como hasta ahora, Alemania parece condenada a sufrir un desengaño tras otro. Si quiere ser de nuevo una potencia, Alemania debe volverse hacia Levante.

Después de dos años de tomarle el pulso a Francia, a Inglaterra y a los Estados Unidos, Rathenau llegó también a la que podríamos calificar de conclusión orientalista de la política alemana. El resultado fue el Tratado de Rapallo,[1] del que, tras la emoción del primer momento, la prensa mundial ha hablado y habla tan poco como si no existiera. Dando pruebas de una excesiva premura, ha habido incluso gente que lo ha dado virtualmente por

---

[1] Acuerdo entre la Unión Soviética y Alemania, firmado en 1922, por el que restablecían las relaciones diplomáticas, renunciaban a las respectivas deudas de guerra y se otorgaban derechos comerciales preferentes.

muerto, y, junto con él, por muertos y enterrados los planes de colaboración política y económica entre Alemania y Rusia. Craso error, pues el Tratado de Rapallo no ha dejado de existir ni un solo momento. Le pasa al Tratado de Rapallo todo lo contrario de lo que le sucede al Tratado de Versalles: son dos instrumentos de naturaleza fundamentalmente distinta. Como dos alforjas, una llena y otra vacía. Una no será nada en tanto no se vacíe. La otra no será nada en tanto no se llene. Y el Tratado de Versalles se está vaciando con estrépito, mientras el Tratado de Rapallo se está llenando con discreción, en silencio.

Se está llenando del siguiente modo. Como resultado de la que el comisario popular del Comercio Exterior, Leónidas Krassin, ha calificado de «nueva política económica» del Gobierno de los Soviets («nueva política económica» quiere decir, en pocas palabras, capitalismo de Estado ruso y colaboración de este capitalismo de Estado con el capital particular extranjero), se han constituido, y funcionan desde hace ya algún tiempo, una «Sociedad para la exportación de materias primas», una «Sociedad exportadora de metales y minerales», una «Sociedad de transportes», una «Sociedad de transportes aéreos» y una «Sociedad de socorro a las colonias alemanas del Volga». La base de todas estas sociedades es la colaboración entre el Estado ruso y diversos grupos de capitalistas alemanes.

Más aún. Pocos días antes de que el ejército francés ocupara la cuenca del Ruhr, se constituyó una sociedad por acciones, con participación igual del Gobierno ruso y del Sindicato Otto Wolf alemán, propietario de los Altos Hornos Phoenix, la empresa metalúrgica más importante de Alemania. La sociedad tiene un capital de 800.000 rublos oro, y el Sindicato Otto Wolf se compromete a abrir un crédito en mercancías a favor del gobierno ruso por valor de 7.500.000 rublos. La sede de la sociedad se encuentra en Berlín. En Moscú se encuentra sólo la sucursal principal. Detalle importantísimo, pues uno de los puntos de la «nueva política económica» del Gobierno de los Soviets consiste en aceptar la jurisdicción del país donde tenga la sede la sociedad en todos aquellos conflictos a que pueda dar lugar la ejecución del contrato social. El Gobierno de los Soviets prefiere ir a lavar fuera de casa los trapos sucios de sus transacciones con los capitalistas extranjeros.

Otra de las grandes empresas alemanas, la casa Krupp, dedicada ahora modestamente a la fabricación de maquinaria agrícola, acaba de obtener, después de largas negociaciones, la concesión para explotar en la cuenca del Don una vastísima extensión de terreno, buena para el cultivo de trigo y azúcar. Y—dato significativo—la casa Krupp cuenta para esta empresa gigantesca—se trata de cultivar una región más o menos de la extensión de Cataluña—con el concurso de un grupo de capitalistas ingleses.

Decir Krupp, decir Otto Wolf, equivale a decir el espíritu que ha creado la maravillosa organización industrial de la cuenca del Ruhr. Al entrar los franceses y apoderarse de las riquezas materiales, parece como si el espíritu quisiera huir para establecerse, con temeraria brusquedad, al otro lado de Europa. ¿Dificultades técnicas y financieras? Todas las que se quieran. Pero en el fondo, para los pueblos, todos los problemas son problemas de política. Y no hay política merecedora de este nombre sin iniciativa. Y para la iniciativa alemana no hay en la actualidad más campo que el de Oriente.

Berlín, enero de 1923

[*La Veu de Catalunya*, 21-1-1923]

NOTAS DE ALEMANIA

CATALUÑA EN BERLÍN

I. EL CASO DE JOANXICH. LA ESCUELA ELEMENTAL DEL TRABAJO EN LA UNIVERSIDAD DE BERLÍN

Figúrense una de las grandes aulas de la Universidad de Berlín llena a rebosar. La sala, pulcra y ordenada, tiene el aspecto atractivo y propicio para el trabajo que la Cataluña moderna ha sabido dar a los sitios de enseñanza de sus instituciones de cultura. En medio de la gradería hay un magnífico aparato de proyecciones. Una pantalla blanca ocupa toda la pared del fondo. En el ángulo izquierdo, la tribuna para el conferenciante está ocupada esta noche por un hombre joven, bien afeitado, bien vestido y bien peinado, con el aire y el habla resuelta del catalán que ha venido a este mundo a trabajar: se trata de

Francesc Joanxich, que, invitado por el centro Hispania de Berlín, da una conferencia sobre la Escola Elemental del Treball de Barcelona.

Estas conferencias que se dan en los centros y clubes de las capitales europeas... ¡Virgen santísima! Desde «El espíritu de Don Quijote» hasta «El porvenir de la raza», desde «La obra de los conquistadores» hasta «Hispanoamericanismo práctico», pasando por «El intercambio intelectual hispanoalemán» (o francés, o inglés) y «España, madre de un continente», tienen donde buscar y comparar. Exportada, la vacuidad de la verborrea castellana parece todavía más vacua y llega a inspirar verdadera lástima. Pero Joanxich es un catalán de la nueva Cataluña y los continentes le incomodan. Invitado a dar una conferencia, encuentra enseguida el tema: la escuela que lo ha formado a él.

Francesc Joanxich fue un buen alumno de la Escola Elemental del Treball, la gran institución nacional de Enseñanza Técnica popular que el genio creador de Prat de la Riba, la inteligente solicitud del actual presidente y el talento organizador y ejemplar trabajo diario de Rafael Campalans dieron a Cataluña. Acabados sus estudios, Joanxich salió a correr mundo y a estudiar más. Primero trabajó unos meses en una de las fábricas más importantes de Bélgica, aprendiendo francés y perfeccionándose en su ramo, que—si no estamos equivocados—son las aplicaciones de la química a la metalurgia. Salió de allí con certificados que lo honran. Ahora está en Alemania, aprendiendo alemán, visitando fábricas y trabajando siempre para poder, el día de mañana, al reintegrarse en Cataluña, devolverle con creces aquello que de Cataluña recibió. Algo ciertamente positivo, excelente, pues el esplendor de un pueblo se forma por la acumulación de estas creces.

La Escola Elemental del Treball ha hecho de Joanxich un buen trabajador y un buen catalán. Lo ha hecho, además, y por encima de todo, un hombre. Un hombre que puede hablar con los hombres de todo el mundo en un lenguaje interesante y comprensible. Al hablar de su escuela, de los métodos de enseñanza que allí rigen, de la finalidad que persigue, de cómo—sobre todo—el Estado procura que el progreso técnico del obrero vaya acompañado de un ensanchamiento de su espíritu, a fin de que sus alumnos lleguen a ser hombres completos y ciudadanos fructíferos, Joanxich supo decir cosas dignas de la universidad ilustre donde hablaba...

Que no se asusten los amigos castellanos de Cataluña que parecen temer que el catalán nos cierre los caminos del mundo y de la cultura. Las ideas generales de un obrero catalán, instruido en catalán en una gran escuela catalana, pueden hallar curso en cualquier universidad de Europa. En cambio, corre por este Berlín cada producto de las universidades donde se enseña en la *lengua de cien millones de habitantes* que... Mejor no hablar de ello.

II. UN ARTÍCULO DE LA «ILLUSTRIERTE ZEITUNG» SOBRE BARCELONA

Un tal Ph. K. acaba de publicar en la *Berliner Illustrierte Zeitung* (un millón de ejemplares cada semana) un artículo ilustrado sobre Barcelona con un título que se las trae: «Barcelona: Die Stadt der Polizisten». Y, para demostrar que Barcelona es, en efecto, la «ciudad de los policías», publica tres ilustraciones: un par de guardias civiles a caballo, con sables y tercerolas, paseándose por el Paseo de Colón, otra pareja de guardias civiles a pie apoyados sobre los máuseres, y un grupo de tres guardias de seguridad apoyados, como de costumbre, sobre sí mismos. Al lado de estas tres fotografías, una pareja de «urbanos» tiesos y armados sólo con una vara representan—evidentemente—la civilización.

Es lamentable que, por no haber aprendido los castellanos a gobernar después de cuatrocientos años de intentarlo, Barcelona tenga que desempeñar este papel algo triste, aunque sólo sea ante los lectores de la *Illustrierte Zeitung* de Berlín. Pero, aparte de las fotografías, que no son culpa suya, el artículo del señor Ph. K. pertenece de lleno al género pintoresco. El señor Ph. K. se ha paseado por el puerto en una barca y el «gondolero» le ha contado que un día de éstos el pueblo subiría al castillo de Montjuïc y armaría una buena. El señor Ph. K. dice que Barcelona es la «fortaleza del socialismo español». El señor Ph. K. dice que en Barcelona, a las diez de la noche, no se ve una rata por la calle. El señor Ph. K. califica a la guardia civil de «carabineros», a la policía de «guardia municipal» y a la lengua catalana de dialecto...

Eso quiere decir que el señor Ph. K. se ha paseado unos cuantos días por Barcelona y no se ha informado de nada. Buena lección de modestia para quienes hemos visitado un par de cientos de ciudades y creemos tener de todas ellas una impresión más o menos exacta. Y una prueba, además, de que en Barcelona todavía no tenemos del todo bien organizado el servicio (importantísimo servicio) de información para los extranjeros que nos visitan.

Berlín, enero de 1923

[*La Veu de Catalunya*, 28-1-1923]

LA SITUACIÓN EN LA CUENCA DEL RUHR

LA OCUPACIÓN Y EL PROBLEMA DE LAS REPARACIONES

Cuando llegué a Berlín, un amigo mío, corresponsal desde hace veinte años de uno de los grandes periódicos de Italia, me dijo:

—Ya lo irá viendo: Alemania, en cuanto a prensa, es un país aburrido. Un tema de discusión dura años y años. Cuando yo llegué, la prensa dedicaba cada día columnas enteras al problema candente de entonces: la construcción del canal de Rin en el Elba. Diez años más tarde, cuando estalló la guerra, el canal ya estaba construido, pero la discusión todavía seguía. Y si no fuera por la guerra creo que aún seguiría. Ahora, hace tres años que se discute la cuestión de las reparaciones. ¿Podemos pagar, no podemos pagar? ¿Vamos a pagar, no vamos a pagar? ¿Cómo vamos a pagar, cuándo vamos a pagar, con qué vamos a pagar? Y al día siguiente vuelta otra vez, como si nada. Ármese de paciencia porque hay para rato.

Hace más de un año que estoy en Alemania, y he sido testigo de cómo la profecía de mi amigo italiano se iba cumpliendo con una regularidad inexorable.

Todavía hoy, quince días después de haber empezado la operación de la cuenca del Ruhr, la prensa matinal vierte la confirmación de que no hay más problema que el de las reparaciones. ¿Es posible que durante un par de semanas nos hayamos estado engañando con discursos y manifestaciones, con amenazas de huelga general y organizaciones de resistencia pasiva y cierre de los cafés y restaurantes a las once de la noche? No lo sabremos con seguridad hasta que pasen unos cuantos días o unas cuantas semanas. La acción del Gobierno francés y la respuesta del Gobierno alemán, acaso no del todo meditadas ni la una ni la otra, han puesto en movimiento una serie de fuerzas—locales, nacionales e internacionales— cuyos cese y encauzamiento pueden dar lugar a complicaciones incalculables. Sea como fuere, el hecho grave de hoy no son las noticias que llegan de la cuenca del Ruhr, sino el comunicado oficial del Gobierno que publican los periódicos. En dicho comunicado oficial se lee lo siguiente: «Como se ha dicho y repetido, Alemania ha estado, y continúa estando dispuesta en todo momento, a negociar a fin de encontrar una solución razonable al problema de las reparaciones.»

Todas las protestas sobre la ocupación militar del Ruhr que dan al comunicado, por así decir, un carácter periodístico no obvian el hecho principal: Alemania declara oficialmente que está dispuesta en todo momento a negociar. En todo momento significa ahora. Y si Alemania añade que no puede negociar mientras las tropas francesas y belgas ocupen el centro vital de su economía, esta afirmación debe interpretarse en el sentido de que Alemania no puede negociar directamente ni con Francia ni con Bélgica. Pero puede negociar con Italia y, sobre todo, con Inglaterra. Y puede incluso hacer más: puede tomar la iniciativa de estas negociaciones. Uno de los hombres que con más juicio, sangre fría y espíritu de solidaridad europea hablan en Alemania de los grandes problemas de hoy, el director de la *Vossische Zeitung*, Georg Bernhardt, decía en su último artículo del domingo: «No hay tiempo que perder. Se debe negociar y negociar enseguida. La iniciativa debemos tomarla nosotros. Indirectamente, por mediación de Inglaterra, de Italia, de los Estados Unidos. Y, si no, directamente con Francia. Pero es indispensable que las negociaciones comiencen enseguida, y nuestro deber es no dejar de hacer nada que pueda conducirnos de nuevo al contacto y a la conversación con los aliados. ¿La situación actual no tiene ninguna otra salida?»

¿Sobre qué hay que negociar? Únicamente sobre la ocupación de la cuenca del Ruhr. No hace falta pensarlo siquiera. Francia no consentiría jamás en ello. Se debe negociar, por tanto, sobre el problema de las reparaciones en conjunto. Y en cuanto a este problema, ¿cuál debe ser, cuál puede ser la base de las negociaciones?

Francia pretende dar una justificación legal a su entrada militar en la cuenca del Ruhr apelando al hecho de que las entregas de carbón y de coque que Alemania debía hacer durante el año pasado en concepto de reparaciones se han saldado con un déficit que no llega a dos millones de toneladas. Además, Alemania ha dejado de entregar unos 30.000 metros cúbicos y unos 60.000 postes de telégrafo. En consecuencia, hoy día hay en la cuenca del Ruhr más de 100.000 soldados franceses y belgas, se habla de enviar 100.000 más todavía, y a estas alturas no ha atravesado la frontera francesa ni una sola tonelada de carbón del Ruhr desde que empezó la operación militar.

«¡Fracaso de la acción francesa en toda regla!», decía ayer por la tarde al dar cuenta de este hecho la *Deutsche Allgemeine Zeitung*. Una gran parte de la prensa inglesa, de la que publican extractos todos los periódicos de Berlín con el regocijo que es de suponer, se inclina también a considerar la acción francesa como definitivamente fracasada. Los hechos demuestran que la acción francesa fue preparada con un presupuesto de resistencia por parte de Alemania muy inferior a la real. Pero nos parece más que discutible que se pueda hablar de su fracaso definitivo cuando apenas hace quince días que ha empezado. Viendo las cosas desde Berlín, centro de la resistencia alemana, uno se siente algo más modesto. Un alemán, el doctor Walter Zechlin, plantea en la revista *Die Glocke* el problema en los siguientes términos: «Se trata de saber si los vínculos políticos y de civilización que existen entre nosotros y las regiones ocupadas serán más fuertes que los vínculos económicos que Francia pretende establecer entre su cuenca del hierro y nuestra cuenca del carbón.» Y el doctor Zechlin, aun siendo optimista, no se atreve a dar una respuesta categórica.

Cuesta creer que Francia movilice centenares de miles de hombres y gaste tal cantidad de millones (que en modo alguno le sobran) para ir a buscar un par de miles de toneladas de carbón y de coque y unos cuantos miles de postes de telégrafo. No. Francia busca en la cuenca del Ruhr la solución política al problema de las reparaciones. Y siendo así, el hecho de que hasta ahora la operación no haya producido ni una tonelada de carbón tiene poca, muy poca importancia, pues la ocupación de la cuenca del Ruhr no es otra cosa que un nuevo modo de presentar el tema de las reparaciones. Si la nota alemana de esta mañana significara que, contra la solución que Francia persigue, Alemania está dispuesta a facilitar la solución económica con sacrificios que lleguen hasta el límite (verdadero, no verbal) de sus capacidades, habría sonado la hora de la intervención inglesa. No hay, sin embargo, ningún motivo para creer que ésta sea la intención de la nota. El Gobierno alemán quiere negociar sobre las reparaciones, y al mismo tiempo continuar su campaña contra Francia. Es un juego difícil y que supera, tal vez, las fuerzas de la Alemania de hoy.

Berlín, enero de 1923

[*La Veu de Catalunya*, 30-1-1923]

LA ALEMANIA DE HOY

3.500.000.000.000

Tres billones, quinientos mil millones de marcos. Es la suma en cifras redondas—y tan redondas—de los gastos del presupuesto alemán ordinario para 1923. Los ingresos, producto de los impuestos y de las aduanas, oscilarán, según declaró ayer en el Reichstag el ministro de Finanzas, doctor Hermes, entre un billón novecientos mil millones y dos billones cien mil millones. El déficit del presupuesto ordinario alemán para 1923 es, pues, de un billón y medio de marcos, cien mil millones más, cien mil millones menos. Los monopolios del Estado tienen unos presupuestos autónomos. La administración de correos prevé ella sola un déficit de 80.000 millones en el presupuesto ordinario, y de 84.000 millones en el presupuesto extraordinario. La administración de ferrocarriles cree que conseguirá equilibrar los ingresos y gastos ordinarios, pero tiene un presupuesto de gastos extraordinarios de 284.000 millones. Con la esperanza de que sea concedida la moratoria que ha pedido Alemania, el ministro de Finanzas ha dejado en blanco el capítulo de gastos en concepto de reparaciones, pero la ejecución del tratado de paz (ocupación, comisiones de control, etcétera) exige un gasto de 206.000 millones. Para comprar carbón en Inglaterra harán falta 70.000 millones de marcos, y para los gastos administrativos, 732.000 millones.

Que digan lo que quieran. Manejar cifras de esta magnitud es algo que da gusto y estamos seguros de que el propio ministro de Finanzas, al pronunciar la primera parte del discurso de ayer, destinada a presentar las líneas generales del presupuesto, debía de sentir cierta voluptuosidad. El millón se convierte en unidad de cálculo, y el billón, hasta ahora reservado a la astronomía, hace su aparición en el campo de la política. A veces no podemos evitar pensar que la depreciación de la moneda tiene sutiles y profundas raíces psicológicas, análogas a las de la voluntad. La depreciación moral y la depreciación material del marco son dos paralelas de desigual longitud. La primera es mucho más corta que la segunda, y el alemán que disfruta de un millón de marcos tiene —aún hoy— tentaciones irresistibles de creerse de verdad que es millonario. Además, a cualquier persona satisface —no me dirán que no— llenarse la boca con centenares de millares y docenas de millones. Dos señoras se encuentran en una reunión: la señora consejera gubernamental de Arquitectura (Frau Regierungsbaurat) y la señora consejera superior de Gobierno (Frau Oberregierungsrat):

—¿Otro vestido nuevo, Frau Regierungsbaurat?

—Sí, no me hable. La tentación. Una ganga, ¿sabe? Cuatro metros de seda y la blonda comprados en una liquidación y tres días una chica en casa para ayudarme. Yo misma he hecho el patrón. El galón y el tul son aún de antes de la guerra. En total apenas llega a un millón de marcos.

—¡Qué me dice! Si mi modista por un vestido de sastre de los más sencillos ya me pide millón y medio...

Y todo es así. Después de pagar 100 marcos por el tranvía, 500 marcos por un café, 8.000 marcos por una comida, 12.000 por una butaca en el teatro, 30.000 marcos por una camisa, 300.000 por un vestido y medio millón por ir una semana a practicar deportes de nieve a Baviera, el alemán está, al mismo tiempo, indignado y orgulloso. Alemania se está convirtiendo de la noche a la mañana en un pueblo de millonarios, y es natural que el ministro de Finanzas de un pueblo de millonarios no se contente con menos de un presupuesto de tres billones y medio. El doctor Hermes, en su discurso de ayer, ni una sola vez se tomó la molestia de abrir la boca para hablar de menos de 50.000 millones.

Sucede, sin embargo, y cada día con mayor frecuencia, que a veces uno va a comprar algo a una tienda y al encontrar cara la mercancía el tendero dice:

—Fíjese bien en que cinco mil marcos no son más que un marco oro. ¿Cree usted que antes de la guerra habría podido comprar estos calcetines (o esta botella de vino, o este bastón, o este pollo) por un marco oro?

Y el tendero tiene razón. También la tenemos nosotros al preguntar—si nos está permitido—al señor ministro de Finanzas de la República alemana, doctor Hermes: ¿cree usted que antes de la guerra habría podido hacer un presupuesto con tan poco dinero?

No hay que dejarse impresionar demasiado por los marcos papel aunque se alineen en cientos de miles de millones. Veinticuatro horas después de haber presentado el ministro de Finanzas al Reichstag su impresionante presupuesto billonario, un dólar valía en la Bolsa de Berlín 20.000 marcos. ¿Qué significa esto? Significa que los tres billones quinientos mil millones de marcos del presupuesto ordinario de gastos de Alemania no son más que 140 millones de dólares; significa que los dos billones del presupuesto de ingresos no son más que 80 millones de dólares; significa, en fin, que el déficit de un millón y medio no es más que de 60 millones de dólares. Dicho de otro modo, el presupuesto de gastos de Alemania para el año 1923 es, redondeando (aunque un poco menos que el doctor Hermes), de 900 millones de pesetas; el presupuesto de ingresos, de 500 millones, y el déficit, de 400 millones. Alemania tiene, así, un presupuesto real inferior al presupuesto de España.

Un verdadero desastre. Y no porque Alemania gaste una suma fabulosa, sino porque, al contrario, sus gastos representan una cantidad insignificante. Con 900 millones de pesetas, los servicios públicos de un Estado moderno de 60 millones de habitantes no pueden estar debidamente atendidos. Muy cierto. Pero también es cierto que la capacidad tributaria de un gran Estado industrial de 60 millones de habitantes debe ser, necesariamente, muy superior a 500 millones de pesetas. Ante la realidad del presupuesto presentado en el Reichstag por el doctor Hermes, nadie podrá evitar constatar que la Alemania de hoy constituye un ejemplo de perfecta incapacidad administrativa. Por voluntad propia, dicen los enemigos de Alemania. Es difícil de creer, porque a causa del desorden administrativo una gran parte del pueblo alemán vive una vida miserable. Pero cuando el doctor Hermes—pensando, acaso, que sólo lo estaban escuchando cuatro amigos—dice que todo es culpa de la ocupación de la cuenca del Ruhr, francamente, exagera. La explicación de los hechos es más compleja, y más larga. Tan larga como para ocupar otro artículo.

Berlín, enero de 1923

[*La Veu de Catalunya*, 6-II-1923]

LA ALEMANIA DE HOY

LA SITUACIÓN FINANCIERA

Hay miedo a decir que el dólar vale, en el momento de empezar a escribir esta crónica, 48.000 marcos. Hay miedo a decir la verdad. Para componerse, imprimirse y llegar hasta mi barrio, la *Berliner Zeitung am Mittag* (el periódico popular del mediodía, sin el cual el berlinés, desde la portera hasta el profesor, no puede vivir) necesita una hora o una hora y cuarto. ¿Y quién puede saber o suponer siquiera lo que en una hora—y no digamos ya en una hora y cuarto—puede haber pasado en la Bolsa? Telefonear a un amigo especulador y pedirle la cotización del momento es algo fácil, ya que en Berlín todos los amigos son especuladores y no pierden de vista el dólar ni un segundo. Pero ¿qué vamos a ganar con saber la cotización del dólar ahora, en este preciso instante, si es seguro que, al término de esta redacción, nuestras informaciones, un par de horas envejecidas, ya no servirán de nada? No nos queda, por tanto, otro recurso que ir escribiendo, sin preocuparnos demasiado, del mismo modo que a los alemanes no les queda más recurso que ir viviendo, sin saber muy bien cómo van a lograr subsistir la semana que viene.

La característica dominante de la vida en Alemania en este momento es, en efecto, la falta de seguridad. El mal es antiguo y el aire de novedad aparente en estos días le viene tan sólo de su intenso y vertiginoso agravamiento. Hace ocho meses que ningún funcionario, ningún dependiente ha cobrado dos salarios seguidos iguales, ningún obrero ha trabajado tres semanas seguidas por la misma retribución, no ha pasado mes sin que subieran las tarifas de transportes, no ha habido quincena en la que el Gobierno no se viera obligado a autorizar un nuevo aumento del precio del pan, ni semana sin un encarecimiento general de los servicios y mercancías de todo tipo: los tranvías y la ternera, los teatros y los zapatos, los periódicos y los barberos, tanto o más que el azúcar y el tocino. Y el resultado es que nadie sabe cuántos días le durará el dinero que tiene en la mano, y que la gente vive en un estado de constante desazón. Nadie piensa en otra cosa que en comer y beber y comprar y vender, y en todo Berlín, en casa y en la calle, con la familia y los amigos (y a la hora de salir el periódico con la última cotización, con el primer ciudadano que uno encuentra en la mesa del café o en la parada del autómnibus), no hay más que un tema de conversación: el dólar, el marco, los precios... ¡Ya ve! ¡No me hable de ello! Acabo de comprar salchichones, jamón y queso para un mes y medio.

Compre hoy, o mañana le costará el doble. Peor que Austria. Dentro de tres días estamos en ciento mil. ¿Trescientos marcos? ¡Qué escándalo! ¿Qué dice, trescientos mil marcos? ¿Dónde? ¡Pero si está regalado! Decirle a un conocido que lleva una corbata que le favorece es provocar inmediatamente una catarata de precios: corbata, camisa, cuello, sombrero, zapatos y calcetines, todo pasa por ahí. El traje es de hace dos años: si se lo hiciera ahora le costaría quién sabe cuánto. Y toda la gente y a todas horas lo mismo. Es una ansiedad colectiva, una pasión a la que nadie escapa. Yo mismo, desde que hace ocho días empezó a llover y no ha parado, voy por

Berlín con un par de zapatos comprados hace tres años en Inglaterra cuando todo costaba un ojo de la cara. Los zapatos me costaron, calculando la libra esterlina al cambio de hoy... Nada, no lo digo. He tenido suficiente fuerza de voluntad para pasearme ocho días por Berlín sin decírselo a nadie y sería una claudicación vergonzosa que acabara contándoselo a los lectores y suscriptores de *La Veu de Catalunya*.

Desalojada por el plano mensual y hebdomadario para el último terremoto, la inseguridad se ha convertido en ley. No es necesario mandar a la criada a comprar a primera hora. Antes de las once, en el colmado no hay nada de lo que nos hace falta: ni huevos, ni mantequilla, ni manteca de cerdo, ni café, ni aceite. Todo se había acabado ayer, como por milagro, a la hora del cierre, y las nuevas existencias de aceite no han llegado todavía. Las nuevas existencias llegan, sin embargo, con regularidad cronométrica tan pronto como pasa el chaval que vende la primera edición de la *Neue Berliner 12 Uhr*, que sale a las once y lleva ya la apertura de la Bolsa. Mantequilla, aceite, café, huevos, manteca de cerdo, y pidan: vuelve a haber de todo. Claro que las «nuevas existencias», naturalmente, han subido de precio. El café (viene del Brasil, ¿comprende, señora?, y hay que pagarlo con oro) cuesta el doble, la mantequilla, la mitad más y los huevos, 200 marcos más la pieza. Un panecillo al estilo de Viena, de los que se comen por la mañana con el desayuno, costaba ayer 40 marcos. ¡Hoy cuesta 90!

Todo sube, cada día, cada hora, y mucho. Los salarios, sólo cada semana o cada mes, y poco. Y el pobre ciudadano de a pie alemán bosteza, bosteza cada día con menos energía. Pues el hecho de que el Gobierno alemán ejerza una política desacertada, y de que un par de millones de ciudadanos se traigan entre manos negocios muy gordos y redondos, no debe hacernos ignorar —muy al contrario—que cerca de 60 millones de alemanes están en apuros, en graves apuros, y que ni siquiera pueden consolarse pensando que el Gobierno, sin mucha honra, imprime diariamente billetes por valor—es un decir—de 18.000 millones de marcos. Pues el ejemplo de Rusia demuestra que los pueblos multimillonarios son los más expuestos a morirse de hambre.

Berlín, enero de 1923

[*La Veu de Catalunya*, 10-II-1923]

LA ALEMANIA DE HOY

EL PRESUPUESTO Y EL MECANISMO DE LA BAJA DEL MARCO

¿Qué ha pasado desde el último discurso del doctor Hermes presentando el presupuesto para el año 1923 en el Reichstag? La bajada del marco ha continuado con más privaciones que nunca. La moneda alemana apenas vale hoy la mitad de lo que valía hace cinco días, cuando el doctor Hermes hizo públicas las líneas generales de su plan de presupuesto. Todas las partidas son insuficientes antes de que el Parlamento haya podido empezar a discutirlas. Suponiendo que la depreciación de la moneda alemana no fuera más allá (suposición irrealizable), los gastos previstos en el presupuesto llegarían a cubrir las atenciones de siete u ocho meses como máximo, y volviendo a suponer (suposición tan irrealizable como la anterior) que los ingresos aumentaran proporcionalmente, el déficit inicial, que era, en el momento de escribir nuestra crónica, de un billón y medio de marcos, es hoy, cinco días más tarde, de dos billones y medio.

No porque sí el doctor Hermes tiene fama de ser uno de los políticos más avispados de Alemania. Su último discurso o, mejor dicho, la parte política de éste, en extremo violenta contra Francia y sin un solo resquicio (por lo menos en apariencia) para promover las negociaciones, no ha contribuido a robustecer esta fama, y la candidatura del doctor Hermes como sucesor del doctor Cuno—pues la sucesión del actual Gobierno está abierta—ha perdido mucho del terreno que tenía ganado desde hace tiempo. Pero la habilidad del doctor Hermes la encontramos en una frase de la parte financiera de su discurso. «Lo que hoy presentamos en el Parlamento», dijo el ministro de Hacienda, «no debe considerarse como un presupuesto, sino más bien como un programa de presupuesto que habrá que ir adaptando a las variaciones de las circunstancias.»

«Un programa de presupuesto» quiere decir sencillamente que Alemania irá viviendo sin presupuesto. El ministro de Hacienda no tuvo valor para decirlo crudamente y buscó una excusa. La fórmula es el programa de presupuesto adaptable a las «variaciones de las circunstancias». La excusa es la ocupación de la cuenca del Ruhr.

Los franceses ocupan la cuenca del Ruhr y el marco baja. Los franceses continúan ocupando la cuenca del Ruhr y el marco continúa bajando. Y el doctor Hermes dice que su presupuesto tiene un déficit de un billón y medio porque el marco baja y que el marco baja porque los franceses están en la cuenca del Ruhr. Es como si un día se viniera al suelo la galería gótica del Palau de la Generalitat en el preciso momento en que pasaba por allí mi distinguido amigo señor Cunill y los arquitectos de la Mancomunitat pretendieran que el peso del señor Cunill había sido la causa del derrumbe.

Ya decíamos en nuestra crónica anterior que las causas de la baja del marco son en realidad más complejas. El mecanismo de los cambios internacionales es, en efecto, muy complicado. No trataremos de explicarlo en detalle, primero porque sería muy largo y segundo porque tal vez se demostraría que no lo entendemos tan bien como pensamos. De todos modos, creemos poder aventurar que la balanza del cambio es igualmente sensible al peso de los hechos de orden financiero y al peso de los hechos de orden político, y que las irregularidades de su juego dependen de que entre estos dos órdenes de hechos no hay ninguna concordancia necesaria. Ejemplo: del 15 de noviembre al 10 de enero el marco quedó estabilizado en alrededor de 8.000 (paridad del dólar). Entretanto, durante todo este período la deuda flotante de Alemania iba aumentando a razón de 60.000 millones por semana. Por sí solo, este hecho habría debido determinar la continuación incesante de la desvalorización del marco, pero, en cambio, el marco no sólo se mantuvo, sino que el día 31 de diciembre su situación era mejor que a mediados del mes anterior. ¿Por qué? La explicación no puede ser más sencilla: favorable acogida inicial del ministro Cuno en el extranjero, disposición (se decía) de la gran industria alemana a garantizar una parte de la deuda de reparaciones, posibilidad de que las conferencias interaliadas llegaran a una solución satisfactoria o de que Inglaterra (había quien lo creía) tomara decididamente partido por Alemania. Los hechos políticos hacían sentir su peso frente a los de orden financiero, y los efectos de estos últimos quedaban provisionalmente contrarrestados.

Llega el fracaso de las conferencias aliadas y la decisión de Francia de operar por cuenta propia. El ejército francés entra en la cuenca del Ruhr. Durante tres días la Bolsa de Berlín se mantiene firme, esperando la intervención de Inglaterra, de los Estados Unidos: esperando el milagro que no llega. Y cuando la situación política inmediata deviene decididamente desfavorable para Alemania, revienta el dique que los hechos políticos oponían a la acumulación formidable de la deuda flotante, y en quince días el dólar pasa de 10.000 a 25.000. El cambio se convierte en reflejo de la situación financiera real, reflejo si se quiere un poco entenebrecido por las negruras de la situación política.

En este momento llega al Parlamento el ministro de Hacienda, no con un presupuesto sino con un «programa de presupuesto adaptable a las circunstancias». ¿Cuál es la característica de este presupuesto, mejor dicho, de este programa? Un déficit de un billón y medio de marcos. ¿Y de qué modo, con qué se propone el ministro de Hacienda cubrir este déficit? De ningún modo, con nada.

Respuesta: en cinco días el dólar pasa de 25.000 a 50.000 mil.

Naturalmente. El «programa» del ministro de Hacienda suponía un aumento de su deuda flotante de 1.500 millones de marcos y, como la situación política concuerda hoy por hoy con la situación financiera, la Bolsa no ha podido ofrecer ningún tipo de resistencia. El marco se ha hundido y semejante hundimiento exigirá nuevos aumentos de la deuda flotante que serán causa de nuevos hundimientos mientras Alemania no se decida a practicar otra política financiera.

¿La puede practicar con los franceses en la cuenca del Ruhr? Otro día, tal vez, hablaremos de ello. Pero no enseguida. La vida de la Alemania de hoy ofrece otros temas menos aburridos que es preciso no desatender.

Berlín, enero de 1923

[*La Veu de Catalunya*, 14-II-1923]

LA ALEMANIA DE HOY

UNA VOZ SENSATA

Después de tres semanas de literatura periodística a base de (respetable y explicable) indignación patriótica—género literario de tercer orden—leemos hoy lo que a continuación traducimos:

«Por segunda vez obligamos a Francia a ponerse de

rodillas. La cuchillada que querían clavar a traición en la espalda de nuestro pueblo, inconmoviblemente unido, los partidarios de la derrota a sueldo enemigo, fue evitada gracias al oportuno fusilamiento de los agitadores envenenados. Cuarenta y ocho años después de haber entrado en París Guillermo el Grande rodeado de sus cortesanos, su nieto hacía una nueva entrada en la ciudad enemiga. Unos días más tarde llegaban de Burdeos, con piernas temblorosas, Poincaré y Clemenceau y pedían la paz. Nuestro káiser se negó a dar la mano a semejantes pedigüeños, y en la Sala de los Espejos de Versalles, donde un día se renovó la gloria de la corona alemana, Ludendorff, el general ciudadano, y a su lado Helfferich, el canciller popular, dictaron la paz al enemigo vencido.

»Fue, con todo, una paz de sabia moderación. No sin razón nuestro káiser durante veinticinco años había merecido el nombre de káiser de la paz. No pretendió satisfacer ningún tipo de venganza. Se limitó a restituir al pueblo alemán lo que siempre había sido del pueblo alemán. La vieja ciudad germánica de Nanzig y las tierras de los alrededores fueron devueltas a la patria alemana. De las minas de hierro de Longwy y de Briey, obra de la industriosa aplicación germánica, se exigió que una modesta parte de la producción fuera entregada a Alemania, a pesar de que las seis grandes asociaciones industriales habían presentado una razonada memoria expresando su convencimiento de que sin la posesión permanente de las minas la vida de Alemania era imposible. Igualmente moderada se mostró Alemania al exigir que el enemigo, provocador malicioso de la guerra, soportara los gastos que ésta había causado. Únicamente con el fin de asegurar las reparaciones debidas a Alemania instalamos tropas alemanas en Belfort, Verdún, Namur, la costa flamenca y la región intermedia entre estos puntos por un período de quince años, declarándonos, sin embargo, dispuestos a retirarnos tan pronto como Francia y Bélgica se hubieran liberado de su deuda de reparaciones.

»No sucedió nada de todo esto. Los franceses, dando pruebas de gran tenacidad, se negaban a pagar las deudas que habían reconocido con solemnidad en Versalles. Para no entregar puntualmente el mineral de hierro que habían prometido, buscaban todo tipo de pretextos. Sin tener en cuenta que las fundiciones alemanas carecían de mineral, alimentaban de preferencia sus propias fundiciones, y los altos hornos alemanes no tenían más remedio que importar mineral de Suecia. Alemania no tuvo, por tanto, más remedio que ir a buscar el mineral de hierro que los franceses no le querían entregar. Fue enviada a Longwy una comisión de ingenieros alemanes, acompañada de las fuerzas militares necesarias, para controlar las extracciones de mineral y garantizar la entrega puntual. ¿Qué hicieron, sin embargo, los franceses? Su respuesta fue una prueba de la falsedad y del espíritu de venganza de Francia. En lugar de recibir con amabilidad a los alemanes llegados en misión de paz, en todo el territorio de las regiones nuevamente ocupadas se organizó, con el apoyo del Gobierno de París, una resistencia llena de hostilidad. Capitalistas, funcionarios y obreros se negaron a trabajar, insultaron a las fuerzas que acompañaban a los ingenieros y, poniéndoles dificultades en materia de alojamiento y alimentación, y haciéndoles todo tipo de faenas, procuraron obligarlos a retirarse.

»En esta ocasión quedó demostrado el verdadero amor a la paz de los alemanes. A fin de evitar derramamientos de sangre y violencias de toda índole, el káiser dio a los ingenieros y a las tropas alemanas la orden de retirarse de inmediato. El decreto del káiser iba contrafirmado por el canciller Helfferich—había quien decía que la retirada de las tropas era decisión suya—, y Hindenburg, el viejo mariscal de la paz, preparó un plan para el completo desarme de todo el ejército alemán.»

Hemos traducido una cita un poco larga. Pero ¿no creen los lectores que vale la pena? Un periodista alemán que firma con el seudónimo «Morus»—su verdadero nombre nos es conocido, pero no debemos ser más indiscretos que él mismo—ha publicado, en el último número de la revista *Die Welt Bühne*, las palabras y conceptos, llenos de generosa ironía, que hemos traducido aquí. Pocas veces hemos encontrado un ejemplo tan notorio, tan perfecto de capacidad—esta capacidad que tanto aprecian y en tan alto grado poseen los ingleses—para comprender *the other fellow's point of view*, el punto de vista del otro.

Digámoslo en voz alta: Morus tiene más razón que un moro. De la paz de Versalles pueden decirse tantos disparates como se quiera. Pero ¿qué habría podido decirse de la paz alemana si Alemania hubiera ganado la guerra? Los franceses se quejan de que los alemanes procuren por todos los medios evadir las onerosas condiciones de

Versalles. Pero ellos, en el caso contrario, ¿qué habrían hecho? Y Alemania, que tanta indignación (explicable, lo repetimos) demuestra ante la ocupación de la cuenca del Ruhr por los franceses, ¿habría permitido, en el caso contrario, que Francia fuera evadiendo con impunidad las condiciones del oneroso tratado? Y, habiendo entrado las tropas alemanas en Longwy y en Briey—por ejemplo—, ¿se hubiera arrugado Alemania ante la resistencia francesa, habría aceptado la retirada como condición previa para comenzar las negociaciones?

¿Y pues...? Morus llega a conclusiones precisas. La actitud de resistencia pasiva adoptada por Alemania necesitaba, como condición indispensable, la ayuda del extranjero. Esta ayuda podía adoptar tres formas: intervención de los Estados Unidos, intervención de Inglaterra o acción eficaz de las organizaciones internacionales obreras. Nada de esto ha sucedido. La retirada de un millar de soldados americanos y las mociones germanófilas del senador Borah no tienen una gran eficacia financiera. Las discrepancias de criterio entre Bonar Law y Poincaré y el excelente negocio que los carboneros ingleses hacen con la ocupación del Ruhr son, para el espectador alemán, motivos de escasa satisfacción. Los viajes a Berlín y a la cuenca del Ruhr por parte de miembros distinguidos del Partido Obrero británico, como Roden Buxtan y Kenworthy, y los mensajes de simpatía de los congresos socialistas, son muy de agradecer, pero ni echan a los franceses del Ruhr ni mejoran la situación política de Alemania. No hay que contar, por tanto, con una intervención extranjera, y la política de resistencia pasiva, basada sobre esta intervención, es una política equivocada que es necesario abandonar. Cuanto antes mejor.

De no ser así—dice Morus—, a Alemania le espera un segundo Versalles, peor que el primero. Nadie debe tener más interés que la propia Alemania en evitarlo. De Alemania tienen que salir, pues, las iniciativas necesarias.

Berlín, febrero de 1923

[*La Veu de Catalunya*, 16-11-1923]

JORNADAS EN LA CUENCA DEL RUHR (I)

DÍA DE LLEGADA A ESSEN

Decidme cómo van los ferrocarriles y os diré si en un país hay paz o guerra. Paz quiere decir regularidad y precisión en las comunicaciones. Guerra quiere decir inseguridad y confusión. (Existe, por supuesto, la excepción de España, donde los ferrocarriles van mal en tiempos de paz. Pero es que España no es exactamente aquello a lo que nosotros queremos llamar «país».)

—¿A Essen? Ya veremos si llegamos—nos dijo el conductor cuando cogimos el tren en la estación berlinesa de Charlottenburg—. Si no podemos llegar, deberá levantarse a las cuatro y cambiar de tren en Hamm.

Mi compañero de compartimento iba a Colonia. Para él no había esperanza alguna. No le quedaba más remedio que levantarse a las cuatro, bajar en Hamm y tratar de llegar a Colonia por las líneas secundarias y de tranvía, puesto que, si era dudoso que nuestro tren llegara a entrar en la cuenca del Ruhr, era en cambio seguro que una vez dentro no volvería a salir, y que a Colonia, final del trayecto normal, no llegaría nunca.

Ninguna duda, pues. En la cuenca del Ruhr hay guerra.

En la estación de Essen no hay signos manifiestos de la ocupación. No se ve a un solo soldado. Muy modesto de proporciones, un único cartel en el vestíbulo indica el lugar de las oficinas militares. Tan pronto como salimos a la calle, otro cartel, que abarca un lienzo de pared, nos indica la dirección de la comandancia de la plaza, instalada en el edificio del *Kohlensyndikat*, el sindicato carbonífero que era el dueño de la cuenca del Ruhr antes de que llegaran los franceses. Con letras inmensas, el texto francés: «Commandement de la place». Debajo, con letras minúsculas, la palabra alemana que la guerra ha hecho célebre: «Kommandantur». Velando por la integridad del cartel, un centinela uniformado de azul, con casco de acero y bayoneta en el cañón. A las seis y media de la mañana apenas empezaba a despuntar el día, y la bayoneta del centinela tenía, a oscuras, un brillo desagradable.

Al llegar al hotel se repite, de otro modo, la escena de la salida de Berlín:

—No le aseguramos que esta noche pueda dormir aquí. Los franceses pueden venir a incautarse del hotel de un momento a otro. Si no quiere correr el riesgo de pasar la noche en la calle o en la sala de espera de la estación, tome precauciones. Además, hágase servir el desayuno antes de las nueve y coma bien, ya que en todo Essen no habrá modo de comer ni beber hasta las cuatro de la tarde.

—¿Qué ocurre?

—Los franceses detuvieron ayer al doctor Schaeffer, y las asociaciones patronales y obreras del comercio de Essen decidieron cerrar las tiendas hoy e interrumpir cualquier tipo de servicio hasta las cuatro de la tarde a modo de protesta. (El doctor Schaeffer es el primer teniente de alcalde de Essen y ejerce de alcalde desde que el doctor Luther fue nombrado ministro de Aprovisionamientos del gabinete Cuno.)

Un cierre general en una ciudad alemana es mucho menos impresionante que en nuestro país, pues ni los portales ni los escaparates están protegidos por puertas de hierro. Aun así, a las diez de la mañana Essen ofrece un aspecto de anormal excitación. Los desempleados abarrotan las calles del centro de la ciudad. Entre la muchedumbre pasan algunos—no muchos—soldados y oficiales franceses, rápidos, atareados, voluntariamente distraídos para evitar las miradas de la gente. Cada oficial va acompañado por dos o cuatro soldados con armas. Cada soldado sin armas lleva al lado a un compañero con la bayoneta en el cañón. De vez en cuando la gente debe amontonarse sobre las aceras (toda la parte central de Essen no son más que callejones) para dejar paso libre a una recua de camiones militares, un pelotón de soldados de caballería, o un escuadrón de *Tanks* que pasa lentamente, roncando y arrastrándose.

La gran plaza que hay frente a la estación es el lugar más vibrante de la ciudad. Una docena de policías alemanes a caballo mantienen el orden, impidiendo que la gente se acerque demasiado al Hotel Handelshof, residencia de los oficiales franceses. Uno tiene la sensación de que si no fuera por la presencia y la acción paciente y continua de los policías alemanes no tardarían en repetirse los incidentes, inútilmente trágicos, de Frankfurt; a tal punto llega la agitación de la gente, a tal punto es visible el nerviosismo de los centinelas franceses que montan guardia delante del Handelshof y de Correos.

Alrededor de los vendedores de periódicos instalados en la plaza de la Estación se ha formado un numeroso grupo que se renueva sin cesar.

—¿La *Essener Allgemeine*, dice? Suspendida por quince días desde ayer. ¿La *Rheinische-Westphalische Zeitung*? Suspendida desde hace tres días y no se sabe cuándo podrá volver a salir...

A excepción de dos periódicos que también han pasado por períodos de suspensión, toda la prensa de Essen está suspendida. No salen más que el *Essenger Anzeiger*, y la *Essener Volkszeitung*, órgano del Partido Católico. A las diez y media de la mañana llega a la plaza de la Estación un número extraordinario del *Essener Anzeiger*, un cuarto de página impreso por una sola cara, que se vende a 30 marcos. Todos lo compran y lo leen febrilmente. Los grupos de gente se hacen más densos, y la policía, para evitar incidentes, echa de la plaza de la Estación a los vendedores.

¿Qué ha pasado? La hoja extraordinaria anuncia con letras gruesas que al día siguiente, a las nueve de la mañana, el alcalde de Essen será juzgado por un consejo de guerra francés. Sólo eso y la cotización del dólar, 19.323.

Fieles a las costumbres de Berlín, nos dirigimos al ciudadano que tenemos al lado:

—¿Qué le parece? El dólar a menos de veinte mil...

El interpelado nos mira de pies a cabeza y nos da la espalda. Nosotros, algo avergonzados, también damos media vuelta y vamos a recorrer otros lugares de la ciudad. Al pasar por delante de Correos un centinela francés nos da la orden seca y terminante de bajar de la acera.

...Comprendemos que en Essen la cotización del dólar interese poco.

Essen, 15 de febrero de 1923

P.S.: Hemos dejado pasar a propósito más de un mes de ocupación francesa antes de venir a la cuenca del Ruhr. Más que reflejar las impresiones directas e inmediatas—trabajo que corresponde a la información telegráfica—llevábamos el plan de recoger sobre el terreno las opiniones y puntos de vista de una y otra parte acerca del estado y el porvenir de una situación compleja y difícil. Pero después de seis semanas de ocupación encontramos la cuenca del Ruhr en pleno estado de desorganización y de guerra, poco propicio para efectuar una encuesta con detenimiento y sobre todo para escribir con calma. Al volver a Berlín trataremos de averiguar si el contacto con los hombres y los hechos permite llegar a conclusiones.

[*La Veu de Catalunya*, 25-II-1923]

JORNADAS EN LA CUENCA DEL RUHR (II)
DÍA DE LLEGADA A ESSEN

En la puerta del Ayuntamiento, centinelas franceses. En la puerta de la Delegación de Policía, centinelas franceses. En la puerta de la sucursal del Banco de Alemania, centinelas franceses. En la puerta del Teatro Municipal, centinelas franceses.

—¿En la puerta del teatro también? ¿Por qué?
—Porque anteayer se representó *Guillermo Tell*.

Si los franceses llegan a conseguir que el espíritu de Guillermo Tell sea el espíritu de Alemania, nadie podrá decir que la ocupación de la cuenca del Ruhr no haya servido para nada bueno. Entiéndase bien que decimos el espíritu de Guillermo Tell o, si se quiere, de Schiller. No el espíritu de Ludendorff o de Hug Stinnes.

Essen es hoy, decididamente, un lugar extraordinario. Uno se pasea por la Kettwigerstrasse y mientras está parado ante el escaparate de una cuchillería siente que alguien le mete la mano en el bolsillo del abrigo que llevaba medio abierto. Al volverse, ve a un hombre que se aleja y le lanza una mirada de inteligencia, mientras la mano que uno instintivamente se ha llevado al bolsillo tropieza con un papel medio arrugado. Es una llamada a los obreros para que cumplan su deber de alemanes y se nieguen a aceptar las ofertas de trabajo que les hacen los franceses.

La propaganda contra los franceses por medio de libelos y carteles es muy intensa. Por todas las paredes se ven jirones. Todas las mañanas patrullas de soldados franceses tienen que ir por la ciudad rasgando con las bayonetas los nuevos carteles que han sido fijados durante la noche. Por todas partes se encuentran hojas volantes de todo tipo: sobre los mostradores de las tiendas, en los asientos de los taxis, en el cajón de la mesilla de noche de la habitación del hotel. Ninguna de estas hojas lleva pie de imprenta y, hasta ahora, los franceses no han podido descubrir ni una sola de las abundantes fuentes de propaganda que, ni de día ni de noche, dejan de proliferar.

Hace dos días que la Cámara del Comercio al por menor de Essen fijó un acuerdo de guerra: prohibir a sus miembros (es decir, a todo el comercio de la ciudad) que vendieran a las tropas de ocupación.

Y desde hace dos días —me han contado— los comerciantes de Essen no viven tranquilos ni un solo minuto. Los soldados franceses, en patrullas de diez o veinte mandadas por un oficial o un sargento, a veces a pie y a veces montados en un camión, van de tienda en tienda y piden, primero por las buenas, si los quieren servir. Una vez los dueños o los dependientes han dicho que no, el jefe de la patrulla da la orden a los soldados de servirse ellos mismos, y cada uno coge aquello que le conviene. Una vez provistos se van, y a menudo se llevan al dueño detenido.

Hoy por la mañana, con todas las tiendas y establecimientos cerrados en señal de protesta por la detención del alcalde, estas operaciones no son factibles. Pero a la hora de comer—que para nosotros era la hora de no comer—se ha presentado en nuestro hotel un grupo de unos treinta oficiales franceses, acompañados por un intérprete:

—Estos señores quieren comer.

—Imposible. No hay nada caliente: no habrá nadie del personal hasta las cuatro de la tarde—contesta el dueño.

—Estos señores me dicen que le transmita la orden de servirles comida de inmediato.

—Ya le he dicho que es imposible...

Dejando al dueño del hotel con la palabra en la boca, el grupo de oficiales se dirigió ordenadamente a la cocina, cogieron todo cuanto había para prepararse un almuerzo frío y se instalaron en el comedor, sirviéndose ellos mismos.

Una hora después, los franceses incautaban el hotel, ponían centinelas en la puerta y daban a los huéspedes un plazo de cuatro horas para desalojar las habitaciones y sacar los equipajes.

Un día pasado en Essen, al cabo de un mes y medio de estar los franceses, nos convence de que la ocupación militar no se ha convertido todavía en el régimen de vida normal en la cuenca del Ruhr, condición indispensable para que la operación francesa pueda dar—o llegar a dar—algún rendimiento. Decimos régimen normal en el mismo sentido en que la ocupación alemana se convirtió en el régimen normal en Bélgica y el norte de Francia durante la guerra. Régimen normal en un país militarmente ocupado quiere decir sumisión general al estado de hecho, al estado de fuerza.

De esta sumisión general al estado de hecho, la ciudad de Essen todavía está lejos, y los franceses parecen dispuestos, de ahora en adelante, a ejercer la fuerza de forma más directa e incisiva.

Essen, 15 de febrero de 1923

[*La Veu de Catalunya*, 27-II-1923]

JORNADAS EN LA CUENCA DEL RUHR (III)

CONSEJOS DE GUERRA

En las afueras de Essen, en el Ayuntamiento de Bredeney, se ha instalado el cuartel general de la división francesa número 128. A un centenar de pasos del Ayuntamiento está la llamada Sängers Halle, local social de un orfeón y sala de fiestas del barrio. Es una sola nave construida en madera, bastante espaciosa, con un mostrador para despachar bebidas a la derecha y al fondo un pequeño escenario de colores muy llamativos. Normalmente, en la Sängers Halle había cinematógrafo los jueves, baile el sábado, y el domingo baile de aficionados o concierto del orfeón. Ayer, desde las nueve de la mañana hasta las seis de la tarde, se celebraron tres consejos de guerra.

LA ESCENA

Paralela al escenario, la mesa de los jueces, cubierta de lustrina roja. A la derecha del tribunal, una mesa para el fiscal, el relator y sus secretarios. A la izquierda, otra mesa para la defensa: dos abogados alemanes y dos secretarias. Completaban el cuadro de cara al tribunal doce soldados franceses, uniformados de campaña, con casco de acero, mochila y bayoneta en el cañón, mandados por un sargento. Inmediatamente detrás de las bayonetas, los periodistas; detrás de nosotros, el público. En el centro del cuadro formado por el tribunal, la acusación y la defensa y la guardia armada, una mesa pequeña y dos sillas, una para el acusado y otra para el intérprete. Declaraban los testigos y gendarmes franceses se encargaban de guardar las puertas y de mantener el orden en la sala. La más mínima interrupción, un grito, un aplauso, habrían determinado la expulsión violenta del público. Pero ni cuando aparecieron los acusados, ni cuando éstos dieron muestras de patriotismo delante de los jueces franceses, ni cuando el presidente del tribunal leyó las rigurosas sentencias, el numeroso público hizo ningún tipo de manifestación.

LOS JUECES, EL FISCAL, LOS DEFENSORES

Los jueces son cinco. Un teniente coronel que preside, un capitán, un lugarteniente, un suboficial y un cabo. De los cinco, sólo el presidente tiene aire militar: pequeño, estirado, limpio, cara simpática y poco inteligente, cabello gris y escaso, cráneo reluciente y bigote recortado—¿osaremos decirlo?—a la alemana. Habla sin brusquedad y sin impertinencia, pero sin dejar nunca el tono de mando. Conduce y sigue los debates con una atención que, en el espacio de nueve horas, no ha decaído ni un segundo. Se ve que tiene afición al oficio. La actitud del presidente contrasta con la de los otros cuatro jueces. Caras aburridas y ausentes. No hay duda de que preferirían no tener que hacer lo que hacen.

El fiscal lleva el uniforme caqui de las tropas coloniales y tiene la piel curtida por el sol de África. Habla poco y muy deprisa, como escopeteado. Tratado de Versalles, bando del general Degoutte, Código de Justicia militar, diez años de presidio, tres años de cárcel, 10 millones de marcos de multa. Su tesis es: palo de ciego o si no cada día lo tendremos peor.

Los defensores son dos abogados alemanes, el doctor Grimm y el doctor Niedermayer. Ambos hablan en francés. Uno, el doctor Grimm, bastante bien; el otro, el doctor Niedermayer, bastante mal. Se han repartido los papeles. El doctor Grimm, profesor de derecho internacional, se encarga de demostrar la incompetencia del tribunal y la ilegalidad de sus sentencias según el derecho de gentes. El doctor Niedermayer pretende hacer creer a los jueces que los acusados, ciudadanos alemanes, no podían hacer lo que las autoridades francesas les pedían porque la ley alemana lo prohíbe. Ambos pierden el tiempo con mucha más generosidad que el fiscal. El doctor Grimm, sobre todo, no debe escatimar las horas para demostrar que, hallándose la cuenca del Ruhr fuera de la convención del Rin, no podían celebrarse consejos de guerra franceses. «Eso tan sólo sería posible si Alemania y Francia estuvieran en estado de guerra. Pero éste no es el caso. El propio señor Poincaré ha dicho y repetido que "nuestra misión era una misión de paz".»

El doctor Grimm es un alemán rubio y rechoncho que tiene buenas salidas.

LOS ACUSADOS

Son tres. El primero es un hombre de sesenta y tres años, corpulento y de porte enérgico. Se llama Havenstein y desde hacía quince días era alcalde de la ciudad de Oberhausen. ¿Qué ha hecho? Como director de las compañías municipales de gas y de electricidad, dejó durante tres días a oscuras la estación de Oberhausen ocupada por las tropas francesas. Habiéndole pedido los franceses que restableciera la corriente, contestó que él no recibía órdenes más que del Gobierno alemán.

El segundo acusado lleva el nombre de Busemann y es director de la Compañía de Electricidad del Rin y Westfalia, que suministra la corriente al Hotel Kaiserhof, donde están instalados los ingenieros de la misión francesa. A consecuencia de un acto de sabotaje realizado por el personal de la compañía, el Hotel Kaiserhof se quedó sin luz durante dos días. Busemann es acusado de no haber querido dar las órdenes necesarias para que fuesen reparados inmediatamente los daños causados por el sabotaje de los obreros.

Por último, comparece ante los jueces el doctor Schaeffer, alcalde de Essen, acusado de desobediencia a las órdenes de la autoridad militar francesa. Se le pidieron 72 automóviles y contestó que la ley alemana no lo autorizaba a disponer de la propiedad particular de los alemanes. Se le pidió cierta cantidad de carbón para las tropas y contestó que las órdenes del Gobierno de Berlín le impedían enviarlo.

El presidente interroga. La ley francesa exige que se pregunte al acusado si tiene hijos y cuántos. Es el momento realmente dramático del interrogatorio y de los procesos. Todos los acusados son padres de familia. Havenstein tiene cinco hijos; Schaeffer, cuatro; Busemann, siete. Los jueces no pueden evitar intercambiar una mirada. A nuestra memoria vienen las terribles palabras de Poincaré: «A Alemania le sobran veinte millones de habitantes.»

«AU NOM DU PEUPLE FRANÇAIS»

El consejo de guerra delibera en el escenario, detrás del telón echado. Con cinco minutos cada vez tiene suficiente. Al bajar del escenario, el presidente, con voz firme, lee las sentencias y los jueces saludan militarmente cuando son pronunciadas las primeras palabras de la sentencia: «Au nom du peuple français.» Desde la Revolución todos los tribunales franceses fallan en nombre del pueblo francés.

En nombre del pueblo francés el alcalde de Oberhausen es condenado a tres años de prisión; el director de la Compañía de Electricidad, a 5 millones de marcos de multa; y el alcalde de Essen, a dos años de prisión y 10 millones de marcos de multa. Leída la última sentencia, el presidente hace saber que los consejos de guerra continuarán al día siguiente.

Después de la moderación de las sentencias de Maguncia contra los directores y propietarios de minas, el rigor de las condenas de Bredeney es un signo del agravamiento del estado de guerra. En Essen la noticia de la condena del alcalde no fue conocida públicamente hasta el anochecer. La gente se preguntaba con ansia qué pasaría al día siguiente. Si la sola detención había provocado manifestaciones y cierre de puertas, ¿qué haría el pueblo al conocer la sentencia?

Pero hoy no ha parado de nevar y llover, y el frío ha sido más intenso que en todo el invierno. El pueblo se ha quedado en casa, junto al fuego. Las fuerzas providenciales son pacíficas.

Essen, 16 de febrero de 1923

[*La Veu de Catalunya*, 28-II-1923]

JORNADAS EN LA CUENCA DEL RUHR (IV)

LA OCUPACIÓN DE UNA CIUDAD

No faltan en este país del Ruhr, nuevo teatro de la guerra, cosas extraordinarias. Una de ellas es la ciudad de Gelsenkirchen. Se puede ir desde Essen en tren, en veinte minutos, o en tranvía, en menos de una hora. Es un trayecto como de Barcelona a Badalona,[1] pero sin atisbos de azul y sin verde. El cielo es bajo y sucio, y los pocos campos que todavía quedan, y los pocos árboles que todavía crecen, están cubiertos de polvo de carbón.

Cuando uno llega y salta del tren o del tranvía, se encuentra con una ciudad alemana moderna del modelo patentado. Calles anchas y bien empedradas, plazas bien dibujadas, organización modelo. Un ayuntamiento, Correos, un hospital, un instituto, un teatro municipal, todo construido hace veinte años y al más puro estilo gótico alemán del siglo xv. ¿Y los jardines y parques de Gelsenkirchen? Los jardines y parques de Gelsenkirchen son, en un primer vistazo, iguales que los de cualquier otra ciudad por el estilo. Pero los jardines y parques de Gelsenkirchen son algo mucho más complicado de lo que parece. Son un lugar de ocio y son una obra científica. Gelsenkirchen ya tenía de todo cuando aún no tenía jardines, porque el polvo del carbón secaba la hierba, no dejaba crecer los árboles y mataba las flores. Y Gelsenkirchen no habría tenido nunca jardines sin los sabios alemanes que, con ciencia y paciencia—paciencia es paz y ciencia—, acabaron por descubrir hierbas y árboles y especies de flores sobre las cuales el polvo de carbón ejerce una influencia reanimadora.

Hoy, Gelsenkirchen tiene unos jardines que enamoran.

Hace cien años, Gelsenkirchen era un pueblo, más o menos, como el Papiol.[2] Hace cincuenta años tenía la im-

[1] Unos 10 kilómetros.
[2] Pueblo de la comarca barcelonesa del Baix Llobregat que contaba en 1923 con unos 1.000 habitantes.

portancia de Centelles,¹ y a finales del siglo pasado aún no era tan grande como Sabadell.² La gran ciudad, formada por la anexión a Gelsenkirchen de un grupo de pueblos de los alrededores, apenas llega a tener diez años de historia, y hoy viven en ella más de 200.000 personas. Es la gran ciudad más joven de Europa, y la gente de Gelsenkirchen nos cuenta que, en los mapas del ejército francés de ocupación, Gelsenkirchen figura todavía como un pueblo más, al lado de Schalke, Hessler, Bismarck, Bulmke, Uckendorf.

Nosotros, por si acaso, no nos lo creemos. Pero lo cierto es que, un mes después de iniciarse la ocupación del Ruhr, los franceses no habían hecho todavía ninguna demostración militar en Gelsenkirchen. «La ciudad carbonífera más importante del continente no había recibido la visita de las tropas enviadas a la cuenca del Ruhr», según dicen, «a buscar carbón.» Lo cual, en Gelsenkirchen, no lamentaba nadie. Naturalmente.

Y he aquí que un día al atardecer llegó a Gelsenkirchen un automóvil con el piloto trasero apagado. Un policía alemán lo hizo detener, sin saber que dentro iban dos gendarmes franceses. Entre el policía y los gendarmes se entabló una pelea en la que perdió la vida el policía alemán y resultaron heridos los dos gendar-

---

¹ Pueblo de la comarca barcelonesa de Osona, al sur de la Plana de Vic. En 1923 tenía alrededor de 2.300 habitantes.
² Ciudad que es, junto con Terrassa, capital de comarca del Vallès Occidental, también dentro del término provincial de Barcelona. En la época en la que se fecha esta crónica, en Sabadell vivían alrededor de 40.000 personas.

mes franceses, uno en la pierna y el otro en el hígado.

Desde este momento Gelsenkirchen ha conocido la guerra, más violenta y directamente que ninguna otra ciudad de la cuenca del Ruhr. Estamos en la ciudad del carbón, hace veinticuatro horas, y he aquí lo que hemos visto.

Ayer por la tarde un regimiento francés se presentó en Gelsenkirchen para cumplir las órdenes del general Degoutte: cobrar una multa de 100 millones de marcos y hacer una demostración de fuerza contra la policía y ante los ojos de la población.

El alcalde fue detenido. El jefe de la policía fue detenido. Veinticuatro oficiales y soldados de la policía fueron detenidos y paseados por las calles de la ciudad con las manos en alto. Los soldados franceses penetraron en las diversas delegaciones de policía de la ciudad y lo echaron a perder casi todo: mesas, sillas, camas, teléfonos, bicicletas, armarios, puertas y ventanas. En el archivo de las organizaciones de seguro social, instalado en el primer piso de una de las delegaciones de policía, no quedó ni un solo papel entero y habrán de pasar algunos meses antes de que los inválidos y viejos de Gelsenkirchen puedan volver a cobrar un céntimo. No creemos que éste fuera uno de los fines concretos del general Degoutte, pero la «guerra-no guerra» no puede ir siempre acompañada del discernimiento.

De esta primera expedición los franceses volvieron sin hacer efectivos los 100 millones de marcos. Las autoridades de la ciudad se negaron rotundamente a pagar ni un céntimo, y esta mañana el ejército francés se ha presentado a cobrar. A las siete, cuando despuntaba el día, han entrado en Gelsenkirchen un regimiento de infantería, un escuadrón de caballería, una sección de ametralladoras, una sección de ciclistas y veinticuatro toneladas. Han ocupado la ciudad estratégicamente y, ante el nuevo rechazo de las autoridades, el jefe de las fuerzas francesas ha dado la orden de descerrajar las cajas fuertes del Ayuntamiento y de Correos. Esta operación ha producido cerca de 80 millones de marcos. Los franceses han declarado que hasta que no tuvieran recogidos los 100 millones de marcos no se irían...

En el momento de acabar esta crónica e ir a coger el tren, los franceses—infantería, caballería, ciclistas, ametralladoras y *Tanks*—todavía están en Gelsenkirchen. Significa que aún no tienen los 100 millones de marcos. Pero nosotros nos vamos de Gelsenkirchen profundamente convencidos de que la reunión de los 100 millones es cuestión de horas.

¡100 millones de marcos! Son unos 50.000 francos. En Essen, un jefe de la administración militar francés nos dijo que cada soldado del cuerpo expedicionario de la cuenca del Ruhr costaba más de 50 francos diarios... Mientras recogen en Gelsenkirchen 50.000 francos, los 3.000 soldados franceses que hacen este trabajo gastan, pues, 150.000 francos cada día.

Buen negocio.

Gelsenkirchen, 17 de febrero de 1923

[*La Veu de Catalunya*, 3-III-1923]

JORNADAS EN LA CUENCA DEL RUHR (V)

EL GRAN PROBLEMA.
DE ESSEN A DÜSSELDORF EN UN TREN MILITAR FRANCÉS

—Quisiera ir a Düsseldorf...

—Es muy fácil. Coja el tranvía hasta Milheim. En Milheim coja el tranvía directo hasta Düsseldorf. Si tiene la suerte de enlazar, estará en Düsseldorf en tres horas y media.

—De manera que el tren...

—Imposible. La línea está en manos de los franceses.

—¿Y en Colonia?

—Igual. Tiene que ir a Hamm, y si no a Düsseldorf, y una vez en Düsseldorf ir en tranvía hasta un punto cualquiera de la zona de ocupación inglesa.

Es el gran problema. La cuenca del Ruhr está aislada. Únicamente la línea de Essen a Berlín permanece todavía abierta para el tráfico de viajeros. Entre los centros urbanos del interior los trenes van y vienen. Pero en las grandes líneas, esenciales para el aprovisionamiento del ejército de ocupación y para el transporte de carbón hacia Francia y Bélgica, el paro es total. La mayor parte del personal alemán se declaró en huelga y los franceses han tenido que prescindir del resto ante los continuos actos de sabotaje.

Una voz amiga nos dice:

—Si el comandante Simonet lo autorizara, podría ir a Düsseldorf con uno de nuestros trenes militares.

El comandante Simonet es el jefe de la cuarta división de ferrocarriles de campaña. Nos recibe en un magnífico despacho de la Dirección de Ferrocarriles de Essen ocupada por los franceses. Le decimos que queremos ir a Düsseldorf.

—Ningún inconveniente. El tren sale a las 3:32 en punto.

Mientras el comandante Simonet nos extiende el permiso, le hacemos algunas preguntas sobre la situación actual y el futuro del grave problema de los transportes en la cuenca del Ruhr. Sus respuestas nos parecen interesantes:

—Tropezamos con grandes dificultades—nos dice—, y el origen de estas dificultades está en Berlín.

»Una gran parte de los obreros estaría dispuesta a trabajar con nosotros. Pero les han hecho creer que la ocupación francesa es cosa de semanas, como mucho de meses, y tienen miedo de las represalias una vez nosotros nos hayamos marchado. Por otra parte, el elemento nacionalista obrero se ha dado a actos de sabotaje que, de milagro, no han ocasionado catástrofes graves, y no nos ha quedado más remedio que prescindir, de momento, de todo el personal alemán y contratar personal francés, especialmente de Alsacia. Enseguida, empero, volveremos a coger a personal del país. Ya están impresos los formularios de contrato individual.

»Con el personal de ahora—continúa diciendo el comandante Simonet—tenemos ya asegurado el aprovisionamiento y el transporte de tropas, y estamos iniciando un servicio regular de pasajeros. Circulan trenes a horas fijas entre Essen y Düsseldorf y entre Düsseldorf y Duisburg. De momento, estos trenes están reservados a personas con permisos, pero pronto estarán a disposición de todo aquel que quiera viajar. Es evidente que, obligados por la actitud del Gobierno alemán, los franceses acabaremos explotando comercialmente los ferrocarriles de la cuenca del Ruhr. La situación actual no puede durar. Cada día nos cuesta millones de francos, y es obvio que las grandes compañías ferroviarias francesas estarían dispuestas a encargarse de la explotación de la red de ferrocarriles del Ruhr y sabrían sacarle provecho. De esto se está tratando actualmente en París. Nosotros, los militares, no hacemos más que preparar el terreno.

A las tres y cuarto estamos en la estación de Essen-Sur. El tren de Düsseldorf ya está a punto de salir. La máquina, dos vagones de tercera y un furgón. Maquinista, fogonero y jefe de tren van vestidos de soldado. Por si acaso, en el furgón está montada una ametralladora. El tren va casi vacío. Los únicos pasajeros civiles son tres ingenieros franceses de la misión Coste, mi compañero Tassin del periódico ruso *Dni* de Berlín y yo.
Es una escena de familia.
—¿Nos vamos?—dice el jefe de tren al maquinista.
—Nos vamos.
Y el tren—aunque parezca mentira—arranca a las 3:32 en punto. Atravesamos el parque y el bosque municipal de Essen, blancos de nieve. Muchos niños, ocupados en patinar y en lanzarse pendiente abajo con las *louges*, no nos prestan atención. La gente mayor, en cambio, mira con curiosidad el tren militar, y de vez en cuando

algún patriota, a pesar de que hace un frío que pela, se decide a sacar la mano del bolsillo y nos amenaza con el puño.

Nos paramos en todas las estaciones, y a veces nos paramos aunque no haya estación. Al cabo de media hora larga llegamos a Werden, a nueve kilómetros de Essen. Nuestro tren no pasa de Werden. Tenemos que bajar y esperar otro que nos lleve a Düsseldorf.

—¿Cuándo llega?

—Ya hace rato que debería estar aquí.

Buen consuelo. Con un frío de seis grados bajo cero esperamos el tren de Düsseldorf durante tres cuartos de hora, que son más duros que tres semanas en Berlín o tres meses en Barcelona. El tren llega abarrotado de soldados, y el único compartimento medio vacío, donde podemos meternos los ingenieros de la misión Coste y nosotros, tiene los cristales rotos. De Werden a Düsseldorf —30 kilómetros—, dos horas. Nos detenemos delante de las estaciones, delante de los pasos a nivel, en medio de un puente, delante de un prado, delante de un cerezo y delante de un campesino. Llegamos a Düsseldorf con rechinar de dientes...

Normalmente salen y entran de la cuenca del Ruhr 6.000 trenes diarios. Durante las tres horas y media que ha durado el trayecto de Essen a Düsseldorf no nos hemos cruzado con un solo tren. Ni por asomo.

Una vez en el hotel, tras meternos en la cama enseguida para que se nos pasara el frío, hemos desplegado *L'Écho* de París, comprado al salir de la estación de Düsseldorf. Artículo de «Pertinax»: «Gracias a esfuerzos persistentes hemos conseguido organizar el trasiego ferroviario en la cuenca del Ruhr...»

Düsseldorf, 19 de febrero de 1923

[*La Veu de Catalunya*, 6-III-1923]

JORNADAS EN LA CUENCA DEL RUHR (VI)

INTERMEDIO EN DÜSSELDORF

Los dos días que hemos pasado en Düsseldorf han sido días de anormalidad, de fiebre, de enérgicas y súbitas intervenciones de las autoridades militares en la vida de la población. Con veinticuatro horas de diferencia, el general Degoutte ha ordenado la expulsión del presidente del Gobierno del distrito de Düsseldorf y del alcalde de la ciudad de Düsseldorf. Estas expulsiones de principales han ido acompañadas de la expulsión de un buen número de funcionarios, han provocado protestas y cierre de puertas, han sido motivo de publicación de violentos artículos contra la ocupación, los cuales, a su vez, han acarreado la suspensión de los periódicos. Y, a pesar de todo...

A pesar de todo, en Düsseldorf hay paz. Después de dos meses, las tropas de ocupación han sabido, evidentemente, hacerse tolerar. Entre los soldados franceses y los habitantes de Düsseldorf se ha establecido una convivencia. No diremos—está claro—que la presencia de las tropas francesas produzca ninguna clase de placer a la gente de Düsseldorf. Si el ejército de ocupación se fuera, la gente de Düsseldorf contemplaría la espalda de los soldados con una satisfacción mucho mayor a como los mira hoy a la cara. El francés es el enemigo: el enemigo de ayer, y, quizá, el enemigo de mañana. Pero en Düsseldorf ha dejado de ser el enemigo de hoy. Completamente al contrario de lo que ocurre en la cuenca del Ruhr, donde el francés es, por encima de todo, el enemigo de hoy, el enemigo contra el cual se hace la guerra para echarlo de casa, cueste lo que cueste.

Fuera de la estación, guardada por centinelas con el arma bajo el brazo, el ejército francés al pasearse por Düsseldorf no toma ninguna de las precauciones que la guardia civil española toma para pasearse por Barcelona. Los camiones de la intendencia van por la calle sin guardia armada, los soldados no llevan más arma que un junco en la mano, los oficiales entran solos y sin armas en los cafés y lugares de esparcimiento y comparten con los alemanes mesa y lonja. De vez en cuando, pasa por las calles y paseos alguna pareja bisexual, la *Grätchen* del brazo del *poilu*, un francés y una alemana que han sabido entenderse. Lástima que el secreto de su inteligencia no tenga ningún valor político.

Desde la huelga de los ferroviarios, Düsseldorf, ciudad de medio millón de habitantes, uno de los centros industriales más complicados y poderosos de Alemania, vive completamente aislada del mundo. Hace un mes que los habitantes de Düsseldorf no tienen otro medio de comunicación que los tranvías. En tranvía uno puede ir a cualquier pueblecito de la zona inglesa y esperar un tren local que vaya a Colonia o a Solingen. En tranvía uno puede ir también a las ciudades de la cuenca del Ruhr: tres horas y media y tres cambios para llegar a Essen, en lugar de ir, como antes, directamente y en menos de una hora. Ir de Düsseldorf a Berlín o a Frankfurt, antes cuestión de pocas horas, se ha convertido en una empresa problemática y arriesgada, para cuya realización hace falta un día o un día y medio.

Pero, en fin, sean cuales fueren las dificultades y las incomodidades, un hombre consigue entrar y salir de Düsseldorf. Un hombre, y mil, y diez mil. Lo que no puede entrar en Düsseldorf es carbón, es algodón, es hierro, son las materias primas necesarias para el trabajo de las numerosas fábricas. Lo que no puede salir de Düsseldorf son los productos industriales de todo tipo, que las fábricas van produciendo todavía mientras agotan las reservas de materias primas y de combustible. Desde el puente magnífico sobre el Rin, levantado a gran altura para dejar paso libre a los barcos, el aspecto imponente de la ciudad industrial, construida a orillas del río, da la medida de la crisis que amenaza la vida y la producción de estas tierras. ¿Qué va a hacer esta inmensa ciudad si dentro de unas cuantas semanas persiste la situación, si los trenes no entran ni salen, si el Rin continúa siendo una corriente de agua decorativa e inútil como un río español?

En Düsseldorf, los efectos producidos por el paro forzoso empiezan a notarse y, a la larga, la falta de trabajo será un elemento de debilidad para la resistencia pasiva. Desde que clarea el alba hasta que cae la noche, en la plaza de la estación de Düsseldorf se forman grupos de trabajadores desempleados que esperan su turno para inscribirse en la oficina de colocación que los franceses tienen abierta para ir sustituyendo poco a poco a los ferroviarios huelguistas con otro personal obrero alemán. Es cierto que, hasta ahora, ni los franceses parecen tener un gran interés en dar a su oficina el máximo rendimiento (cada quince minutos o media hora se permite la entrada de un par de obreros en la estación por la rendija de la puerta apenas abierta), ni los alemanes parecen demasiado ansiosos por responder a la llamada de los franceses. Pero ¿y dentro de unos cuantos días? ¿Y dentro de unas cuantas semanas o meses?

Esta gente de aspecto triste, estos obreros sin trabajo y con una familia que mantener, resignados a aceptar trabajo—y pan—de manos francesas, estos hombres que llenan, en grupos de treinta o cuarenta, la plaza de la estación de Düsseldorf, son un indicio poco halagüeño para el porvenir de la política de intransigencia.

Düsseldorf, 22 de febrero

[La Veu de Catalunya, 15-III-1923]

JORNADAS EN LA CUENCA DEL RUHR (VII)

CONVERSACIONES CON GENTE DE POCA IMPORTANCIA

El sargento de la división de ferrocarriles de campaña, viejo ferroviario, con el que hablamos en el vestíbulo desierto de la estación de Düsseldorf—a pesar del reciente bando del general Degoutte que define como delito la conversación entre soldados y civiles desconocidos—, nos dice:

—¿Qué quiere que hagamos quinientos hombres que, si bien somos del oficio, carecemos de la experiencia necesaria en la explotación de una de las redes más enrevesadas del mundo, para cuyo funcionamiento trabajábamos más de cien mil personas? Bastante hacemos si conseguimos, y hasta ahora lo hemos conseguido, que los trenes cargados de víveres lleguen a los centros de ocupación militar de la cuenca del Ruhr. En cuanto a una explotación regular de los ferrocarriles, por ahora ni pensarlo. Tan pronto como aumentáramos el tráfico, aumentarían los accidentes. Si ahora que despachamos los convoyes a intervalos de tres y cuatro horas no hemos podido evitar un número considerable de desgracias, el día que nos atreviéramos a aumentar la circulación provocaríamos verdaderas catástrofes. Tiene que pasar mucho tiempo, mucho, y tiene que venir mucha más gente antes de que nosotros solos, sin el concurso del personal alemán, podamos llevar el servicio de ferrocarriles a la tercera parte de lo que era antes de la huelga.

»Además, el Gobierno manda de preferencia personal subalterno alsaciano, porque conoce el material alemán y puede entenderse con la gente. Pero muchas veces sucede que no puede entenderse con nosotros. Alguna de las desgracias de estos últimos días se han debido a que el maquinista y el jefe de tren no podían entenderse. Y de la lealtad del personal alsaciano, de todo el personal alsaciano, «si yo fuera gobierno» no estaría tan seguro...

Media hora antes de que le fuéramos a comprar filmes para nuestro Kodak y le preguntáramos—naturalmente—su interesante parecer acerca de la situación, dos oficiales franceses se habían presentado en la tienda de este honorable comerciante de Essen con la intención de comprarle un aparato. El comerciante se negó a vendérselo y los oficiales cogieron el aparato que les pareció mejor y se fueron tranquilos y satisfechos. El comerciante dice:

—La simpatía que yo siento por los franceses ya se la puede imaginar, y el hecho de que un par de oficiales se acaben de llevar un aparato de doscientos mil marcos no ha contribuido precisamente a aumentarla. De todos modos, debo reconocer que los dos oficiales que se han llevado el aparato estaban dispuestos a comprármelo y a pagarlo. Pero yo he tenido que atenerme a la orden de nuestra cámara sindical.

»Hasta ahora, el único gran resultado de esta orden ha sido que un consejo de guerra francés condenara a dos años de prisión a nuestro presidente. Y después, aquí y allá, incidentes como el que me acaba de pasar a mí. ¿Qué hay que hacer? Desobedecer la orden de la cámara sindical es exponerse a la malevolencia de los demás comerciantes y de la población entera. Además, yo soy buen patriota alemán, partidario de la política de resistencia pasiva y dispuesto a hacer los sacrificios que se me ordenen. Pero, francamente, mientras los franceses estén en la ciudad armados con tanques y ametralladoras y con intención de pagar lo que necesiten comprar, no querer vendérselo es una especie de incitación al saqueo. A mí me parece muy bien que los ferroviarios se declaren en huelga y que el Gobierno de Berlín no quiera pagar un céntimo de reparaciones. Pero el comercio, ¿sabe? El comercio, para vivir, necesita vender...

El oficial francés, capitán de infantería, con el que hablamos largo y tendido durante una visita a los alojamientos de las tropas francesas en Essen, ya hacía tres años que vivía en Maguncia cuando su regimiento recibió la orden de ir a ocupar el Ruhr.

—Aquí estamos, cumpliendo con nuestra misión —me dice—, que es la de ejecutar órdenes sin discutirlas. El ejército francés del Rin no tenía precisamente ganas de subir a la cuenca del Ruhr, y nuestra presencia en estas tierras no la consideramos en absoluto una cuestión de pundonor militar. Tan pronto como nos digan que nos podemos ir, nos iremos sin el menor pesar y cuanto antes mejor.

»Para nosotros, la estancia aquí no tiene nada de agradable. En las tierras del Rin vivimos, prácticamente, como en nuestra casa, y el hecho de ir por la calle y descubrir en cada mirada el espíritu irreconciliable de un enemigo nos resulta nuevo. ¿No cree usted que es necesaria una transacción? ¿Qué se dice, fuera, de todo lo que está pasando?...

Este hombre menudo y moreno, con un aire tan poco alemán como el que menos, de mirada viva y actitud modesta, es arquitecto municipal y ejerce de alcalde de su ciudad—una pequeña ciudad—desde que el alcalde y el primer teniente fueron desterrado el uno y cogido por los franceses el otro. Nos dice:

—La resistencia pasiva es, sobre todo, un asunto de personalidades. Si los franceses destierran o encarcelan a todos los que son capaces de dirigir la resistencia, ¿qué podremos hacer? De Berlín nos llega la orden de resistir y nosotros hemos puesto la buena voluntad y todas nuestras fuerzas en la ejecución de esta orden, porque estamos tan convencidos como en Berlín de la injusticia de que los franceses vengan aquí a hacer la guerra después de cuatro años de paz. Pero en Berlín deben hacerse cargo de que somos un pueblo desarmado y de que el ejército francés es hoy el más fuerte del mundo...

»Durante cuatro días he tenido ocupada mi ciudad por fuerzas francesas. Las tropas han cometido excesos; muchos ciudadanos han sido maltratados. El general francés era, con todo, un hombre muy correcto con el que se podía tratar. He procurado entenderme con él y evitar por este procedimiento que las molestias de los ciudadanos fueran todavía mayores. Ayer, por fin, los franceses se fueron. ¿Qué debía hacer? ¿Adoptar una actitud hostil, como la del alcalde de Oberhausen? Yo estaría ahora en la cárcel, y en la ciudad los franceses...

Así habla la gente de poca importancia, dando muestras de ser más sensata y de tener más sentido de la realidad que los hombres de Berlín y de París.

Essen, 23 de febrero de 1923

[*La Veu de Catalunya*, 18-III-1923]

JORNADAS EN LA CUENCA DEL RUHR (VIII)

LA RESISTENCIA DE LOS MINEROS

En Bochum se centraliza la organización sindical de los mineros de la cuenca del Ruhr. Bochum es una ciudad tan fea y tan llena de vida como la ciudad más fea y más llena de vida de la *Black Country* inglesa. Bochum es el corazón de Westfalia y Westfalia tiene fama de ser la comarca que produce a los alemanes de peor genio. En Bochum los incidentes de sangre son, desde que empezó la ocupación, más frecuentes que en ningún otro lugar de la cuenca del Ruhr. La crónica de sucesos del único día que hemos pasado en Bochum se salda con un ciudadano muerto y dos heridos por las tropas francesas, y un intérprete francés apaleado de mala manera por los ciudadanos...

Pero nosotros no hemos venido a Bochum a hacer la crónica de sucesos, sino a conocer la disposición de ánimo de los mineros. Hoy por hoy, no hay en Alemania política posible sin el concurso activo o tácito de las organizaciones obreras.

El sindicato de mineros tiene, en Bochum, un edificio propio, donde están instaladas las oficinas administrativas y técnicas, con un personal de más de cien personas, y la imprenta del periódico. El jefe de los mineros, presidente del sindicato, es el diputado en el Landtag prusiano, Husemann, y suyas son las declaraciones que siguen:

—La cuenca del Ruhr ha sido siempre en Alemania la fortaleza del antimilitarismo. El ejército francés, al llegar a nuestro territorio, ha tenido que instalarse como ha podido, mal, y se ha visto obligado a requisar cafés, salas de baile y de gimnasia, cinematógrafos y, en muchas ciudades, escuelas y otros edificios destinados a fines educativos y culturales. ¿Por qué? La explicación es muy sencilla: porque en la cuenca del Ruhr no hay cuarteles. El Imperio Alemán no se había atrevido jamás a instalar una guarnición en este centro obrero. Los obreros no la habrían tolerado, de la misma manera que hoy protestan contra la presencia de las tropas francesas, y se negarían a trabajar tan pronto como los militares hicieran su aparición cerca de las minas. Estamos dispuestos a repetir la experiencia de los primeros días. Un centinela en la puerta, un oficial francés en la administración de una mina equivale a una orden de huelga para los obreros. Los franceses llegaron a la cuenca del Ruhr con la ilusión de encontrar las organizaciones obreras dispuestas a pactar con ellos por odio al capitalismo alemán. Fue un cálculo erróneo. La lucha contra los capitalistas alemanes es asunto nuestro y la colaboración del ejército francés es innecesaria. Si el ejército francés es una institución anticapitalista, puede dedicarse a ayudar a los mineros franceses contra los capitalistas franceses. Nosotros tenemos la lucha contra nuestro capitalismo mucho más avanzada que los mineros franceses contra el capitalismo francés. Somos, además, antimilitaristas por tradición y por principio. Si no hemos tolerado al ejército alemán durante el Imperio, es natural que protestemos contra la presencia del ejército francés después de cuatro años de haber firmado la paz.

Las palabras de Husemann tienen, evidentemente, cierta lógica. Pero, más que las expresiones líricas del antimilitarismo, nos interesan los carices prácticos, técnicos y políticos del problema de la resistencia, y orientamos nuestras preguntas en este sentido. Husemann dice:

—Hoy por hoy la situación se plantea así: las minas del Ruhr que quedan fuera de la región ocupada, y que representan alrededor del quince por ciento de la capacidad de producción de la cuenca, trabajan día y noche, y son explotadas de manera que rindan al máximo, a pesar de que de ello resulte un perjuicio para la explotación nacional de las minas en el futuro.

Al contrario, desde que el cerco se ha completado y la exportación al resto de Alemania resulta imposible, las minas situadas dentro de la zona ocupada trabajan procurando reducir la producción al mínimo y dedicando el máximo de energía a las obras de reparación y de reconstrucción. Esta política tiene dos ventajas: por una parte, limitar los sufrimientos del resto de Alemania por falta de carbón; y por otra, corregir los efectos desastrosos del exceso de explotación impuesta a nuestras minas por el Estado Mayor alemán durante la guerra.

Hoy por hoy este planteamiento de la situación permite a Alemania, en efecto, practicar la resistencia pasiva sin grandes perjuicios inmediatos. Los adversarios pueden mantenerse en esta posición dos, tres meses. Pero llegará un día en que en las minas no habrá nada más que reparar ni construir. No quedará más remedio que parar o producir. Parar es una solución técnicamente ruinosa y socialmente imposible. Producir, pues. ¿Y qué hacer con la producción, si el cerco absoluto de la cuenca del Ruhr continúa?

—Todavía no lo sabemos. Pensamos en ello día y noche...

Si bastara con pensar día y noche en un problema para poder resolverlo, el triunfo de la política de resistencia pasiva sería, después de las palabras de Husemann, inevitable. Nosotros, sin embargo, convencidos de que se precisa algo más, repetimos y completamos la pregunta. ¿Están satisfechos los obreros, los mineros del Ruhr, con la política del Gobierno de Berlín? ¿Qué política pedirían los mineros del Ruhr, si mañana—como anteayer—el Gobierno de Alemania fuera presidido por un canciller socialdemócrata? La respuesta del jefe de los mineros es terminante:

—No deseamos ningún cambio de Gobierno, ni ningún cambio de política. El canciller Cuno puede seguir adelante. Nosotros no lo estorbaremos. La ocupación de la cuenca del Ruhr por el ejército francés es, por encima de todo, una cuestión de dignidad y de patriotismo.

¡De patriotismo! Dos días antes de ir a Bochum, un grupo de periodistas extranjeros fuimos invitados a visitar una de las grandes minas de carbón de Gelsenkirchen. A setecientos, ochocientos, a mil metros bajo tierra, con el cuerpo medio desnudo y la piel chorreando sudor, recibiendo a vaharadas el aire para respirar y con la amenaza constante de una explosión que los entierre en vida, trabajan los mineros en cuyo nombre hablaba Husemann.

Si estos hombres, después de ocho horas diarias de tormento, quieren todavía oír hablar de patriotismo y tienen fuerzas que empeñar en una lucha de resistencia nacional, el porvenir del pacifismo y del internacionalismo lo vemos más negro que el carbón del Ruhr.

Bochum, 26 de febrero de 1923

[*La Veu de Catalunya*, 20-III-1923]

JORNADAS EN LA CUENCA DEL RUHR (IX)

LOS INGENIEROS ESPERAN SU HORA

Mientras permaneces en el Ruhr, se nota en todas partes y a todas horas la presencia del ejército francés. Ahora es un centinela que prohíbe el paso por una calleja; más tarde es un general que deambula ceremonioso, acompañado de sus ayudantes y seguido de una escolta armada. Las ametralladoras blindadas son tan numerosas como los autotaxis, y los *Tanks* acaban siendo vehículos urbanos. En Essen y en las carreteras de la cuenca del Ruhr, uno presencia hoy el mismo espectáculo que en Amiens y en las carreteras de la cuenca del Somme durante el verano de 1916.

Si no tuviéramos buena memoria, acabaríamos por olvidar que todos aquellos soldados y generales, tantos *Tanks* y tantas ametralladoras no son—desde el punto de vista francés—nada más que el acompañamiento de una comisión, invisible y presente, de ingenieros civiles. El general Degoutte no es otra cosa que el gendarme de M. Coste, y los cincuenta mil soldados del general Degoutte son, sencilla y exclusivamente, la guardia de *Korps* de los cincuenta ingenieros de M. Coste.

¿Qué han hecho, qué hacen, qué piensan hacer estos cincuenta ingenieros? Si se lo pregunta usted a los alemanes, le responderán que la misión de los ingenieros franceses se ha limitado hasta ahora a restablecer la corriente eléctrica del Hotel Kaiserhof, dejado a oscuras por los obreros de la compañía de electricidad, y reparar los aparatos de calefacción del mismo Kaiserhof, estropeados por el personal del hotel. Pero, como siempre es bueno oír la opinión de la parte contraria, hemos procurado saber lo que tenían que decir los propios ingenieros franceses sobre el carácter y el futuro de su misión. Habiendo sido requerido en París por unos días el jefe de la misión M. Coste, hemos recogido las manifestaciones de uno de sus más íntimos colaboradores, M. Francen.

Los ingenieros franceses viven en el Hotel Kaiserhof, servidos por soldados franceses. De día trabajan en las oficinas del *Kohlensyndikat*. De noche no se arriesgan todavía a salir por la ciudad y se quedan en el hotel. Después de cenar, los soldados, de color azul horizonte, vienen y van por el hall del Kaiserhof sirviendo café y licores, y los ingenieros preparan partidas de ajedrez, de póquer o de *écarté*. Mientras sus compañeros se dedican a estos ejercicios profanos, M. Francen nos habla de cosas serias.

—¿Qué hacemos? Por ahora, la verdad, no mucho. La culpa no es nuestra. Fuimos enviados a la cuenca del Ruhr con una misión cuya ejecución habría sido sencillísima si no hubiera llegado de Berlín la estúpida orden de la resistencia pasiva. Nuestro papel debía limitarse a controlar la producción de las minas de carbón: de ciertas fábricas de productos químicos y metalúrgicos, con la finalidad de asegurar el cumplimiento íntegro y puntual de ciertas estipulaciones del Tratado de Versalles. Si no hubiéramos encontrado resistencia por parte de los alemanes, la vida económica de la cuenca del Ruhr seguiría sin la menor perturbación. Cincuenta ingenieros no pueden constituir un gran estorbo...

—No; el estorbo son más bien los militares...

—Cierto. Y es culpa de los alemanes que tal estorbo sea cada día más patente. No puedo proporcionarle datos de orden militar con garantía de certeza, pero el número de tropas hoy día en el Ruhr debe de ser tres veces más elevado que a comienzos de la ocupación. Llegados únicamente para garantizar nuestra seguridad, los militares han tenido que convertirse en ejecutores de nuestros designios.

—¿Y estos designios son?

—A pesar de todo, mantener el carácter económico esencial de nuestra misión y reducir la intervención militar a lo estrictamente indispensable. Hacemos, y continuaremos haciendo, todos los esfuerzos posibles para evitar que nuestra presencia dé lugar a un conflicto entre el ejército y el pueblo, y con esta finalidad empezamos por eludir el contacto. Siguiendo este principio, nos abstenemos de hacer cualquier tipo de demostración militar en las minas y en las fábricas. Después de la orden del comisario alemán prohibiendo que las minas continuaran entregándonos carbón en concepto de reparaciones, nosotros teníamos perfecto derecho a incautarnos del carbón que hay en las minas sirviéndonos de la fuerza militar. Aun así, lo hemos evitado a fin de no hacer sentir a los obreros la presión de la fuerza de una manera directa. Nos hemos limitado a incautarnos de los trenes de carbón que hemos encontrado en las estaciones, como medida inmediata. Como medida definitiva hemos cercado la cuenca del Ruhr. Y ahora esperamos.

—¿Una espera larga?

—Pregunta imposible de contestar con certeza, ya que la duración de la resistencia alemana depende, por ahora, de factores económicos y psicológicos, y la apreciación exacta de estos últimos es impracticable. ¿Coincidirá el agotamiento moral de Alemania con el de las fuerzas materiales de resistencia? ¿Comprenderán los alemanes la inutilidad de la resistencia antes de que la capitulación devenga una necesidad inaplazable? Nadie puede tener la pretensión de conocer estos secretos. Pero entiéndase bien—y ahora nuestro interlocutor da a sus palabras más energía, más decisión que en ningún otro momento de la conversación—que desde nuestro punto de vista éste es el único, absolutamente el único, elemento de incertidumbre de la situación. No sabemos «cuándo», pero sabemos perfectamente «cómo» sucederán las cosas. Las fábricas trabajan, las minas también. Aunque las extracciones de carbón se hayan llevado al mínimo compatible con una explotación racional, son siempre superiores a la cifra que Alemania debe satisfacer en concepto de reparaciones. Las existencias se acumulan, puesto que de ahora en adelante es imposible que de la cuenca del Ruhr salga una tonelada de carbón, ni de nada, sin nuestro consentimiento. Algún día se hará necesario disponer de estas existencias. Y ese día los efectos de las medidas que ahora hemos tomado se harán sentir inevitablemente y, me permito añadir, implacablemente.

Al día siguiente de escuchar estas terminantes declaraciones volvimos a Berlín, dejando Essen y la cuenca del Ruhr en estado de guerra, tal como las encontramos al llegar. ¿Qué paz puede salir, qué paz va a salir de esta nueva guerra? Las conclusiones de nuestra encuesta tratarán de ser una respuesta a esta pregunta.

Berlín, marzo de 1923

[La Veu de Catalunya, 21-III-1923]

JORNADAS EN LA CUENCA DEL RUHR (X)
DE LA NUEVA GUERRA A LA NUEVA PAZ

Al volver de la cuenca del Ruhr, nuevo teatro de la guerra, con el último tren directo que salió de Essen hacia Berlín, la tarea de resumir con brevedad las impresiones recibidas, los hechos observados y las declaraciones recogidas, con la finalidad de llegar a conclusiones precisas y relativamente ciertas, no resulta nada fácil. Muy al contrario, pues formular las conclusiones de una encuesta en la región del Ruhr equivale a querer contestar estas preguntas. Primera: cómo acabará la nueva guerra y cuándo. Segunda: cuáles serán las condiciones de la nueva paz.

Durante la gran guerra, la secuela interminable del período de indecisión hizo creer a mucha gente que el conflicto finalizaría por cansancio general, sin vencedores ni vencidos. De mediados de 1917 a mediados de 1918, sobre todo, esta teoría, que ahora vuelve a aparecer con motivo de la ocupación del Ruhr, adquirió un gran prestigio y muchos escritores brillantes demostraron—de manera irrefutable, por supuesto—que la guerra no la podía ganar nadie, ni los alemanes ni los aliados, ni los blancos ni los negros, ni los azulgrana ni los de la camisa a rayas. Tentadora, fácil y engañosa comparación entre los asuntos de la política y los asuntos del juego y del deporte. Pero ni la guerra, ni la ocupación del Ruhr son un partido de ajedrez o de fútbol. Faltan el reglamento, las tradiciones de cortesía, los tiempos marcados, el *referee*. Faltan, por tanto, todas las condiciones y limitaciones de las que pueden resultar las tablas, el empate, el *match* nulo. Y no vale retrotraerse a los casos de guerras dudosamente finalizadas por la intervención de un tercero, de una gran potencia o de un grupo de potencias. Lo que hemos dicho vale precisamente porque durante la gran guerra no hubo ningún tercero con suficiente fuerza para intervenir. Es el mismo caso de hoy, y quien lo dude sólo tiene que recordar el resultado de la conferencia de Washington sobre la construcción de submarinos y releer el reciente debate de la Cámara inglesa sobre el presupuesto de aviación.

Francia ha dicho muy claro, y ha repetido, que consideraría toda intervención—sin exceptuar la intervención de la Sociedad de Naciones, que, por otra parte, sólo puede producirse a instigación de uno de sus miembros—como un acto de enemistad. Si Francia no quiere aceptar la intervención de un tercero para la solución del conflicto del Ruhr, no habrá nadie en el mundo que quiera—ni ose—imponerla. Y siendo preciso, entonces, descartar la solución intervencionista, no queda sino una posible: el final de la guerra con un vencedor y un vencido.

La decisión, el espíritu de sacrificio y—por parte incluso de la gente de la cuenca del Ruhr—la prudencia innegable con que desde hace dos meses conducen la campaña de resistencia pasiva, honran en gran manera a los alemanes. Privado del carbón, del coque y de los productos de las industrias del Ruhr, el resto de Alemania, a fin de evitar una grave crisis inmediata de paro forzoso, debe efectuar compras onerosísimas en el extranjero, y, aunque de momento estos gastos resultan soportables gracias a la suspensión total de los pagos en concepto de reparaciones, cuando llegue la hora de saldar cuentas, los millones de marcos oro que ahora se van a Inglaterra y Suecia van a hacer mucha falta. Los industriales y obreros de la cuenca del Ruhr, por su parte, saben perfectamente que, a causa de la política de resistencia, se acentuó el aspecto militar de la ocupación, y, a pesar de ello, todo aquel que no tenga la intención de tergiversar los hechos debe reconocer que la voluntad y el espíritu de resistencia son entre la gente del Ruhr firmes y generalizados y que, al menos por ahora, las divergencias entre la masa obrera y los patrones no son más que imaginaciones periodísticas. Más todavía: la tendencia del comercio de las ciudades—¿y qué es la cuenca del Ruhr sino una sola y gran ciudad?—a pactar un *modus vivendi* con las tropas de ocupación tropieza principalmente con la resistencia y, muchas veces, con la oposición activa de los sindicatos y las masas obreras. Para los trabajadores, el ejército francés, dejando de lado cualquier otro tipo de consideración, son 100.000 hombres con los bolsillos llenos que pueden hacer que se encarezca la vida aún más de lo que ya está.

Todo esto es cierto. Pero también es cierto que los franceses han puesto alrededor de la cuenca el Ruhr un cordón aduanero que no deja pasar ni escapar nada ni a nadie. También es cierto que las fábricas y las minas de la cuenca del Ruhr acumulan existencias, cuya distribución no podrá hacerse sin la aquiescencia de la fuerza francesa. También es cierto que los franceses han desarmado por completo y sin gran esfuerzo a la policía de seguridad alemana en toda la cuenca del Ruhr. Y que contra los efectos finales, implacables y certeros, de estas medidas,

Alemania no posee ningún medio eficaz de defensa, ninguna tabla de salvación—esto es más cierto que cualquier otra cosa.

Después de haber perdido la gran guerra, Alemania perderá también la guerra del Ruhr. De hecho, la tiene perdida desde el primer día. Eso sí, esta guerra, como todas las guerras, debe ir necesariamente seguida, más tarde o más temprano, de la paz. Cuando llegue el día, no muy lejano, de esta nueva paz, ¿qué podrá hacer Alemania? ¿Qué caminos se le cerrarán, qué rutas le quedarán abiertas?

[*La Veu de Catalunya*, 28-III-1923]

JORNADAS EN LA CUENCA DEL RUHR (Y XI)

DE LA NUEVA GUERRA A LA NUEVA PAZ

Las cosas hoy están así: no puede hablarse de los asuntos más graves y esenciales de política internacional sin tener en cuenta una fuerza imprecisa y formidable al mismo tiempo, difícil de definir, pero imposible de eliminar o de ignorar. «Opinión del mundo», nada menos, se llama esta fuerza. No hay nadie que no hable o, por lo menos, que no haya oído hablar de ella. Ningún hombre de Estado desprecia su importancia. ¡Qué tono de tristeza profunda tuvo el discurso del doctor Cuno en el Reichstag al hablar de la soledad de Alemania, al reconocer que en esta hora de crisis Alemania no sentía a su alrededor el calor de la opinión del mundo!

Para entendernos y saber lo que queremos decir al hablar de opinión del mundo, conviene tratar de fijar, en la medida de lo posible, esta vaporosa noción. La opinión del mundo, difícil de medir por la simple aplicación de la ley de mayorías, es más bien una cuestión de calidad y oportunidad de ciertas corrientes y sentimientos colectivos, cuya fuerza y eficacia se multiplica en virtud, precisamente, de la calidad y de su oportunidad. Tomando como ejemplo el caso más grave y reciente, podemos decir que la opinión del mundo es lo que Alemania *no tuvo* a su lado durante la gran guerra. Los conservadores suecos, los republicanos irlandeses, los suizos alemanes, Giolitti y el rey Constantino de Grecia, los socialistas ingleses, el Raisuni, los militares españoles y *La Gaceta de Cataluña* eran germanófilos; pero nadie podía pretender que estos elementos heterogéneos—algunos muy respetables, otros menos o nada—representaran la opinión del mundo. No. La opinión del mundo estaba con los aliados, que ganaron la guerra. (De otro modo no se comprende, por poco que se piense en ello, que la opinión del mundo pueda resultar vencida.)

Pues bien. Alemania, a pesar de las quejas injustificadas del canciller Cuno, tiene hoy de su parte la opinión del mundo. Que nadie lo dude. Ni para una ocupación prolongada de la cuenca del Ruhr, ni para cualquier plan de anexión o de intervención en las tierras del Rin que vaya más allá del desarme previsto por el Tratado de Versalles, Francia puede contar con el número de simpatías y asentimientos que se reunieron a su alrededor durante la guerra. Escarmentado por la experiencia de los últimos años, el mundo no quiere—según la fórmula, algo primaria, de Lloyd George—la creación de una nueva Alsacia-Lorena. No la quiere el mundo—, ni está claro, tampoco, que la quiera Francia.

Pero el hecho grave, hoy, más que las posibles ambiciones de Francia, es la actitud de Alemania, determinada únicamente por la suposición (que, sin querer averiguar segundas intenciones, estimamos sincera) de que los proyectos anexionistas de Francia son verdaderos. Ésta es la convicción general de los alemanes, y en ninguna otra parte es tan firme y viva como entre la gente de la cuenca del Ruhr. Nadie cree, de Duisburg a Dortmund, de Buer a Werden, que no esté defendiendo un pedazo de tierra alemana contra la dominación francesa. Nadie cree que los franceses hayan llegado al Ruhr buscando la solución del problema de las reparaciones. Delante de nosotros vemos todavía al viejo minero, convertido en jefe del sindicato y en uno de los directores del movimiento de resistencia pasiva, blandiendo un paquete de documentos con la misma energía que si fuera un pico y diciendo:

—¿Las reparaciones? ¿El carbón? Ríase usted de eso. El carbón que Alemania dejó de entregar representa el cuatro con siete por ciento del total convenido con la Comisión de Reparaciones. ¡El cuatro con siete por ciento! Y con este pretexto ridículo Francia manda cien mil hombres al Ruhr.

Este minero nos decía lo que otras cien personas ya nos habían dicho.

Pero si nuestro minero tiene razón, si el incumplimiento de Alemania en las entregas de carbón no es sino un pretexto, el hecho de que Francia lo haya invocado es una prueba de que lo necesitaba. Y si el pretexto es ridículo y, a pesar de todo, Francia se ha servido de él, cabe suponer que ha sido porque no tenía otro mejor. Francia—según el punto de vista alemán—quería ir al Ruhr de cualquier modo y necesitaba un pretexto. Ha utilizado el primero que ha encontrado. Francia, bajo la máscara de la ocupación, sostiene contra Alemania una guerra de conquista, y Alemania no tiene más remedio que defenderse.

Dejemos de lado si Alemania podía entregar puntualmente la totalidad del carbón convenido y dejar así a Francia—de momento, por lo menos—sin pretexto. Hoy lo mismo da, pues agua pasada no mueve molino. Hoy lo único interesante para Alemania es saber si, para salvar las tierras del Rin del dominio francés y la cuenca del Ruhr de una ocupación indefinida—admitamos, con fines argumentativos, la tesis alemana como verosímil—, los métodos actuales son los mejores. Y a esta pregunta, después de haber visto las cosas de cerca, no es posible responder afirmativamente.

El problema del Ruhr está hoy planteado, contra lo que mucha gente piensa, en términos muy sencillos. Francia ocupa el país militarmente y no puede explotarlo económicamente, pero ha podido aislarlo del resto del mundo y puede mantenerlo en esta situación indefinidamente. A corto o a largo plazo, esta comandita de una empresa en bancarrota—pues la cuenca del Ruhr, aislada del mundo, y sin posibilidad de exportar, es una empresa en bancarrota—tendrá que finalizar. Y en ese mismo momento cesará la resistencia pasiva. Se habrá acabado la guerra y empezarán las negociaciones de paz.

Pero a Alemania no le aguardaría este momento si tuviera entre sus hombres de Gobierno a un hombre de Estado como Rathenau. Sacaría cuanto antes mejor el problema del campo de batalla y lo llevaría a la mesa de conferencias. No pondría condiciones previas—no las pone quien quiere—ni esperaría a que Inglaterra o los Estados Unidos tomaran la iniciativa. La tomaría ella. Y después de salvar con el concurso de la opinión del mundo las tierras del Rin y la cuenca del Ruhr contra cualquier posible mala intención por parte de Francia, emprendería, con afán y ánimo de terminar pronto, el pago de las reparaciones, que es el nombre que, desde hace cinco años, se da a las indemnizaciones de guerra. La paz de Europa ganaría con ello y Alemania no perdería más de lo que de todos modos ha de perder.

Berlín, marzo de 1923

[*La Veu de Catalunya*, 5-IV-1923]

LA ALEMANIA DE HOY

PERIÓDICOS Y PERIODISTAS (I)

Tres grandes periódicos—la *Vossische Zeitung*, el *Berliner Tageblatt* y la *Deutsche Allgemeine Zeitung*—, por la cualidad y el tono, por su influencia sobre los ciudadanos y sobre el Gobierno y por la repercusión de sus opiniones más allá de las fronteras de Alemania, ocupan el primer plano del panorama variado y pintoresco que la prensa de Berlín ofrece al lector. Son tres grandes periódicos que, sin embargo, no llegan a tener la categoría de los grandes periódicos del mundo. Al lado del *Times*, del *Philadelphia Public Ledger*, del *Corriere*, del *Temps*, del *Nieuwe Rotterdamsche Courant* y de *La Prensa*, Alemania no puede apuntarse más que un periódico de provincias: la *Frankfurter Zeitung*.

Tomemos primero, con las atenciones que se merece una vieja y distinguida dama, la *Vossische Zeitung*. Muerta la *Gazette de France*, la *Voss*, fundada el año 1703, debe de ser hoy—lo decimos sin saberlo a ciencia cierta— el periódico más viejo del mundo. Menos feliz que el *Times*—o que el *Diario de Barcelona*—, la *Voss* se encuentra en su vejez sin nadie que la cuide, y vive hace ya unos cuantos años realquilada—con todos los honores, claro está—en la gran casa Ullstein, editora de quién sabe cuántos periódicos populares, revistas de todo tipo, novelas para las dactilógrafas y guías del ferrocarril.

En la casa Ullstein, la *Voss* lleva una vida independiente y retirada, y gracias a la fortuna de sus protectores puede permitirse lujos de gran señora. Tiene un servicio de informaciones extranjeras tan bueno como el primero, una colaboración lucida, publica un suplemento ilustrado los domingos y envía corresponsales especiales allí donde haga falta. La *Voss* ha sido el primero—y hasta ahora el único—periódico en renovar la costumbre característica de la prensa alemana de hacer salir de vez en cuando a un corresponsal para dar la vuelta al mundo. Y las buenas lenguas dicen que el periodista mejor pagado de Alemania es hoy el director de la *Vossische Zeitung*, Georg Bernhard.

Si no es el mejor pagado, Georg Bernhard puede consolarse pensando que es uno de los más inteligentes. La tradición periodística alemana quiere—¿y cómo podría la *Voss* faltar a la tradición?—que el director de un periódico sea capaz de escribir artículos... largos. Georg Bernhard tiene que conformarse y dar a su artículo del domingo unas proporciones desmesuradas, pero siempre hallará el lector, entre párrafos apretados y columnas de prosa alineadas, la expresión de un criterio político moderado y maduro, el reflejo de un punto de vista constante, la elevada preocupación de no dejarse gobernar por consideraciones de efímera actualidad, el deseo loable de que Alemania haga los sacrificios necesarios para facilitar un futuro de convivencia europea. Antes de que los franceses entraran en la cuenca del Ruhr, Georg Bernhard se permitía el lujo de ser francófilo, y hoy, aunque atacando, cómo no, la política de M. Poincaré, no cree todavía que la francofobia delirante sea el primer deber del ciudadano alemán. A su alrededor, un grupo de colaboradores de mérito, entre los cuales debe citarse a Redlich—el primer corresponsal de periódico alemán en París, después de la guerra—, el crítico teatral Monty Jacobs y el cronista «Swing», cuya pluma es tan ligera como la de cualquier *chroniqueur* del Bulevard, hacen que la *Voss* sea una vieja señora de espíritu despierto y sensato con la que uno habla sin cansarse dos veces al día. Pues la *Voss*, como todos los periódicos alemanes con algo de tono, publica dos ediciones diarias, totalmente diferentes una de otra. La matinal, de doce o dieciséis páginas de formato pequeño (el de *La Veu*, aproximadamente),[1] con informaciones ge-

---

[1] Formato folio hasta 1923 y gran folio a partir de 1923.

nerales extensas y artículos de variedad; y la de las tres de la tarde, de entre cuatro y seis páginas, y dedicada en primer lugar a los telegramas del extranjero y a la información financiera.

Igual a la *Voss* por el tamaño y la abundancia de las informaciones, el *Berliner Tageblatt* (publicación principal de la editorial Rudolf Mosse, competidora de la casa Ullman) se distingue de la *Voss* por una mayor densidad —material y espiritual— del texto y, sobre todo, por la divergencia de su política extranjera. Theodor Wolf, director actual del *Berliner Tageblatt*, fue durante muchos años corresponsal de dicho periódico en París, de donde se llevó, junto con una cultura histórica y literaria francesa que rezuman todos sus artículos, una malevolencia en torno a Francia que de tan envenenada llega a resultar inocente. Eso no quiere decir que los extensos artículos de Theodor Wolf no sean obra de un gran periodista y de un gran escritor, y que el *Berliner Tageblatt*, acompañado cada día de un suplemento ilustrado (modas, el martes; deportes, el miércoles; técnica, el jueves; «Ulk», hoja satírica, el viernes; jardinería y decoración interior, el sábado; e informaciones generales, el domingo), no sea un periódico política y literariamente sólido. Junto a los artículos de Theodor Wolf, que salen cada lunes en la edición de la tarde, uno busca de entrada las breves y corrosivas impresiones sobre teatro del príncipe de la crítica alemana, Alfred Kerr—otro espíritu antifrancés de formación francesa—, los artículos sobre política interior de Dombrowski y las crónicas del excelente corresponsal en París, Paul Block.

De una hoja raquítica y aburrida, destinada en tiempos del Imperio a recoger las impresiones del Ministerio de Asuntos Exteriores, Hugo Stinnes, metido a periodista, ha hecho en pocos meses el mayor periódico de Alemania. Queremos decir, claro, que la *Deutsche Allgemeine Zeitung* es el periódico alemán de formato más grande y que lleva más papel. Los domingos, sobre todo, delante de aquellas doce páginas tan largas, tan amplias y tan ennegrecidas de letra gótica y menuda, uno casi no sabe por qué lado doblarlo. Uno no puede evitar, sin embargo, precisamente el domingo, leer la *Deutsche Allgemeine Zeitung* porque es el día en que su director, Paul Lensch, publica, bajo el seudónimo de «Odysseus», la crónica hebdomadaria sobre la política exterior. No hay en toda la prensa alemana nada comparable a estos artículos breves y violentos, animados por un espíritu y un estilo de polémica latinos puestos al servicio del nacionalismo germánico más furibundo. Paul Lensch, periodista y profesor de economía política, fue socialista hasta el día en el que Hugo Stinnes—psicólogo agudo, como se ve, y no sencillo millonario—lo llamó a su lado. Lo mismo da. Socialista de extrema derecha y director del periódico del partido en Leipzig, y nacionalista y director de un periódico de Hugo Stinnes en Berlín, nadie podrá negar que—Harden voluntariamente silencioso— Paul Lensch es hoy el primer temperamento del periodismo alemán.

Berlín, abril de 1923

[*La Veu de Catalunya*, 19-IV-1923]

PERIÓDICOS Y PERIODISTAS (II)

Las fuerzas conservadoras tienen en Berlín cuatro periódicos suyos, exclusivamente políticos, y un periódico—*Der Tag*—conservador por razones de política industrial. Total cinco periódicos: la *Neue Prussische Zeitung* (antigua *Kreuz Zeitung*), la *Deutsche Tageszeitung*, la *Deutsche Zeitung*, el *Deutsche Tageblatt* y el *Tag*. Entre los cinco, el único vínculo común es el monarquismo. Aunque cada uno representa algo distinto: el *Tag* representa los intereses de la gran casa editora Scherl, réplica conservadora y monárquica de las editoriales Ullstein y Mosse, republicanas y con orientación de izquierda; el *Deutsche Tageblatt*, que hace pocos días que vuelve a salir, representa las fuerzas del Partido Popular Alemán de la Libertad, que el ministro del Interior prusiano Severing acaba de disolver; la *Deutsche Zeitung* cuenta entre la mayoría de sus lectores con los funcionarios adictos al viejo régimen—quién sabe cuántos son—y personal universitario; la *Deutsche Tageszeitung* es el órgano oficial de la Liga Agraria, y la *Kreuz Zeitung* es el pan espiritual de todos los oficiales del antiguo ejército monárquico y de la mayoría de los oficiales del actual ejército republicano.

Sin excepción, el nivel intelectual de toda esta prensa es deplorable. Con la reaparición del *Deutsche Tageblatt*, el inspirador del Partido Popular Alemán de la Libertad, volverá a oírse la voz del conde Rewentlow, el único valor intelectual y polémico del periodismo alemán de derechas, obligado desde que se separó de la *Tägliche Rundschau* a escribir en pequeñas revistas prácticamente clandestinas. Aparte de él, no hay nadie capaz de hacerse leer. En la *Kreuz Zeitung*, destaca la revista de política interior que el conde Westarp publica cada domingo y sólo firma la última semana del año. Paul Backer, director de la *Deutsche Tageszeitung*, es un hombre capaz de creerse que demuestra que Alemania ha pagado en concepto de reparaciones más de 100.000 millones de marcos oro. Y todos los profesores que constituyen el ejército inagotable—los hay a espuertas—de colaboradores de la prensa monárquica son unos señores muy capaces de enseñar—por lo menos, así lo creemos—pero perfectamente incapaces de aprender nada. Escriben como si el mundo fuese lo que era, o lo que ellos pensaban que era, hace diez o quince años.

No puede decirse, con todo, que la calidad de la prensa de izquierda sea una compensación por la pobreza de materia y de espíritu de la prensa de derecha. El *Vorwaerts* no es en realidad un periódico tan pobre y tan mal hecho como los periódicos socialistas de otros lugares, y su director, Stamfer, es un periodista muy superior a la media, de criterio seguro, de información extensa y de estilo digerible. Pero sus colaboradores políticos, hombres de gran inteligencia como Hilferding, figuras de gran autoridad moral como Kautsky y Bernstein, son maestros de la prosa larga y anestésica. Con una excepción: Robert Breitscheid, candidato oficial del Partido Socialista al Ministerio de Asuntos Exteriores. Pero Breitscheid, lo mismo que Hermann Wendel—el único gran escritor con que cuenta hoy la socialdemocracia alemana—, rara vez escribe en el periódico oficial del partido. La *Rote Fahne*, órgano oficial del Partido Comunista, es, como su nombre indica, una bandera teñida con el rojo—siempre algo amarillento—que le envían desde Moscú.

Al mismo nivel de mezquindad y de vulgaridad de los periódicos de derecha y de izquierda, encontramos la prensa que representa a los partidos del centro. Finalizado el período de los cancilleres católicos, *Germania*, periódico oficial del partido de centro, ha perdido por completo la importancia que una vez tuvo como órgano oficioso de la Cancillería. Hoy *Germania* no es más que un lujo del Partido Católico, interesado—por consideraciones de orden político—en tener un periódico propio en Berlín. Los reflejos oficiosos hay que buscarlos en la *Zeit*, órgano del Partido Popular y de la gran industria, íntimamente relacionado con el doctor Becker, ministro de Economía y personalidad dominante del actual Gobierno. Aparte de esta característica, la *Zeit* es un periódico tan poco interesante como *Germania* y, a pesar de ser el órgano de un partido que va de republicano, su tono general es tan propenso a la derecha como el de los periódicos monárquicos, o poco le falta. El Partido Democrático no tiene ningún periódico propio. Pero la *Welt am Montag*, que empieza a venderse a las doce de la noche del domingo (los periódicos alemanes libran desde el domingo por la mañana hasta el lunes a mediodía) y lleva, además de la parte política, un resumen de las noticias del día, es reconocido portavoz de la tendencia más radicalmente republicana y pacifista de la democracia burguesa de Alemania. Todos los lunes, el director de la *Welt am Montag*, Helmut von Gerlach, renueva, con un estilo claro y directo y una buena voluntad que desconoce el cansancio, la afirmación de los sagrados principios: inteligencia entre Francia y Alemania, solidaridad internacional, desarme, Estados Unidos de Europa.

Y como cuando sale la *Welt am Montag* hace horas y horas que no ha salido ningún otro periódico, hay empujones para comprarlo. La voz de Helmut von Gerlach la oyen centenares de miles de alemanes. Pero no nos atreveríamos a decir que son tantos los que la escuchan.

Berlín, abril de 1923

[*La Veu de Catalunya*, 25-IV-1923]

LA ALEMANIA DE HOY

PERIÓDICOS Y PERIODISTAS (III)

La clientela popular de Berlín se la disputan cuatro periódicos: dos de mañana con sus correspondientes ediciones de tarde, uno de mediodía y uno de tarde. El *Morgen Post* de la casa Ullstein y el *Lokal Anzeiger* de la casa Scherl, que salen por la mañana, son mayormente periódicos de suscripción. No hay familia de Berlín que no compre uno u otro. Técnicamente, son dos hermanos gemelos; política y comercialmente, dos enemigos irreconciliables. Uno y otro hacen oficio de lo que en España—y en Cataluña—se denominan «diarios independientes».

Pero la independencia del *Lokal Anzeiger* es monárquica y nacionalista, mientras que la del *Morgen Post* es republicana, democrática e incluso compatible con un socialismo moderado. El *Morgen Post* tiene una tirada mucho mayor que el *Lokal Anzeiger*, que, por su parte, pretende tener la tirada más elevada de Alemania. Pero el *Lokal Anzeiger* tiene una tradición más brillante y más renombre en el extranjero. En tiempos del imperio, el *Lokal Anzeiger* era el órgano popular oficioso de la casa real y del gran Estado Mayor, lo que le permitió, a finales de julio de 1914, publicar la noticia de la movilización rusa veinticuatro horas antes de que ésta hubiera efectivamente empezado. Estas relaciones de los tiempos felices no se han interrumpido. Para comunicar sus memorias al pueblo alemán el ex káiser aceptó la hospitalidad del *Lokal Anzeiger* y la retribución de la casa Scherl. Señalemos además que, desde la muerte de la *Tägliche Rundschau*, Friedrich Hussong—escritor político con gran habilidad y el más brillante de los polemistas alemanes después de Paul Lensch—colabora con regularidad en el *Lokal Anzeiger*. Todo esto, unido a una expresión más viva, que a veces llega a ser violenta, hace que el *Lokal Anzeiger* tenga más vibración y repercusión que el *Morgen Post*, especialmente dedicado a satisfacer sin hacer ruido la curiosidad y los gustos de la familia del suscriptor. Pero tanto el *Morgen Post* como el *Lokal Anzeiger* son igualmente útiles en caso de que se quiera alquilar una habitación, encontrar una pensión, vender un perro, cambiar una enciclopedia por una máquina de escribir, comprar una bicicleta de segunda mano o tomar lecciones de baile. Y la lectura de los pequeños anuncios es, la mayoría de días, más interesante y divertida que la del resto de ambos periódicos juntos.

Por poco que dispongan de los 200 marcos que ahora cuestan, la gente de Berlín de a pie, hombres y mujeres, el burgués bien vestido y el chico que arrastra una carretilla, compran la *B. Z.* (abreviatura popular de *Berliner Zeitung am Mittag*) a la una del mediodía, y la *8 Uhr Abendblatt* a las seis de la tarde. Son periódicos sin ninguna suscripción, y de cada uno se vende, dentro de la aglomeración berlinesa, cerca de 300.000 ejemplares cada día. La *B. Z.* es propiedad de la casa Ullstein, y la *8 Uhr*, de una empresa independiente. A pesar de tener también carácter popular, el nivel intelectual y literario de estos periódicos es muy superior al del *Lokal Anzeiger* o al del *Morgen Post*. Uno de los mejores y más bien informados redactores de política extranjera—el doctor Stein, que firma con el seudónimo «Diplomaticus»—y el mejor crítico musical de Alemania—Adolf Weissmann—están en la *B. Z.* La *8 Uhr* está dirigida por un periodista de talento y escritor profuso—Victor Hahn—y publica a diario un artículo político firmado por una personalidad importante del Parlamento o de la Administración. Ambos periódicos son de tendencia democrática. Con el nombre de *National Zeitung*, que todavía figura bajo el nuevo título, la *8 Uhr Abendblatt* fue fundado durante la revolución de 1848.

El récord de popularidad no pertenece, en la prensa alemana, a ningún diario, sino a un semanario, la *Berliner Illustrierte Zeitung*. Un par de docenas de grabados bien escogidos, una dosificación inteligente entre la actualidad y la originalidad, una novela de un gran autor o especialmente dedicada a las masas femeninas y... un millón de ejemplares cada semana. La *Berliner Illustrierte Zeitung* no es una gran revista, pero para lo que cuesta—300 marcos—es un excelente periódico ilustrado y uno de los negocios más redondos de la poderosísima casa Ullstein.

Hemos dejado para el final de estas notas sobre los periódicos y periodistas de la Alemania de hoy la mención a unas cuantas revistas y a los hombres que las dirigen. Por su calidad e independencia, estas revistas y estos hombres tienen en la prensa alemana un lugar aparte, un lugar de honor. Stephan Grossmann y Leopold Schwarzchild en *Das Tagebuch*; Robert Breuer, Erich Kuitner, Hermann Wendel, Albin Michel en *Die Glocke*; Sigfrid Jacobson en *Morus*; L. Persius en *Die Weltbühne*, saben hablar, comprensiva y generosamente, tanto de asuntos económicos y políticos como del espíritu—que acaso sea un viejo espíritu—alemán, de cara al mundo y con ganas de entenderse con los demás. Son, ante la persistencia de ciertas formas de obstinación y de ignorancia, el espíritu ágil que querríamos ver triunfar.

Berlín, abril de 1923

[*La Veu de Catalunya*, 27-IV-1923]

EL PROBLEMA DE LAS REPARACIONES

TRAGEDIA DE ERRORES

Para resolver el problema de las reparaciones—el problema de la paz y el bienestar de Europa—Alemania ha hecho la oferta que los lectores conocen. Francia, como era de esperar, ha rechazado dicha oferta. Por tres razones: por improcedencia de las condiciones y compensaciones pedidas, por falta de garantías y por insuficiencia de la cifra. Apenas restablecido, el contacto directo entre Francia y Alemania vuelve a interrumpirse. Por rápido que vayan las cosas, pasarán aún unas cuantas semanas—o meses—antes de que se reanuden las negociaciones. Y cada día representará la pérdida o el despilfarro de valores que al llegar la hora de saldar cuentas definitivas, si es que llega, van a hacer mucha falta. La tragedia de errores que lleva representándose en Europa desde hace cinco años continúa. Nadie puede decir hoy que no acabará con la participación de los espectadores.

No hace ni tres semanas que el ministro de Asuntos Exteriores alemán pronunció en el Reichstag su gran discurso sobre la actitud de Alemania ante el problema de las reparaciones. Von Rosenberg afirmó en este discurso que Alemania, desorganizada económicamente por la ocupación del Ruhr, no podía hacer propuesta alguna ni, mucho menos, fijar una cifra. Quince días después, el Gobierno alemán, aconsejado por Stresemann (quien se deja aconsejar por los grandes industriales, los cuales es de suponer que se dejan aconsejar por el miedo a un descalabro), hace una proposición y fija una cifra. No puede pedirse una falta de seriedad más perfecta. Pero es que, si la seriedad de los hombres que lo tratan fuera un elemento del problema de las reparaciones, ¿habría en el discurso de Rosenberg un párrafo de la calidad caricaturesca del siguiente?:

«Cuando los aliados nos pedían 320.000 millones de marcos oro», dijo Rosenberg, «nosotros ofrecíamos 100.000 millones y los aliados no los quisieron. Más tarde, nosotros ofrecíamos 50.000 millones y los aliados no quisieron pasar por menos de 132.000 millones. Cuando al cabo de un par de años los aliados, convencidos de la imposibilidad de hacer efectiva esta cifra, se habrían contentado tal vez con 50.000 o 60.000 millones, Alemania estaba ya tan empobrecida que no podía ofrecer más de 30.000; y esta oferta, que nosotros estábamos dispuestos a hacer en el mes de enero, los aliados no quisieron siquiera escucharla. Ahora, con las perturbaciones que el organismo económico alemán ha padecido como consecuencia de la ocupación de la cuenca del Ruhr, nadie podría decir si Alemania está en situación de pagar una cifra muy inferior a los 30.000 millones que últimamente queríamos ofrecer.»

Después de la lectura de este párrafo, no podemos resistir la tentación de creer que hemos asistido durante cuatro años al diálogo entre un deudor que no quería pagar y un acreedor que no quería cobrar. Pero, entretanto, se ha producido un nuevo acontecimiento—la ocupación del Ruhr—que no deja al deudor sino un camino: pagar y obligar así al acreedor a retroceder. Por este camino, ¿Alemania no quiere o no puede entrar?

Topamos, al formular esta pregunta, con el máximo

error cometido por los directores de la política alemana. El Gobierno de Berlín se halla atrapado a causa de una decisión tomada sin calcular las consecuencias ni la posible salida. La resistencia pasiva tenía que determinar la evacuación de la cuenca del Ruhr. Sin embargo, sólo ha servido para acentuar la presión militar de la ocupación. Al decidirse a hacer una oferta al cabo de tres meses y medio de ocupación, el gesto del gabinete Cuno lleva implícito el reconocimiento del fracaso de la resistencia pasiva. Pero la cadena de errores continúa. La ocupación del Ruhr ha fracasado como operación de carácter económico. Pero el Gobierno francés está obligado a continuar. La resistencia pasiva ha fracasado como táctica política. Pero el Gobierno de Berlín se declara dispuesto a llevarla adelante al mismo tiempo que reconoce su fracaso.

¿Podía hacer otra cosa? Un error genera otro. Al invitar al pueblo a una nueva lucha pasiva, el Gobierno ha hecho, cuando menos, que millones y millones de alemanes volvieran a creer en la posibilidad de un triunfo. Y los directores de la política alemana—los que gobiernan y los que pueden llegar a gobernar—tienen miedo de las repercusiones políticas que la desilusión de estos millones de ciudadanos pueda tener.

La tragedia de los errores continúa y todavía no se vislumbra el desenlace.

[*La Veu de Catalunya*, 9-v-1923]

LA NUEVA INTERNACIONAL. LOS HOMBRES Y EL PROGRAMA

Una vez finalizado el congreso de Hamburgo, del cual ha salido la nueva Internacional Socialista Obrera, nos encontramos, como resultado de cuatro días de debate entre representantes de veinte pueblos distintos, con el activo invariable de todos los congresos de este tipo y un comité y unas conclusiones. Las conclusiones son el programa y el comité está formado por los hombres encargados de realizarlo.

¿Quiénes son los hombres que van a realizar el programa de la nueva Internacional? La lista de los nueve nombres designados para formar parte del comité ejecutivo es una prueba manifiesta de la decadencia del socialismo en valores personales. Formarán este comité el francés Bracke-Desrousseaux, el alemán Wels, el inglés Henderson, el belga Vandervelde, el sueco Branting, el holandés Troelstra, el italiano Modigliani, el ruso Abramovich y el austriaco Otto Bauer. De todos ellos, únicamente Branting y Vandervelde conservan todavía un reflejo del esplendor que el Estado Mayor de la Internacional tenía hace quince años, cuando al lado de Bebel y Jaurès se encontraban, entre otros veinte, Keir Hardie, Plekhanov, Bissolatti, Ledebour, Sembat y el viejo Adler. Pero su pasado reciente de excesivo gubernamentalismo hace precisamente que la autoridad de estos dos hombres dentro del socialismo sea hoy escasa. Y los demás, limpios ante las masas socialistas de las taras de Branting y Vandervelde, no tienen—por lo menos, hasta ahora no han demostrado tener—las cualidades de inteligencia, pasión y elocuencia que son necesarias para representar con éxito el papel de *leader* internacionalista. Bracke-Desrousseaux es un honorable profesor de griego; Henderson y Wels son dos buenos secretarios de sindicato; Troelstra es conocido, sobre todo, por su actividad germanófila durante la guerra; Modigliani, hombre de grandes cualidades, es el representante de un partido que ha fracasado por su incapacidad de utilizar la propia fuerza; y Abramovich es el jefe de los socialistas rusos emigrados, que bastante tienen con ir viviendo. Queda Otto Bauer, el representante austriaco, el hallazgo del Congreso de Hamburgo. Hombre de gran cultura histórica, orador metódico y claro, y todavía joven. Con su discurso-programa de acción socialista contra la reacción internacional—buena pieza, algo académica, de historia y de retórica—se impuso a todos como uno de los miembros indiscutibles del nuevo comité. Pero, por más valor que tenga, Otto Bauer no es todavía una personalidad lo suficientemente madura para convertirse en el jefe del socialismo internacional, ni lo suficientemente vigorosa para soportar, por sí sola, el contrapeso del desprestigio, la insuficiencia y la mediocridad de sus ocho compañeros.

Crisis de hombres, por tanto, y falta de originalidad en el programa. Cuatro eran los capítulos del orden del día: estatuto de constitución, jornada de ocho horas y legislación social, acción del socialismo contra la reacción internacional, y revisión de los tratados de paz y solución del problema de las reparaciones. Sin debate se aprobó el proyecto de estatuto presentado por Fritz Adler y apoyado por Paul Faure. También sin debate, se aprobaron las conclusiones del delegado inglés Thomas para la defensa de la jornada de ocho horas y de la legislación aprobada en las Conferencias Internacionales del Trabajo. Los delegados se reservaron la elocuencia para los debates sobre la lucha contra la reacción internacional y el problema de las reparaciones, y en las conclusiones sobre estos puntos la falta de originalidad del Congreso quedó sobradamente demostrada.

No es difícil resumir el programa de la nueva Internacional. Condena al fascismo italiano, al terror blanco en Hungría, a las persecuciones turcas en Armenia y a los excesos de autoridad del Gobierno de los Soviets. Por otra parte, petición de que dicho Gobierno sea reconocido por todos los países. Para resolver el problema de las reparaciones, fijación mediante negociaciones de la suma de la deuda alemana sobre la base de una determinación pericial de la capacidad de pago de Alemania. Finalmente, condena a la ocupación de la cuenca del Ruhr por improductiva y contraria al derecho, a todo intento de anexión de territorios alemanes y a toda política dirigida contra la unidad de Alemania.

En pocas palabras, la nueva Internacional ha hecho suyo el programa de Lloyd George y las conclusiones de Hamburgo tienen esta importancia innegable: que un día pueden coincidir plenamente con la política del gobierno inglés.

Berlín, mayo de 1923

[*La Veu de Catalunya*, 8-VI-1923]

ALEMANIA Y LAS REPARACIONES

UNA VOZ CONTRA EL EMPRÉSTITO INTERNACIONAL

Me han contado que el filósofo catalán Francesc Pujols—maestro admirado—frecuentaba durante la guerra una peña de amigos germanófilos. Con atención constante, pues el maestro Pujols es el hombre más educado del mundo, escuchaba los pareceres y las discusiones, hacía de vez en cuando una señal o decía una palabra que podían interpretarse como de asentimiento, y cuando en virtud del roce continuo y prolongado de opiniones concordantes la temperatura de la peña había asumido el máximo grado de entusiasmo y confianza, decía:

—Lo triste es que Alemania va a perder.

Un caso parecido al de la peña germanófila con el filósofo Francesc Pujols le sucede ahora a Alemania con el economista inglés Keynes, el diagnosticador de las enfermedades económicas de la paz, el crítico implacable del Tratado de Versalles y el abogado más eminente de la insolvencia germánica. Desde la firma del Tratado y la publicación del sensacional libro de Keynes[1] ha ido pasando el tiempo, el problema de las reparaciones ha sido infinitamente estudiado y discutido, hombres de la misma eminencia han demostrado que Alemania había pagado ya mucho y, por tanto, no podía pagar nada más o muy poco, y la prueba irrefutable de que Alemania hasta

---

[1] *The Economic Consequences of the Peace*, 1919. (*Las consecuencias económicas de la paz*, Barcelona, Editorial Crítica, 1991.)

ahora no había pagado ni un céntimo y, por tanto, podía pagar todavía docenas de miles de millones. Se han celebrado conferencias en todas partes: en palacios, ministerios y casas de campo; en la playa y en la montaña. Se han presentado innumerables propuestas: de Alemania a los aliados, de la Comisión de Reparaciones a Alemania, de Inglaterra a Francia, de Alemania a Inglaterra, de los banqueros americanos a la Comisión de Reparaciones, de Italia a los Estados Unidos. Estas propuestas han sido en principio rechazadas, aprobadas, aceptadas como base de discusión, renovadas, modificadas y, finalmente, declaradas inaceptables. Todo esto ha sido muy animado, muy divertido unas veces, muy aburrido otras, y muy desconcertante. Pero por lo menos se tenía la impresión de que de todo este embrollo había llegado a salir una idea clara: el empréstito internacional. Parecía que sobre este punto no podía haber dudas. Fuera cual fuese el montante de la deuda alemana, fueran cuales fuesen las modalidades de pago, el empréstito internacional debía ser la base de la operación financiera para resolver el problema de las reparaciones. Alemania declara el empréstito internacional, Francia lo ve con buenos ojos, a Inglaterra no le parece mal y los Estados Unidos no dicen ni que sí ni que no. Únicamente Keynes, un hombre con un temperamento de «aguafiestas» muy arraigado, tiene algo que decir. Y lo dice en un artículo que acaban de publicar, al mismo tiempo, la *Nation*, de Londres, y el *Berliner Tageblatt*, de Berlín.

La argumentación de Keynes es inglesa; es decir, sencilla, clara y fundamentada en la experiencia. El empréstito internacional que debe poner a disposición inmediata de Alemania una suma mínima de 1.000 millones de libras esterlinas para los pagos de reparaciones—dice Keynes—es una imposibilidad, un espejismo y, además, una operación inútil. Este empréstito debería suscribirse a Nueva York y a Londres casi en su totalidad; la participación de ciertas plazas neutras no tendría importancia apreciable. Se trata, pues, de saber, sencillamente, si Alemania puede encontrar en Londres y en Nueva York 1.000 millones de libras esterlinas.

Hecha la pregunta, Keynes responde con rotundidad que no. Y fundamenta su negativa en importantes precedentes. El total de las sumas dejadas por los capitalistas ingleses al Gobierno de la India llega a ser de 200 millones de libras esterlinas y, además, hay que tener presente que esta suma engloba el conjunto de operaciones que se han ido realizando durante muchos años y la mayoría de las cuales han tenido como base la exportación a la India de productos de la industria británica, en primer lugar material ferroviario. El total de los empréstitos consentidos en el resto del Imperio Británico—dominios, colonias, contados y municipios del reino—no pasa de 500 millones de libras esterlinas, suma que asimismo representa el conjunto de inversiones de capital realizadas durante medio siglo. Todos los empréstitos suscritos a Londres por gobiernos extranjeros no pasan de 400 millones de libras. La suma disponible del año pasado en la Bolsa de Londres para inversiones de capital en el extranjero no superó los 100 millones de libras, la mayor parte de los cuales fueron colocados a interés del ocho y nueve por ciento. En la Bolsa de Nueva York las inversiones de capital en el extranjero permanecieron por debajo de esta cifra y el interés pedido fue también elevadísimo. ¿Por qué milagro, entonces, pregunta Keynes, podría conseguir Alemania en Londres y Nueva York 1.000 millones de libras esterlinas disponibles a bajo interés para entregarlas inmediatamente a Francia y Bélgica? Y suponiendo que se produjera el milagro, ¿qué podrían hacer Francia y Bélgica con semejante suma? Sólo esto: invertirla de nuevo en un empréstito, sacar anualidades del capital.

El gran empréstito internacional es, por lo tanto, según Keynes, imposible, y si fuera posible, tampoco debería realizarse por inútil. La solución del problema de las reparaciones—añade—son los pagos anuales y directos por parte de Alemania y el método de fijación rápida del tiempo y de la cantidad de estos pagos.

Berlín, mayo de 1923

[*La Veu de Catalunya*, 9-VI-1923]

LA ALEMANIA DE HOY

PASIVIDAD

En el último número de la revista *Die Glocke*, el diputado socialista Rudolf Breitscheid, miembro de la Comisión de Asuntos Exteriores del Reichstag y posible ministro de Asuntos Exteriores si los socialistas alemanes fueran gente con ganas de gobernar, explica al público algunas intimidades sobre la preparación de la segunda nota alemana. Estas intimidades dan respuesta a dos interrogantes que una buena parte de la prensa, alemana y de otros países, ha reproducido abundantemente estos últimos días. ¿Por qué se ha tardado tanto tiempo en preparar una nota tan breve? ¿Por qué no contiene la nota ninguna indicación precisa sobre la cifra total de la deuda de reparaciones ni sobre el importe de las anualidades?

Rudolf Breitscheid explica lo que durante semanas ha sido el secreto de todo el Berlín político y periodístico (alrededor de diez o doce mil personas). La lentitud de la preparación y la imprecisión del texto de la nota alemana se deben a una sola causa: la preocupación excesiva por el efecto que el paso que Alemania se disponía a dar produciría en el extranjero. Para informarse de las corrientes que dominaban en los medios políticos de Washington, Roma y Londres—Londres sobre todo—, el Gobierno de Berlín se ha servido, cabe reconocer que con cierto éxito, de todos los recursos lícitos, diplomáticos y extradiplomáticos. Al margen de las embajadas oficiales y plenipotenciarias, han trabajado con misiones especiales, en Roma y en Londres—se dice que incluso en Bruselas y París—, un número de embajadores extraordinarios. Día a día, se han recibido en Berlín las impresiones recogidas sobre el terreno por los informadores.

Este esfuerzo excesivo de auscultación determinó, por lo que se ve, en el Gobierno, una excitación extremada de la sensibilidad. Tanto como los resultados de las negociaciones internas con los representantes de los partidos políticos y de los intereses económicos alemanes, influyeron en la configuración y la estructura de la nota las indicaciones que iban llegando de fuera. Y, obedeciendo a la curva oscilante de estas indicaciones, el texto y el tono de la nota fueron a menudo modificados, según parece, y el envío varias veces aplazado. Rudolf Breitscheid asegura que la eliminación de toda cifra sobre la deuda y las anualidades fue hecha a última hora contra la opinión del Partido Socialista. ¿Por qué? Porque, según dijo el canciller Cuno a los jefes de los partidos al darles a conocer la nota antes de ser enviada, se sabía de buena fuente que ciertos miembros influyentes del gabinete de Londres entendían que era preferible que en la nota no se indicaran las cifras.

Esta atención, casi obediente, hacia la opinión foránea es, hasta cierto punto, comprensible. Alemania no podía permitirse otro mal paso como el que dio con la primera nota. Antes de comunicar oficialmente las nuevas propuestas debía asegurarse de no volver a provocar un rechazo general e inmediato, cuyas consecuencias habrían sido incalculables. Al procurar evitar tal rechazo, el Gobierno de Berlín sabía, en efecto, que trataba de evitar una catástrofe. Era natural que no escatimara esfuerzos.

Y la catástrofe ha sido evitada. La nota se ha enviado, por fin, y ya se sabe que ni Londres, ni probablemente Roma, van a responder con una negativa rotunda. Es un resultado apreciable que nadie va a discutir. ¿Es, con todo, el máximo a que Alemania podía aspirar?

Habrá que responder que sí, teniendo en cuenta que el Gobierno alemán practica, desde la dimisión del canciller Wirth, una política de pasividad, y no parece capaz de practicar ninguna otra. Pasivamente permitió que se fraguara una situación internacional que tenía que acabar dando a Francia un pretexto para la ocupación de la cuenca del Ruhr. Ocupada la cuenca del Ruhr, finalmente, por los ejércitos francés y belga, el Gobierno de Berlín creyó que lo único que le restaba era proclamar la resistencia pasiva. Y pasaron los meses en plena pasividad —más o menos resistente—, hasta que un día Lord Curzon tuvo la amabilidad de recordar al canciller Cuno las palabras que los catalanes, con mucha razón, creemos de origen divino: «Ayúdate, y ayudarte he.» Fracasada la primera iniciativa—llamémosla iniciativa—alemana, habría continuado la pasividad si no hubieran llegado de nuevo de Inglaterra señales de confortación. Y toda la habilidad y aplicación que el Gobierno ha demostrado al averiguar la opinión de ciertos centros extranjeros, a fin de no herirla directamente con la segunda nota tal como lo hizo con la primera, no es en el fondo otra cosa—si se nos permite una superficial contradicción de términos— que una actividad pasiva.

—¿Qué podemos hacer, si no?—dicen muchos alemanes. Y acaso tengan razón. Pero cuesta creer que lo que hace el Gobierno alemán sea toda la política que puede hacer el gobierno de un pueblo como el alemán.

Berlín, junio de 1923

[*La Veu de Catalunya*, 20-VI-1923]

LA ALEMANIA DE HOY

EL CASO FECHENBACH Y EL PROBLEMA DE BAVIERA

Estos días se está discutiendo en el Reichstag el caso Fechenbach, que alguien ha calificado, no con total desacierto, de «Caso Dreyfus de la República alemana». Ya era hora. Hace cerca de un año que Fechenbach está cumpliendo la condena de diez años de presidio que le fue impuesta por uno de los llamados «tribunales populares» de Baviera, por delito de alta traición, y hasta ahora su caso no había tenido ningún tipo de repercusión parlamentaria. Sólo unos cuantos periodistas, con Helmut von Gerlach a la cabeza, habían denunciado a la opinión pública la condena, injusta e inhumana, de su compañero de oficio. Pero la opinión alemana es una plancha de sensibilidad muy lenta y débil. Fechenbach ha encontrado numerosos y entusiastas amigos y defensores, sin que el caso Fechenbach haya despertado ningún tipo de emoción popular. Han sido necesarios más de ocho meses de campaña sin eco, para que un diputado socialista, Dittmann, se decidiera a plantear el caso Fechenbach ante el Parlamento alemán.

Expliquemos en pocas palabras quién es Fechenbach y cuál es su caso. Socialista desde su primera juventud, Fechenbach—que hoy tiene veintinueve años—formó parte, de 1914 a 1918, de un grupo de jóvenes enemigos de la guerra, reunido alrededor de Kurt Eisner. Cuando estalló la revolución y se constituyó en Baviera, bajo la presidencia de Kurt Eisner, la República de los Soviets de soldados y obreros, Fechenbach se convirtió en uno de los secretarios de Kurt Eisner y fue a parar, junto con su maestro y jefe, al archivo del Ministerio de Asuntos Exteriores. Mientras Kautsky revolvía los archivos de Berlín, Kurt Eisner y Fechenbach hacían lo mismo en Múnich. Era la época buena de la revolución y del acto de contrición de los revolucionarios por los pecados del régimen imperial. Los revolucionarios alemanes se encargaban de publicar todo tipo de documentos más o menos secretos que podían contribuir a reforzar la convicción de que los principales culpables de la guerra habían sido los directores de la Alemania imperial. El lema de Kurt Eisner era: «La verdad por encima de todo. La causa de la verdad es más importante que la causa de la patria.»

Ya puede imaginarse el lector cuántos documentos de todo tipo pasaron, durante aquel tiempo, por manos de Fechenbach. Entre ellos, había un telegrama del ministro plenipotenciario de Baviera en la Santa Sede, dirigido a la Cancillería bávara, dando a entender que, en caso de guerra, Alemania no debía preocuparse por lo que pudiera hacer o dejar de hacer la diplomacia vaticana, porque los sentimientos del Vaticano eran, evidentemente, de una discreta germanofilia, muy favorables, sobre todo, a Austria y contrarios a Serbia. El texto de este telegrama, sin importancia aparente, fue leído repetidas veces por Kurt Eisner en reuniones públicas, como prueba de la disposición de ánimo de los representantes alemanes en el extranjero, mientras Europa se encontraba a un paso de la catástrofe. Fechenbach, considerando el telegrama como un documento público—algo muy natural, porque el gobierno revolucionario entendía que los documentos diplomáticos cuanto más secretos habían sido más públicos debían ser—, dio una copia del mismo a un periodista suizo llamado Payot, corresponsal del diario parisino *Le Journal*.

Kurt Eisner fue asesinado al cabo de poco tiempo y Baviera pasó de manos comunistas al Partido Popular, que es un partido católico y conservador, y que todavía gobierna. Todo esto es sabido. Fechenbach dejó de ocuparse de los archivos de la Cancillería y continuó ejerciendo de periodista, que es su oficio. Así pasaron cuatro años, y cuando ya nadie recordaba que Kurt Eisner hubiera estado en el mundo, y mucho menos aún que hubiera publicado un telegrama del ministro plenipotenciario de Baviera en el Vaticano, sale de repente un juez con una memoria endemoniada, busca a Fechenbach, lo llama y lo procesa por haber dado una copia de dicho telegrama al periodista suizo Payot. Llega el día de la causa y un tribunal popular bávaro—contra cuyas sentencias no hay ninguna clase de apelación ni recurso posible—considera que Fechenbach es culpable de un delito de alta traición y lo condena, sin más, a diez años de presidio.

Basta explicar el caso para ver que se trata de un proceso político, conducido con un desprecio absoluto de la justicia. Por un delito que si no fuera imaginario sería pueril, un periodista es condenado a diez años de presidio. En cambio, el general Ludendorff, culpable del delito más grave que pueda cometer un militar—el de hacerse apalear—se pasea por Múnich tan tranquilo y satisfecho, y en Baviera todos los conspiradores contra la

República alemana viven como pez en el agua. Pero del problema de Baviera ya hablaremos, con más tiempo, otro día.

Berlín, julio de 1923

[*La Veu de Catalunya*, 25-VII-1923]

LA ALEMANIA DE HOY

EL PRIMER VIAJE DEL «ALBERT BALLIN»

Nadie que sea hijo de una ciudad de mar y aprenda a conocer la vida de Hamburgo podrá evitar que, a la admiración, se le sume la envidia. Hamburgo da la misma sensación de intimidad perfecta entre la ciudad y el mar que Liverpool y los pequeños puertos de Noruega, fortalecida aún por una perfección técnica de los servicios y de las obras, superiores a las de cualquier otro puerto del mundo. Estos modernos negociantes de la vieja ciudad de la Hansa, comerciantes y banqueros, importadores y exportadores, navieros y constructores navales, y, en definitiva, todos los ciudadanos de Hamburgo, han comprendido que del mar y sólo del mar les podía llegar, con la riqueza, la independencia; con la prosperidad y la fuerza, la libertad. Para toda Alemania, el puerto de Hamburgo es la puerta principal que da acceso a los caminos del mundo. Las llaves de esta puerta las custodian, empero, los ciudadanos de Hamburgo con plena soberanía. Hamburgo es el gran puerto de Alemania, sin duda, pero es, por encima de todo, un gran puerto libre. Hamburgo sirve con su trabajo al interés de la patria germánica, pero conserva y desarrolla cada día, con todas las tierras de todos los continentes, relaciones autónomas que constituyen su tradición y, al mismo tiempo, la garantía de su porvenir.

Después de declarada la guerra, el puerto de Hamburgo quedó ahogado. Durante cinco años no entró ni salió un solo barco. Una vez acabada la guerra, los armadores hamburgueses tuvieron que entregar, por disposición del Tratado de Versalles, las nueve décimas partes de sus flotas a los países aliados. Alemania se hallaba sin marina mercante y, por tanto, ante el reto de tener que construir otra nueva. La solución a este problema la tenían preparada los hamburgueses desde hacía años. Durante toda la guerra, durante el largo período de inactividad, las grandes compañías navieras alemanas mantuvieron intacto su utillaje administrativo y técnico. Todo estaba a punto para volver a empezar tan pronto como se cerrara el paréntesis. En un primer momento faltaron barcos, pero los innumerables talleres de construcción naval de Alemania empezaron a trabajar día y noche. Y mientras se construía febrilmente la nueva flota alemana, un hamburgués de genio, el banquero Max Warburg, vislumbró la posibilidad de establecer una colaboración marítima entre Alemania y los Estados Unidos; entre el utillaje alemán y la moderna flota norteamericana; entre un país que tenía la experiencia del mar y una organización a nivel mundial, pero que había perdido la flota, y un país que de pronto poseía una flota gigantesca, pero que no sabía muy bien qué hacer con ella porque carecía de experiencia y organización, que son de adquisición lenta. Esta colaboración es hoy un hecho fructífero. Entre las viejas y grandes compañías alemanas y los nuevos armadores americanos existe un contacto íntimo, una activa mancomunidad de trabajo. Cada uno da lo que tiene: los americanos, barcos; los alemanes, hombres, experiencia, redes de agencias y corresponsales, y barcos también. Cada día más. Cada día cruza los mares un nuevo barco con pabellón alemán. Hasta ahora, casi todos de carga y todos de escaso tonelaje. Pero he aquí que hoy sale de Hamburgo hacia Nueva York, haciendo su primer viaje, un gran y flamante transatlántico de la Hamburgo-América. Posee 22.000 toneladas de registro y lleva el nombre de Albert Ballin, el fundador de la compañía y uno de los forjadores de la Alemania moderna.

Sería interesante averiguar hasta qué punto, una vez realizada la unidad alemana, el espíritu de las ciudades de la Hansa contribuyó a guiar el destino del nuevo imperio. Bismarck era una formidable fuerza elemental y un hombre de Estado de primer orden, un maestro perfecto de la diplomacia de su tiempo. Pero era también, hasta la médula, un hombre de la tierra, un campesino, y, por tanto, le faltaba el sentido marítimo, la comprensión para los asuntos del mar. Estaba ciego frente las perspectivas que ofrece el mar. Ante las nuevas tendencias que surgían en el imperio que él había creado, las tendencias que podríamos denominar de la Alemania marítima: el colonialismo, la expansión hacia América y el Extremo Oriente, el afán de crear una marina mercante—y de guerra—, el viejo canciller, hacia los últimos años de su vida, se sintió medio aturdido. El campesino prusiano no comprendía que fuera de las fronteras de Europa hubiera nada de lo que valiera la pena ocuparse. Aun así, Bismarck consintió en hacer una visita al puerto nuevo de Hamburgo, la inmensa creación del espíritu marítimo alemán que él no comprendía. Ante el magnífico espectáculo que veía por vez primera, Bismarck permaneció en silencio un largo rato antes de exclamar, dirigiéndose a su acompañante:

—Un mundo nuevo. Otro mundo...

El hombre que acompañaba a Bismarck en su visita al puerto de Hamburgo era Albert Ballin, director de la compañía Hamburgo-América, creador del mundo nuevo que Bismarck se explicaba. Un mundo que se está recuperando de la derrota más fácilmente que el viejo mundo de Bismarck.

Berlín, julio de 1923

[*La Veu de Catalunya*, 26-VII-1923]

LA ALEMANIA DE HOY

EL DICTADOR BÁVARO

Un país sin dictador no se puede decir que sea, hoy por hoy, un país como es debido. Baviera, que es un país como es debido, con una gran tradición artística y musical, unos lagos de montaña que enamoran, unas muchachas sensuales y una cerveza de primera, necesitaba un dictador a toda costa.

Ya lo tiene. Se llama Gustav von Kahr y ha sido nombrado por—íbamos a decir real—decreto. Es un procedimiento nuevo y ventajoso y era natural que saliera de un país como Baviera, amante de la paz, de la tranquilidad y de los buenos alimentos. En Baviera—lo hemos dicho ya—necesitaban un dictador a cualquier precio. Todos lo tenían claro. Todos estaban conformes. «Esto no se arreglará hasta que no llegue un dictador», decían unos. «Cuanto más tarda, más falta hace», decían otros. «Si no viene un dictador estamos perdidos», añadían los pesimistas. Y cuando llegaba un amigo de Baviera adoptaba un aire de profeta profesional y decía:

—Será Hitler o será el general Ludendorff. Lo mismo da. Pero en Baviera la dictadura es inevitable. Pueden contar con ello.

Afortunadamente, Baviera es un pueblo de rústicos y tiene—según la acreditada fórmula de Lord Salisbury—el gobierno que se merece: un gobierno de rústicos. Un rústico es un hombre que, ya puestos, prefiere engañar a que lo engañen. Ante el problema de la dictadura inevitable, los rústicos de Baviera, dignamente representados por su gobierno, han pensado que lo mejor era que no los cogieran desprevenidos. Adolf Hitler es un descerebrado y el general Ludendorff es un prusiano. Un descerebrado jamás podrá llegar a un acuerdo con un rústico, ni un prusiano con un bávaro. Esto último es una rareza, porque los prusianos y los bávaros son tan iguales que no lo pueden ser más. Pero es un hecho incontrovertible que, siendo iguales, no se pueden ver, y quien pretenda averiguar las causas de este hecho pierde el tiempo. Ante la dictadura inminente de Hitler o Ludendorff, el Gobierno bávaro ha determinado ofrecer la plaza de dictador a un miembro de la familia. Y a estas horas, con el nombre de «comisario general», Gustav von Kahr es dictador de Baviera. El general Ludendorff y Adolf Hitler se han quedado, ante semejante proeza, con un palmo de narices.

El doctor Gustav von Kahr, dictador de Baviera por encargo del Gobierno, es un protestante de Franconia, lo cual no es óbice, según parece, para que sea el hombre de confianza del Partido Popular Bávaro, que es el que gobierna Baviera. El Partido Popular Bávaro es un partido católico y clerical, pero un dictador—eso lo sabe cualquiera—es precisamente un hombre que posee el don de provocar adhesiones injustificadas y colaboraciones misteriosas. Entre el partido católico bávaro y el doctor Von Kahr hay una identificación absoluta. Y entre Von Kahr y el príncipe heredero Ruprecht la amistad es grande y el acuerdo perfecto. Son—por no decirlo de otro modo—uña y carne. «Esto que hago», ha dicho Von Kahr, «lo hago con la aprobación del rey. Yo no soy sino su representante.»

Y lo que hace Von Kahr es muy sencillo. Hace de las suyas. Declara que la ley para la defensa de la República en Baviera queda suspendida y prohíbe el somatén—llamémoslo así—socialista, constituido para defenderse de los trompazos del somatén monárquico y nacionalista. Pero, en cambio, permite que continúe existiendo el somatén monárquico y nacionalista encargado de romperle el cuello a los republicanos, socialistas y judíos. Sobre todo a los judíos. En Baviera todo el año es Jueves Santo. Los críos no llevan carracas, pero los hombres mayores llevan vergas de buey y los judíos tienen derecho a aguantar mecha si se los invita a ello. Ahora más que nunca. Lo ha dicho ya Von Kahr al tomar posesión del cargo de dictador: «Mi tarea es patriótica y para realizarla me apoyaré sobre todos los elementos patrióticos de raza germánica.» Quien no tenga la suerte de ser rubito y rechoncho, de tener los ojos azules y una nariz canija, ya puede agachar la cerviz y disponerse a que un día cuatro alemanes de pura raza le dejen, con el beneplácito del dictador, una cara nueva. En Baviera las cosas van de veras y Von Kahr es un hombre que no está para bromas. Cuando el «rey» se decida a ser rey de nombres y de hechos lo encontrará todo a punto.

Todo esto pasa en Baviera, mientras en Alemania existe todavía la República, y Stresemann, con una voluntad y una fe inquebrantables, trata de salvar la nave unitaria del naufragio. Y ni la República alemana se defiende contra el monarquismo bávaro, ni Stresemann se siente con fuerzas para suprimir las dictaduras locales. Pero esto—diría Mussolini, colega, si bien no tan rústico, de Von Kahr—es harina de otro costal.

Berlín, septiembre de 1923

[*La Veu de Catalunya*, 7-X-1923]

LA ALEMANIA DE HOY

BAVIERA: GALERÍA DE RETRATOS

Baviera es el país más divertido y feliz de Alemania. Ha denunciado, por boca de su presidente del Consejo de Ministros, el Tratado de Versalles, y estrena dictador, que ya hemos tenido el gusto de presentar a nuestros lectores. Alrededor del dictador progresan unos cuantos personajes que vale la pena conocer. Algunos tienen ya mucha fama y otros la tendrán, y si no llegan a tenerla es que no hay justicia. Todos tienen una gran importancia, tanto por lo que son como por lo que representan.

EL REY

La más pura tradición bávara exige que los reyes de Baviera estén locos o, por lo menos, algo chiflados, y que en su nombre gobierne un regente sensato y unos cuantos ministros más o menos rústicos. El príncipe heredero Ruprecht, aspirante a la Corona, y «rey» efectivo de Baviera, rompe la tradición. Parece que está en sus cabales. No falta quien llegue a decir que, de toda la gente que en Baviera tiene poder, es el único que tiene algo de seso. «Si no fuera así», dicen, «ya haría tiempo que él sería rey de Baviera, y de la República alemana nunca más se sabría.» Pero, si, tal como dicen, el príncipe Ruprecht no es un mequetrefe, se comprende que no tenga prisa en comprometerse. ¿Qué le falta? Vive en Baviera, al lado de Múnich; gobiernan los suyos; en todas partes lo llaman «majestad»; el domingo sale a hacer el paripé acompañado de todos los ministros y generales, pasa revista a las tropas y vuelve a casa a la hora de comer más tranquilo que nadie. Nadie de Berlín lo molesta. Mientras que en París, en Londres, o en Roma... ¡Quién sabe, Virgen santa!

EL PRESIDENTE VON KNILLING

El «rey» de Baviera será tan rey como quiera, pero lo que es el título de «primer rústico del reino» tendrá que pintárselo al óleo. El primer rústico—el hombre que mejor figura como paleto—es el presidente Von Knilling. El predecesor de Von Knilling a la presidencia del Consejo bávaro fue el actual dictador Von Kahr. Pero Von Kahr tuvo que dimitir porque no conseguía entenderse con Berlín y lo sustituyó Von Knilling. Durante un año de presidencia, Von Knilling se acreditó como gruñón transigente. En la reunión de jefes de Gobierno de los estados alemanes, convocada por Stresemann para decidir el final de la resistencia pasiva, Von Knilling—contra las esperanzas de todos—fue más transigente que nunca. Dijo amén a todo. Después de la reunión tomó el té con el presidente de la República y, mientras se saciaba, le aseguró que podía dormir tranquilo. Y después, a toda prisa, a coger el tren para Múnich esa misma noche. Al cabo de veinticuatro horas de haber llegado a Múnich, declaración del estado de guerra en Baviera, denuncia del Tratado de Versalles y nombramiento de Von Kahr como dictador. El Gobierno de la República se enteró de todo esto porque el corresponsal en Berlín de la *Frankfurter Zeitung* es un hombre amable y telefoneó a la Cancillería. De otro modo, se hubiera enterado por el periódico, como nosotros.

Dicen que cuando los burgueses de Múnich, entre bock y bock, hablan de este golpe de su presidente, se mueren de risa.

ADOLF HITLER

Últimamente ha tenido la ocurrencia de hacerse retratar y difundir su retrato por toda Alemania. Yo no he visto de él más que este retrato y es como si le conociera de toda la vida. Lleva gabardina, con un cinturón (me parece que con esto ya está todo dicho), raya al lado y un bigote recortado de tal manera que resulta más alto que ancho. Tiene la cabeza levantada, la boca abierta y la mirada perdida, y considerando el conjunto, una pose de satisfacción, característica de las personalidades dictatoriales, que es digna de verse. El tal Hitler es, con la protección de Ludendorff, jefe de un movimiento llamado «socialista nacional», que promete a los obreros la luna para amansarlos y entretanto organiza una fuerza armada ilegal para derribar la República. Hitler—como ya deben haber deducido por el retrato—es un hombre que se hace muchas ilusiones. Pero, mientras él habla y, con el dinero que le llega, no se sabe muy bien de dónde, compra armas y publica un periódico de combate—el *Völkische Beobachter*—que es uno de los mejores de Alemania, los rústicos del Gobierno le van segando la hierba bajo los pies. La burocracia bávara—que es una fuerza como un templo—lo tiene por un analfabeto (y, si no lo es, poco le falta). Los militares le dejan hacer para que les saque las castañas del fuego. Von Kahr le ha quitado la plaza de dictador cuando él menos se lo esperaba. Cuando Von Kahr se canse, quizá ya no se llevará la dictadura, y Hitler deberá retirarse de la política. Afortunadamente, es un hombre que tiene un oficio. Antes de ser personaje era enjalbegador.

EL PRÍNCIPE DE WREDE

Hace diez años un oficial del ejército alemán cogió la manía—cada loco con su tema—de pasearse por las calles de Múnich con el uniforme de gran gala, cruces y charreteras, un sombrero de copa alta y un paraguas abierto cuando caía un sol de justicia. Tuvo, como es de suponer, lo que los castellanos llaman un «éxito loco». Pero al cabo de unos cuantos paseos no le quedó otro remedio que darse de baja del ejército.

Este original era el príncipe de Wrede, actualmente jefe de las fuerzas de caballería del movimiento «socialista nacional».

En Cataluña ya hace tiempo que sabemos que éste es un «mundo de monas».
                        Berlín, octubre de 1923

[*La Veu de Catalunya*, 9-X-1923]

LA ALEMANIA DE HOY

LA CRISIS DE LA UNIDAD

Lo que no pudieron conseguir ni la derrota militar, ni la revolución de noviembre de 1918, ni el Tratado de Versalles, ni la guerra civil entre los revolucionarios de buena fe y la reacción monárquico-nacionalista dirigida por Nosker, ni el transitorio régimen soviético en Baviera, ni el golpe de Estado de Von Kapp,[1] ni los levantamientos comunistas de Westfalia, han bastado unos cuantos meses de resistencia pasiva en la cuenca del Ruhr para conseguirlo. La desilusión de una segunda derrota y la agudización de la crisis económica sirven de combustible a las fuerzas centrífugas, y cabe reconocer el peligro de que la unidad alemana se vaya a pique. Baviera actúa con plena independencia. En las fronteras bávaras se detienen las órdenes del ministro de la Guerra Gessler, dictador general para toda Alemania. En Baviera no quieren—los que lo quieren—otro dictador que Von Kahr, y si Gessler, por ejemplo, prohíbe la publicación del periódico de Hitler, el *Völkische Beobachter*, Von Kahr dice que esta prohibición es antipatriótica y que en Baviera el *Völkische Beobachter* seguirá saliendo mientras a él le venga en gana.

En Turingia, y sobre todo en Sajonia, la reacción bávara tiene su contrapeso. En Turingia gobierna un gabi-

---

[1] Al frente de fuerzas paramilitares de extrema derecha, ocupó Berlín y se proclamó canciller. Una huelga general, convocada por los sindicatos, le obligó a dimitir al cabo de cuatro días.

nete de concentración democrática con predominio socialista, y en Sajonia—que, como cualquiera sabe, es el más importante de los estados alemanes después de Prusia y Baviera—, un gabinete puramente socialista con una colaboración cada día más activa de los comunistas y una probable participación oficial del Partido Comunista en el Gobierno dentro de pocos días. Las negociaciones oficiales para constituir esta coalición de extrema izquierda comenzaron hace una semana. No se sabe todavía qué resultado tendrán, porque los comunistas, puestos a pedir, parece que piden más que un pobre. Pero, sea cual fuere el resultado, puede asegurarse que un levantamiento monárquico en Baviera provocaría en Sajonia una explosión revolucionaria. El doctor Zeigner, jefe del Gobierno sajón, es un intelectual, y dentro del socialismo es prácticamente un neófito. Hace tres años que todavía ejercía de fiscal y no se le conocían ideas políticas definidas. Todo esto son garantías de radicalismo. Si llega la hora de la sacudida general, el doctor Zeigner tendrá, sin lugar a dudas, más espíritu revolucionario que los jefes—grandes y pequeños—de la socialdemocracia alemana, la mayoría de ellos, empezando por Ebert, antiguos obreros convertidos en funcionarios de sindicato y socialistas de toda la vida. Hoy por hoy, estos hombres, y las masas obreras—cada día más esclarecidas—que los siguen, son la única fuerza conservadora que existe en Alemania. No se hacen llamar así, naturalmente. Pero lo son. En cambio, los monárquicos, que continúan llamándose así por vicio, no lo son en absoluto. Son, al contrario, la fuerza más temerariamente revolucionaria de Europa. Quieren quemarlo todo y, si los dejan, acabarán, como poco, prendiendo fuego a Alemania, que es lo que tienen más a mano.

De momento, en Alemania hay, en potencia, una monarquía reaccionaria—Baviera—y una república soviética—Sajonia. Entre el Gobierno de Berlín y los de Múnich y Dresde, la soldadura espiritual se ha roto por completo. En Baviera, el estado de independencia es más ostensible porque el Gobierno monárquico cuenta con el ejército de la República. En Sajonia el Gobierno tiene el ejército en su contra. Desde la declaración del estado de guerra, los obreros y republicanos sajones que apoyan al Gobierno no pueden celebrar reuniones ni manifestaciones. Ni por las calles de Dresde ni por las de Leipzig puede ondear la bandera roja ni, casi, la bandera tricolor —roja, amarilla y negra—de la República. Pero en Múnich las organizaciones monárquicas de combate desfilan con solemnidad delante del «rey», rodeado—no crean que es broma—de los miembros del Gobierno, del dictador Von Kahr y del general Von Lossow, jefe de las fuerzas de la República alemana en Baviera.

En Berlín la crisis de la idea de unidad ejerce sobre el Gobierno, por diversos medios, una presión severísima, y pone en peligro la existencia de la «gran coalición». Alrededor de Stresemann se llevó a cabo, en un momento de crisis, la unión de todos los republicanos. De los republicanos por convicción y de los republicanos por resignación. Son estos últimos los que se cansan, según parece, de colaborar con los demás. El propio partido de Stresemann pide que la «gran coalición» se convierta en una «grandísima coalición», y que entren a formar parte del Gobierno representantes del Partido Popular Nacional, partido conservador y monárquico. Es una manera educada de decir a los socialistas que, una vez resuelta la cuestión de la resistencia pasiva, ya no harán ninguna falta, pues es evidente que los socialistas no se avendrán a colaborar en el Gobierno con los partidarios del restablecimiento del imperio, de la denuncia del Tratado de Versalles y de la guerra de venganza contra Francia para el año que viene.

El monarquismo bávaro, el comunismo sajón y la lucha de partidos en Berlín confieren autoridad al Gobierno central de la República, justo cuando a esta autoridad le hace más falta para mantener el prestigio de lo alemán en las tierras del Rin y del Ruhr. Y éste es el gran problema actual. Stresemann lo ha visto claro, pero ni sus amigos —ni el pueblo alemán— parecen haberlo visto tan claro como él.

Berlín, octubre de 1923

[*La Veu de Catalunya*, 12-X-1923]

LA ALEMANIA DE HOY

SIGUE LA CRISIS

A pesar de que el segundo gabinete Stresemann ya está constituido, se ha presentado al Parlamento, ha obtenido un voto de confianza y parece probable que, aun siendo muy inestable la situación parlamentaria, obtenga las dos terceras partes de los votantes que necesita para aprobar constitucionalmente la ley, concediéndole poderes dictatoriales en el campo de las finanzas, la crisis continúa. Y es que la crisis no es de personal del Gobierno. Los últimos sucesos lo han demostrado, frente a lo que mucha gente creía. A nadie se le pasaba por la cabeza la idea de que Stresemann no tiene por qué ser necesariamente el último canciller de la República alemana. Hace tres semanas, todos lo creían o decían creerlo. A nadie se le pasaba por la cabeza la idea de que Stresemann se hallara en la tesitura de tener que dimitir tan pronto. «Después de Stresemann, el hundimiento general.» Buena frase para un discurso o para un artículo, a condición de que Stresemann se aguantara y el hundimiento general no pasara de ser una eventualidad retórica. Pero al tener que dimitir Stresemann cuando aún no hacía ni dos meses que había ascendido, se vio claro que —gracias a Dios— el hundimiento general podía aplazarse todavía unos cuantos meses. Y Stresemann ha sido el doble sucesor de Stresemann (como presidente de un nonato ministerio de notabilidades y como jefe del segundo gabinete de «gran coalición»), no por falta de sucesores viables, sino porque el presidente de la República no ha querido todavía prescindir de él. Si Ebert —cuya intervención en la política alemana es activa y decisiva— hubiera creído que había llegado la hora de desembarcarlo, nada se hubiera tambaleado. Habríamos vuelto a tener un canciller católico y todos contentos. El Partido Católico alemán dispone, para los casos de compromiso, de una colección completa de hombres capacitados y dispuestos, según los preceptos del Evangelio, a sacrificarse. Los hay de todos los colores y matices sociales y políticos, desde el negro anilina hasta el rojo bermellón. Esta vez los antecedentes de la crisis exigían, en todo caso, un hombre más bien de derechas. Ya estaba preparado. El sucesor católico de Stresemann tenía que ser—apúntense el nombre, pues lo que no sucede hoy puede suceder mañana—el ex presidente del Gobierno prusiano Stegerwald. Hombre enérgico—dicen—, y eso siempre está bien. Hombre conservador y bien relacionado con la rama industrial del Partido Católico, la cual está muy bien relacionada con la gran industria alemana.

Y ya hemos llegado a donde íbamos. Si las causas de la última crisis no son de orden personal ni parlamentario, habrá que buscarlas en otro lugar. El director de la *Vossische Zeitung*, Georg Bernhard, ha dicho, con la franqueza y la clarividencia que le son propias, que lo que en Alemania se estaba investigando ahora era cómo tenía que pagarse la cuenta de la campaña del Ruhr. Es una cuenta formidable, equivalente—dicen los que lo han contado—a tres o cuatro anualidades en reparaciones. ¿Deben pagarla los grandes industriales y los propietarios rurales, dando una parte de cuanto han ganado o de cuanto tienen—pregunta Georg Bernhard—, o deben pagarla los obreros trabajando por el mismo precio más de lo que llevan trabajado hasta ahora?

Algo sí es cierto. Sea quien fuere el que pague, no podrá pagar con marcos papel. Asquea—y disculpen—tener que hablar siempre de lo mismo, pero, como en Alemania todo depende del problema de la moneda, y la solución de este problema no depende de nosotros, mientras las cosas sigan así no tendremos más remedio que manejar billones y trillones, recomendando al lector que haga como nosotros y no se preocupe en exceso. Cargado de billones y trillones de marcos papel, el Gobierno alemán se encuentra con que no tiene, en realidad, ni un céntimo. La moneda alemana, durante estos tres o cuatro últimos días, ha perdido a diario la mitad de su valor. Una moneda así no sirve ni para que los tenderos puedan llevar las cuentas de cada día, y son muchas las tiendas que ya no venden sino a base de marcos oro. Los industriales, por su parte, ya hace tiempo que lo calculan todo en oro (menos los salarios y los impuestos). Ahora le ha llegado el turno al Gobierno. El Gobierno Stresemann anunció desde el principio su intención de cobrar en oro los impuestos, pero, tan pronto como hizo el primer gesto para pasar de las palabras a los hechos, se topó con los industriales, levantados como un solo hombre. Ha tenido que hacer como quien dimite y sacrificar al ministro de Finanzas. El doctor Hilferding, teórico ilustre del marxismo y, en el fondo, persona inofensiva, ha sido la víctima propiciatoria. Momentáneamente aplacados, los grandes dioses de la industria perdonan la vida al segundo gabinete Stresemann, pero mantienen su semblante adusto y su furia puede volver a desencadenarse en cualquier momento. La crisis no estará resuelta mientras no se sepa hasta qué punto los industriales alemanes consiguen lo que quieren.

No es que sea mucho. No pretenden seguir jugando a la baja del marco, porque saben que el marco, dentro de cuatro días, ya no servirá ni para jugar. No pretenden tampoco evadir el pago en oro de los impuestos, porque reconocen que es imposible. Pretenden que los obreros trabajen un par de horas más cada día por el mismo precio. Con eso tienen bastante. Son gente modesta.

Berlín, octubre de 1923

[*La Veu de Catalunya*, 19-X-1923]

LA ALEMANIA DE HOY

FUERA DE BERLÍN

¿Puede decirse aún que Berlín es la capital política de Alemania? En Renania el movimiento separatista sigue, naturalmente, las fluctuaciones del humor francés y belga. En el Ruhr y en Westfalia los grandes industriales se entienden directamente con el general Degoutte y con M. Frantzen, jefe de la misión interaliada de control de fábricas y minas. En el Palatinado todo sigue como estaba: hace quince días que un comandante francés declaró que la soberanía de Baviera sobre aquellas tierras había terminado, y desde entonces parece que el Palatinado haya tenido la amabilidad de retirarse del mapa de Europa: nadie habla de él ni por azar. En Sajonia, el país está invadido por las fuerzas del ejército alemán. El general Müller va haciendo—y sobre todo deshaciendo, por supuesto—sin que el Gobierno de Berlín parezca preocuparse en lo más mínimo. En Turingia el Gobierno socialista sabe que no tiene suficiente con las fuerzas de policía para defender las fronteras y pide que se le envíen refuerzos del ejército. (Las fronteras de Turingia—digámoslo de una vez para no hacer sufrir a los wagnerianos—no están amenazadas por ningún peligro exterior. Turingia es el meollo del germanismo auténtico y está rodeada de tierras germánicas que le hacen o deberían hacerle de muralla, y que le sirven o deberían servirle de protección. Lo que ocurre es que Turingia, aquella Turingia del *Tannhäuser* tan medieval y tan apreciada en Cataluña, al llegar el siglo XX ha escogido mal camino. Es republicana y socialista. ¡Y aún si no fuera más que republicana y socialista! Turingia—hablando claro—es «marxista». Y eso es precisamente lo que Baviera—país tan germánico y wagneriano como Turingia—no puede tolerar. Del «marxismus»—como lo llamamos—Baviera no quiere saber nada. Si un país vecino de Baviera transige con el «marxismus», aunque sea tan germánico y wagneriano como Turingia, el conflicto es inevitable. Baviera le declara la guerra. Una guerra moral, de principios, y una guerra material hecha con armas y municiones. Esta segunda guerra aún no ha empezado, pero puede empezar hoy, mañana o pasado. Cerca de Turingia están concentrados varios miles de hombres de las formaciones irregulares de Hitler y del capitán Ehrhardt, ansiosos de cruzar la frontera tan pronto como les digan de Múnich que ha llegado la hora. Y éste es el peligro que amenaza a Turingia: el de ser invadida por gente del país, germánicos, wagnerianos, pero antimarxistas y armados con fusiles y ametralladoras.)

Entretanto, en Berlín, vivimos tranquilos. Cuando sube el dólar escasea el pan y la gente saquea un centenar de tahonas. Pero como la ciudad es espaciosa, parece que nadie se da cuenta. De lo que ocurre fuera, los periódicos a duras penas explican nada, y las noticias que la prensa de Berlín publica de Renania, de Sajonia, de Baviera o de Turingia, parecen escritas para dar la impresión de que se trata de países de otro mundo con los que Alemania—y sobre todo Berlín—nada tiene que ver. Hace más de ocho días que el Servicio Parlamentario Socialdemócrata (órgano oficioso de la fracción socialista del Reichstag) denunció de manera precisa, especificando las localidades y el carácter de las formaciones, que en la frontera de Turingia se concentraban las fuerzas irregulares bávaras, y a estas horas, ni la noticia ha sido oficialmente desmentida, ni el Gobierno se ha tomado la molestia de anunciar una decisión o, por lo menos, una línea de conducta. En Renania, frente a un movimiento artificioso, sin raíces profundas en la masa del pueblo, hay una política francesa y una política belga, políticas de reserva y de acecho, pero bien definidas en el fondo y dispuestas a sacar el máximo partido de todas las situaciones. Hay también una política inglesa, firme y resueltamente contraria al separatismo. Lo que falta es una política alemana. El Gobierno de Berlín, a estas horas, no tiene una política renana, y si la tiene no se le ve. No tiene una política del Palatinado ni una política bávara. Tampoco puede decirse que tenga una política sajona, porque en Sajonia los que tienen una política son los militares, y el Gobierno no hace sino conformarse.

Todo esto es un modo de decir que, en realidad, Alemania vive y se revuelve fuera de la autoridad de Berlín, y que, para saber algo de lo que ocurre, es preciso salir de Berlín y asomarse a Renania, a Baviera y allí donde fuere necesario. Es lo que nosotros nos proponemos, y nuestros queridos lectores oirán hablar de ello.

Berlín, noviembre de 1923

[*La Veu de Catalunya*, 14-XI-1923]

DE LA ALEMANIA DE HOY

EL OASIS DE COLONIA

No hay palmeras, ni se detienen caravanas con camellos, ni las tierras de los alrededores son precisamente un desierto. Pero no importa. La expresión queda consagrada, la imagen se ha convertido en una metáfora del pueblo: Colonia es un oasis. En Vohwinkel el tren de Berlín a Colonia se detiene mucho rato. Media hora; tres cuartos; una hora. Vohwinkel es como una cuña que los franceses tienen clavada en la línea de comunicaciones entre Berlín y la zona inglesa de ocupación. Hay revisión de pasaportes y control aduanero. Los trenes saben a qué hora llegan, pero nunca acaban de saber a qué hora partirán. Por los pasillos de los vagones, los soldados y los aduaneros van y vienen. Ya hemos mostrado el pasaporte, ya nos han revuelto el equipaje. La revisión del tren ha terminado. ¿Por qué no arranca? Nadie lo sabe. Los soldados y los aduaneros no acaban nunca de ir y venir. Un alemán que ha subido en Barmen nos dice:

—Hago el trayecto de Colonia a Barmen un par de

veces a la semana. A veces el tren se queda detenido en Vohwinkel tres o cuatro horas. Ganas de hacer notar la autoridad. Cada vez que me obligan a consumirme en esta estación no puedo por menos que compadecer a los renanos que viven bajo la ocupación francesa. Nosotros, en Colonia, no nos podemos quejar. La zona inglesa es un oasis.

El *savoir faire* es una fórmula cuyo secreto los franceses poseen para aquello que no tiene ninguna importancia o muy poca. Para lo fundamental, los descubridores y explotadores de la fórmula francesa son los ingleses. Ese soldado francés plantado en medio del andén de la estación de Vohwinkel, con uniforme de campaña, casco de acero, fusil al hombro y una bayoneta en el cañón larga y reluciente, buena para ensartar hombres como si fueran caracoles; y este soldado inglés que en Bühring, al entrar en la zona de ocupación británica, sube a echar un vistazo al tren, sin armas, con gorra de ciudad, los guantes puestos y un bastón en la mano, tienen, el uno y el otro, un valor simbólico. Son la dominación y la ocupación. La enemistad y la convivencia. El desierto y el oasis.

Los acontecimientos de estas últimas semanas han acentuado todavía más las diferencias entre el régimen de ocupación británico y los sistemas francés y belga. En la zona inglesa el movimiento separatista se ha mantenido sin repercusiones de ningún tipo. El jefe de los separatistas de Colonia, el ex socialista Smeets, está en Lorena en este preciso momento, y sus partidarios no han osado salir a la calle. Si hubieran querido secundar las acciones separatistas de las zonas belga y francesa, su fracaso habría sido completo, rápido e indudable. Los ingleses están decididos a no tolerar que las maniobras semimilitares de las «tropas» de Dorten y Matthes se extiendan a su zona, y no evitan decirlo.

Es una decisión inexorable, y el general Godley—que nos hace el favor de recibirnos con gran amabilidad—, jefe de las tropas británicas en el Rin, nos expone con claridad y franqueza las razones que la fundamentan:

—¿Ha visto en la plaza de la Estación, clavado en las paredes de la misma estación, un cartel inmenso de cincuenta metros cuadrados que explica a los soldados de nuestro ejército lo que tendrán que hacer tan pronto como se dé la señal de que en la ciudad han estallado desórdenes? Fue fijado el día en que llegamos y lo quitaremos el día que nos vayamos. Yo no tengo otra política renana que este cartel. Si un día en la ciudad se presentara una formación de hombres armados e intentara apoderarse del ayuntamiento o de cualquier otro edificio público, se daría la señal de haberse alterado el orden, y las tropas harían lo que deben hacer. ¿Separatistas? ¿Comunistas? ¿Monárquicos? Comprenderá usted que a mí esto no me interesa. Yo soy responsable del orden de la ciudad y de la seguridad de mis tropas. Si los alemanes tienen algo que resolver entre ellos, para hacerlo tendrán que esperar a que nosotros nos hayamos ido.

Escueto y claro. Esta ausencia de política renana del general Godley tiene, además, la ventaja de poder concordar perfectamente con la presencia de una política renana en Londres. A las orillas del Rin, en el oasis británico y en el desierto francés se está gestando la política de Europa de los próximos veinte años.

Colonia, noviembre de 1923

[*La Veu de Catalunya*, 15-XI-1923]

DE LA ALEMANIA DE HOY

LA ORGANIZACIÓN DEL MOVIMIENTO SEPARATISTA

Vamos a averiguar, si podemos, qué hay detrás de estos pelotones de hombres y niños que, con un brazal de la bandera tricolor, una gorra verde y un revólver escondido en el bolsillo de los pantalones o en el bolsillo interior de la americana, van y vienen por las calles de Coblenza jugando a los soldados.

El cuartel general de las fuerzas separatistas está instalado en el edificio que hace quince días todavía era el Palacio del Gobierno de la provincia renana de Prusia. Un gran caserón, y frente al caserón un bello jardín transformado ahora en campamento. Un millar de hombres armados—no hay por qué asustarse—con platos de estaño esperan la hora del rancho. Se entra al caserón por un medio portillo abierto. Todas las demás puertas están cerradas a cal y canto. Por este medio portillo entran y salen los ministros, los soldados, los rancheros y los periodistas. Los orígenes de la República renana son democráticos. El desorden en el interior del gran cuartel general es considerable. Se ve enseguida que la gente se mueve ajetreada de un lado a otro y grita porque quiere, pero sin saber muy bien lo que quiere. Todos los hombres llevan la correspondiente gorra verde, que viene a ser el equivalente de la camisa negra. Pasa un médico con un guardapolvo blanco y una enfermera con una cofia y la cruz roja en la frente. Pasa un cocinero con una marmita de sopa. En la pared de la escalera está pegado un anuncio con instrucciones para el pago de los soldados. La República renana tiene soldados, los mantiene, les paga y los cuida si están enfermos. ¿Qué más? ¿Tiene algo más? ¿Hace algo más?

En el secretariado general—instalado en el tercer piso—nos lo van a decir. Los hombres reclutados hasta la fecha son 12.000. El reclutamiento continúa y los contingentes aumentan sin problemas. El centro de concentración es Coblenza. Aquí—es el propio secretario general quien habla—se constituyen las formaciones, se distribuye el armamento y se dan las órdenes para la utilización de las fuerzas a medida que se van organizando. El jefe de las fuerzas militares es el señor Leithner, antiguo oficial renano del ejército alemán. Pero las funciones de este jefe militar son exclusivamente técnicas. El gobierno lo ejercen los hombres civiles. Hay dos plenipotenciarios generales de la República renana. El doctor Dorten, que tiene la sede en Wiesbaden y se encarga de las relaciones exteriores, y el señor Matthes, a quien está encomendada la dirección interior de la organización del nuevo Estado. Tanto el señor Matthes como los siete ministros del Gobierno provisional viven en el gran cuartel general de Coblenza. Hay un ministro de Finanzas (Wolterhoff), abogado y economista; un ministro de Instrucción y Cultos (Kraemers), cura y ex profesor de filosofía en la Universidad de Bonn; un ministro de Aprovisionamientos (Simon), gran terrateniente; un ministro del Interior (Liebling), magistrado; un ministro de Obras Públicas (Marx), arquitecto, y dos comisarios de Transportes y Comunicaciones (Koch-Dfeiffer y Hansen), ingeniero uno y comerciante el otro. Estos ministros entran continuamente en la secretaría y preguntan por el señor Matthes, quien—como podrá figurarse el lector— tiene mucho trabajo y no está para ellos. El secretario general les dice que vuelvan a pasar a las tres de la tarde, que ya saben que hay Consejo de Ministros. Ahora el señor Matthes está hablando con el impresor, después tiene que hablar con un «representante del Gobierno de Berlín» y después tiene que recibir a la prensa extranjera. En una palabra, el señor Matthes tiene muchísimo trabajo y no da abasto. Los otros ministros, según parece, no tienen, ni mucho menos, tanto trabajo como el señor Matthes. Al fin y al cabo, un gobierno provisional, aunque sea renano y separatista, visto de cerca es algo grotesco.

Por ahora, las funciones de este Gobierno provisional son principalmente de afirmación de soberanía. El señor Matthes trata con la Comisión Interaliada, con el Comisariado belga, manda izar banderas de la República y lanza proclamas al pueblo. La tarea de organización del Gobierno provisional se ha limitado a procurar no desorganizar lo poco que en Renania todavía no está desorganizado. Al llegar a una ciudad (cada día se ocupan nuevas ciudades), los separatistas se dirigen directamente al Ayuntamiento, izan la bandera roja, blanca y verde y ya lo dan todo por hecho. La vida de la ciudad sigue como si no estuvieran, pero ellos afirman que todo aquel que trabaja lo hace bajo su autoridad. Es un procedimiento que—dada la ocupación francesa que lo hace posible—no está falto de ingenio. Tiene, además, una ventaja: que permite ahorrar mucha sangre, lo cual es un valor político innegable. Pero es, por necesidad, un procedimiento tan provisional, o más, que el propio Gobierno, y su justificación serán precisamente los resultados que el Gobierno obtenga el día que se decida a abandonarlo. El día que, de la afirmación de soberanía, pase al ejercicio efectivo de la autoridad.

Este momento no puede tardar mucho. Pues si un fundamento tiene el separatismo renano no son los complicados despropósitos de Maurice Barrès sobre «le Gene du Rhin». El hecho (contado por Tácito) de que Julio César hace más de veinte siglos hubiera atravesado el Rin nadando un día de mal tiempo hoy ha perdido toda su importancia. Lo que ocurre es que en Renania hace cinco años que se vive muy mal, y hace diez meses que la vida es un infierno. Esto sucede porque el ejército de ocupación constituye un gran estorbo, porque en Berlín han hecho la política renana con los pies, porque el país está casi incomunicado del resto del mundo, y porque los marcos papel no sirven sino para oprimir a la gente y hundirla en la miseria y el hambre. Algunos de estos males son de una magnitud tal que los separatistas no les pueden poner remedio. Otros, en cambio, exigen que una gente que pretende gobernar emprenda enseguida la tarea de corregirlos. El problema más urgente que existe hoy en Renania es el de la moneda. Si en la Secretaría General de la República alemana no nos han engañado—que todo podría ser—, dentro de pocos días el Gobierno provisional lanzará una emisión de francos renanos. Cuando estos francos circulen y sirvan para algo, se podrá empezar a hablar de una organización separatista en Renania.

Coblenza, noviembre

[*La Veu de Catalunya*, 16-XI-1923]

DE LA ALEMANIA DE HOY

EL GOLPE DE ESTADO COMO ESPECTÁCULO

Bien organizado y bien representado, un golpe de Estado, como el que hemos tenido la suerte y el gusto de presenciar en Múnich al cabo de veinticuatro horas de llegar, es una de las cosas que surten más efecto y que dejan un recuerdo para toda la vida. Me atrevo a decir—después de quince años de viajar por el mundo y estar ya curado de espantos—que no hay nada como un buen golpe de Estado. Elaborar una relación de los hechos que permita al lector hacerse cargo, sin haber estado allí, de lo que ha sido este golpe de Estado de Baviera, reconocemos que es tarea superior a nuestras fuerzas. Lo vamos a intentar, de todos modos, porque ésta es la forma que tenemos de ganarnos la vida y no nos queda otro remedio. Pero, antes de empezar, creemos que es nuestro deber advertir al lector que, si lo que le vamos a contar no le gusta, la culpa será nuestra, porque no habremos sabido explicarlo. El golpe de Estado de Múnich ha sido algo grande, y convendría que toda persona viera por lo menos un golpe de Estado en su vida. Si, un día, cualquiera de nuestros queridos lectores va a Múnich—München, lo llamamos—y pasa por una cervecería donde se esté produciendo un golpe de Estado, le aconsejamos que entre y estamos seguros de que si sigue nuestro consejo no se arrepentirá.

EN BAVIERA, SIN CERVEZA NO HAY POLÍTICA

Es lo que hicimos nosotros. El día siguiente de nuestra llegada era el día 8 de noviembre, vigilia del quinto aniversario de la revolución alemana. La revolución alemana del 9 de noviembre[1] fue organizada deprisa y corriendo por cuatro judíos pagados por Bélgica en el preciso momento en el que el ejército alemán iba a alcanzar la victoria decisiva. Esto en Baviera lo saben hasta los perros y los niños, y cuando llega el día del fin de año de la revolución criminal, los bávaros, con el alma enlutada, llenan las cervecerías hasta los topes. Cada liga patriótica—y hay tantas como setas en otoño—se apodera de una bodega. Discursos, gritos, canciones patrióticas y cerveza. Sobre todo cerveza. Un vaso de litro tras otro y

[1] La proclamación de la República.

venga discursos y venga bailar y fumar, con unas pipas que parecen estufas. El aire se espesa y uno respira la atmósfera de golpe de Estado. Lo que parece extraño es que haya tardado cinco años en llegar.

En el Bürgerbräukeller—que es la bodega de más renombre de Múnich—la fiesta tenía un carácter excepcional. El Gobierno bávaro, representado por todos sus ministros, ocupaba la presidencia. El orador principal de la velada era el comisario general Von Kahr, y a su lado estaba, hecho todo un hombre, el general Von Lossow con uniforme de gran gala, cruces de todo tipo y unas charreteras que parecían de oro macizo. Todos estos personajes estaban aposentados sobre una tarima, y la inmensa sala estaba llena de gente escogida entre la flor y nata de Múnich y del Partido Popular Bávaro. Los hombres llevaban calzones cortos, zapatos bajos y calcetines cortos—que les dejaban los tobillos y las rodillas al descubierto—y una cola de gallo en el sombrero. Todos bebían cerveza y cada uno de los señores de la presidencia tenía delante un vaso enorme. El comisario general Von Kahr, entre párrafo y párrafo de su discurso-programa, levantaba el vaso, metía media cabeza dentro y sacaba el bigote chorreando.

¡Qué discurso, el de Von Kahr! Contra el Gobierno de Berlín y contra Francia. Pero, sobre todo, contra el «marxismus». El «marxismus» tiene la culpa de todo: de la derrota, de la pérdida de Alsacia-Lorena, del hundimiento de la monarquía y de la subida de la cerveza. Hay que reconquistar la Alsacia y la Lorena, hay que crear un ejército, hay que restaurar la monarquía, hay que limpiar Berlín. Pero aniquilar el «marxismus». Mientras el espíritu alemán conserve la menor mancha de «marxismus», no vamos a hacer nada...

LA CAMPANILLA DE HITLER

Cuando el discurso de Von Kahr se estaba acabando por momentos, la gente, llevada por la riada de cerveza, se habría ido a dormir de muy buena gana. Pero Hitler tenía dispuestas las cosas de otro modo. Seis compañías del Kampfhund, la organización de combate del Partido Socialista Nacional, ocuparon, a las nueve y media, las calles que rodean el Bürgerbräukeller. Hitler en persona y unos cincuenta hombres de confianza con dos ametralladoras se presentaron en la puerta principal; dejaron las ametralladoras con un piquete, y Hitler penetró con su guardia de corps en el vestíbulo. Desde dentro se oyen los gritos y el ruido que hacen. La gente se levanta, canta el «Deutschland über alles» y grita de mala manera: ¡Viva Von Kahr! ¡Viva el rey Rupert! Entretanto, Hitler, acompañado de una treintena de hombres armados con revólveres, está ya en la sala. Lleva el arma en la mano derecha y grita como un desesperado:

—¡Viva Alemania! ¡Muera el Gobierno de los judíos! ¡Callaos! ¡Nosotros no vamos contra Von Kahr!

Hitler tiene una voz de segundo cornetín que se hace oír a pesar del griterío. La gente le deja paso y ya lo tenemos sobre la tarima. Von Kahr se mete los papeles en el bolsillo y se sienta. Hitler quiere hablar, pero el desorden y los vivas a Von Kahr y al rey Rupert le ahogan la voz. Es entonces cuando Hitler con un gesto completamente norteamericano y cinematográfico levanta la mano al aire y encaja dos tiros en el techo.

En cualquier parte del mundo la campanilla de Hitler hubiera provocado una desbandada. Pero la cerveza es en último término una garantía de orden y asegura el éxito de los golpes de Estado. La movilidad de un bávaro con seis u ocho litros de cerveza en la tripa es escasa. En vez de huir, los ciudadanos reunidos en el Bürgerbräukeller se dieron cuenta de que era más fácil callar y sentarse. Y el golpe de Estado, propiamente dicho, empezó.

VUELTA A LA TORTILLA DE LA POLÍTICA EUROPEA

Hitler es un hombre que hace las cosas a lo grande. Su primer discurso no duró más de tres minutos, y cuando acabó de hablar, el mundo—sobre todo el bávaro—era otro completamente distinto que cuando empezó. Von Knilling había pasado de presidente del Consejo de Baviera a simple contribuyente; Von Kahr, que era comisario general, se quedaba encargado de la regencia de Baviera; el ex jefe de policía Poehner, que acababa de llegar con las manos en los bolsillos, se convertía en jefe del Gobierno bávaro; el general Ludendorff era el amo de un ejército alemán que sumaba cuatro como el de ahora; el general Von Lossow permanecía al frente del Ministerio de la Guerra, y él, Hitler, después de derribar de un soplo al Gobierno de Berlín y al presidente de la República, se encargaba de la presidencia de un gobierno nacional y se disponía a irse el día siguiente por la mañana hacia Berlín por carretera, al frente de sus compañías de asalto, y a plantar la bandera blanca con la cruz germánica en lo alto del Palacio Real.

Si el éxito de Von Kahr había sido grande, no digamos el de Hitler. Parecía que el «Deutschland über alles» no tenía que acabarse nunca. Pero Hitler iba al grano y dio órdenes de callar y de sentarse:

—No puede salir nadie. Mis tropas tienen sitiado el local. Ahora vamos a celebrar el primer consejo. Esperad el resultado de nuestras deliberaciones. Dentro de un cuarto de hora una nueva Alemania habrá salido de esta bodega.

Al cabo de un cuarto de hora, Hitler anunciaba al pueblo que todas las personalidades habían aceptado los cargos ofrecidos por él. El golpe de Estado era un hecho histórico. Los nuevos gobiernos de Baviera y Alemania comenzaban a actuar desde aquel momento. Después de Hitler, hablaron los principales personajes: Von Kahr dijo que él era el lugarteniente del rey; el doctor Poehner dijo a Hitler que dispusiera, y el general Ludendorff, acostumbrado a no hacer las cosas a medias, dijo que en aquel momento la historia de Europa daba un giro.

El general, vigoroso y satisfecho, estiraba el brazo con el puño cerrado, como asiendo una sartén invisible dentro de la cual Europa, hecha una tortilla, daba la media vuelta definitiva.

[*La Veu de Catalunya*, 17-XI-1923]

DE LA ALEMANIA DE HOY

MATTHES HABLA DEL PRESENTE Y DEL FUTURO DE LA REPÚBLICA RENANA

Matthes, jefe del Gobierno provisional de la República renana, va vestido, más o menos, como iba Poincaré durante la guerra pero mucho más sucio. Lleva polainas polvorientas, el chaleco medio desabrochado, la camisa color tierra, los cabellos alborotados, y la última vez que se afeitó el Rin sufría aún bajo la dominación prusiana. Es un hombre feo y amable, de nariz corta y respingona, mirada incisiva, frente escasa y paso decidido. Es periodista de oficio y tiene el despacho montado como una sala de redacción. Los ministros entran y salen sin parar, redactan decretos y disposiciones y el jefe de Gobierno provisional los firma sin mirarlos siquiera. Si no fuera porque la sede de la Alta Comisión Interaliada está en la casa de enfrente, pensaríamos que la historia se está forjando en torno a nosotros. Pero Matthes habla como si todo fuera de verdad, y como es un hombre que habla bien, da gusto oírlo.

—Nosotros—dice—somos republicanos sinceros y convencidos, y si Alemania, después de la derrota, hubiera sabido ser una república, tal vez yo no estaría aquí ni tampoco ustedes. Pero, en Alemania, la república no pasa de ser una palabra sin contenido. En Prusia, los elementos que ejercían el dominio en el tiempo del imperio van ganando más fuerza cada día. En Sajonia y en Turingia la revolución comunista ya hubiera triunfado si no fuera porque el ejército alemán ocupa estos países del mismo modo que los ejércitos aliados ocupan el nuestro. En Baviera manda la indisciplina militar al servicio de la dictadura monárquica. No es, por tanto, posible hablar de la República alemana ni de la unidad alemana como de cosas existentes. Alemania es un país que no sabe o no quiere encontrar las fórmulas de convivencia con Europa. En vez de aceptar la posición que le correspondía dentro del nuevo orden europeo, piensa sólo en una nueva guerra de venganza. Una nueva guerra que sería para nosotros lo que la pasada guerra fue para el norte de Francia.

»Y eso nosotros queremos evitarlo a toda costa. Queremos hacer del Rin una gran república pacifista, fuerte, que pueda defenderse de sus enemigos si surgen, pero dispuesta a convivir con todos sus vecinos, lo mismo con Alemania que con Francia, con Bélgica que con Suiza. Un gran Estado neutro que establezca la continuidad entre Suiza y Holanda es una necesidad política, una necesidad de la paz. Este Estado será puramente alemán y completamente independiente. No aceptará la dominación ni la tutela de ninguna otra gran potencia. Tendrá los mejores, los más ricos elementos de la cultura germánica. Será el depositario y el continuador de las tradiciones de arte y de libertad del germanismo occidental, tan alejadas de los delirios eslavos y orientales de Prusia. Si la República renana independiente no llegara a constituirse, Europa se vería, más tarde o más temprano, devastada por una nueva guerra. El genio de Prusia es expansivo y la cuenca del Ruhr en manos de Prusia estaría fatalmente destinada a servir de arsenal. En nuestras manos la industria del Ruhr servirá, en primer lugar, para satisfacer la cuota de reparaciones que se nos señale, y, una vez cumplida esta tarea, será un gran centro productor que la República renana tendrá abierto para satisfacer las necesidades de toda Europa.

Expuesta su concepción general del problema, Matthes responde a las preguntas concretas que le hacemos:

—¿Cuáles son y cuáles serán las relaciones entre la República renana y las potencias ocupantes?

—Queremos pagar la cuota de reparaciones que nos corresponda —dice— y aceptamos íntegramente el Tratado de Versalles. Pero pretendemos fundar una República alemana independiente según nuestras concepciones, no al dictado de las potencias ocupantes. En este campo será necesario vencer grandes dificultades con las que luchamos ya desde ahora. Existe la que podríamos denominar concepción belga del problema del Rin, que para nosotros es inaceptable. Según esta concepción, Renania quedaría dividida en dos estados independientes. Uno, en el norte, convertido en zona de influencia económica belga. Otro, en el sur, reservado a la influencia económica de Francia. La cuenca del Ruhr se dividiría, asimismo, en dos zonas de influencia y, dentro de este conjunto, Colonia y cercanías constituirían el Gibraltar de Renania. Nuestra resuelta oposición ha determinado que los belgas abandonen la neutralidad y se pongan en contra de nosotros después de haber sido ellos quienes instigaron el movimiento prematuro de Aquisgrán, obligándonos a realizar nuestros planes mucho antes de que los detalles estuvieran ultimados. Pero, puesto que hemos tenido que salir a la calle, no estamos dispuestos a volvernos atrás. El Gobierno provisional no dispone de las fuerzas republicanas, que hoy son 7.000 hombres y que pueden llegar a ser 80.000 si es necesario. En torno al Gobierno provisional se reúnen todos los renanos celosos de su libertad y amigos de la paz de Europa. Nuestra primera tarea es de consolidación. Cada día ocupamos nuevas ciudades. Ayer nuestras tropas entraron sin resistencia en el Kaiserslautern, y pronto la ocupación total del Palatinado será un hecho. Cuando la crisis de hambruna y de desorganización provocada en el Ruhr por la resistencia pasiva se haya resuelto y los trabajadores vuelvan a las minas y a las fábricas normalmente, entraremos también en la cuenca del Ruhr. Bélgica acabará comprendiendo que la única solución viable—conciliada con el interés de Europa—al problema del Rin consiste en la formación de una sola y gran República del Rin, que, respetando al oeste las fronteras fijadas por el Tratado de Versalles, se extienda desde Holanda hasta Suiza e incorpore las grandes regiones industriales del Ruhr al norte y de Main al sur. La posesión de estos centros industriales nos es necesaria por tres razones: para satisfacer las reparaciones, para tener la prosperidad económica asegurada y, en última instancia, para arrebatarle a Alemania los medios de armarse y echársenos encima. Dentro de este gran marco necesario la fórmula política del Estado del Rin será la República Federal.

—¿Cómo piensan resolver el problema de la oposición británica?

—Inglaterra quiere tener otro Gibraltar en el Rin, pero nuestro río no es el mar. La zona inglesa está totalmente rodeada por territorio de la República renana. Cuando sea necesario sabremos obrar. En cuanto a la maniobra de Adenauer y otras personalidades de Colonia para constituir una República renana dentro del Reich y bajo la alta protección británica, no queremos ni oír hablar. No nos satisfará nada que no sea la independencia absoluta.

—¿Y están seguros de triunfar?

—Tan seguros como de que en este momento lo tengo a usted sentado enfrente.

Coblenza, noviembre

[*La Veu de Catalunya*, 18-XI-1923]

DE LA ALEMANIA DE HOY

EL SEPARATISMO Y LA BOLSA NEGRA

La gente solía ir a Bonn para visitar la casa de Beethoven. Han bastado cinco años de guerra y cinco de paz para que la casa de Beethoven no interese lo más mínimo. La vieja ciudad universitaria y romántica ofrece otras atracciones de un interés más inmediato y más urgente. Bonn es uno de los centros del separatismo renano y una de las ciudades donde la reacción contra el separatismo ha sido más enérgica. Al cabo de pocas horas de haber ocupado el ayuntamiento por primera vez, los separatistas tuvieron que salir a todo correr. Pero al día siguiente volvieron, y ya no se han movido de allí. En la fachada del Ayuntamiento, la bandera roja, blanca y verde ondea —según la fórmula consagrada—bien alta, bien derecha y bien sola. En la entrada hay guardias armados de las fuerzas republicanas, con un brazal tricolor, una gorra verde y fusiles de modelo militar. A cada lado del portal hay una ametralladora. Nadie puede entrar ni salir del ayuntamiento sin enseñar los papeles. Podría decirse que los separatistas son los amos de Bonn, si no fuera por los franceses, que son los amos de Bonn y de los separatistas. Por cada soldado de la República renana hay diez, veinte, cien soldados de la República francesa. La mayoría de estos soldados de la República francesa son negros que van y vienen por las calles como si estuvieran en su casa, ríen, gritan, hablan y se hacen los guasones. A veces, cuando están de juerga, se les dispara el fusil y matan a un par de niños. Pero no se puede decir que sean malintencionados. Al contrario: uno no se explica cómo son tan pocas las desgracias. Lo natural sería que un negro reaccionara ante un tranvía eléctrico como un blanco reacciona ante un león, y empezara a disparar a diestro y siniestro. Pero no. A los negros no les dan miedo los tranvías. Los hay incluso que se suben a ellos y mantienen largas conversaciones con el conductor. Entre los alemanes que se quejan de tener a los negros instalados en el país como en su propia casa, y el general Mangin, que dice que los negros son de lo mejor que hay, ¿quién tiene razón? Por ahora tiene razón el general, y si no la tiene la toma prestada.

El ejército negro y la Bolsa negra son los grandes espectáculos que la ciudad de Bonn ofrece, hoy por hoy, al forastero. Al lado de estas brillantes manifestaciones de la vida europea contemporánea, los separatistas—no hablemos ya de Beethoven—desempeñan un papel de comparsas. No son una causa. Son un efecto. Si en Bonn no existiera la Bolsa negra hace ya unos cuantos meses, seguro que los separatistas no estarían hoy en el ayuntamiento. Pero aunque los separatistas desaparecieran, la Bolsa negra seguiría carcomiendo la vida de la ciudad y haciendo posible que volvieran el día de mañana. Una ciudad como Bonn, un país como Renania, que lleva esta carcoma dentro, es necesariamente un campo propicio para que unos cuantos centenares de hombres se pongan una gorra verde, o de color de perro enfermo, y salgan diciendo que lo van a arreglar todo. El espectáculo de esta calle central de Bonn, llena a rebosar de una muchedumbre que es obvio que no ha hecho nada en todo el día, es lastimoso y deplorable. Uno va de la estación a la plaza de Beethoven, y en esos doscientos metros del trayecto se le acercan unas cincuenta personas—hombres y mujeres—con aire de misterio, y le hacen la misma pregunta:

—¿Quiere cambiar?

Toda esta gente lleva los bolsillos llenos de francos y el franco es hoy en Renania un artículo de primera necesidad como el pan. El franco es el símbolo de la libertad de movimientos. En Renania no circulan más trenes que los de la Régie francesa, y la Régie no admite sino francos. Quien no tiene francos no se puede mover de casa. Quien quiere moverse, o necesita moverse y no tiene francos, debe comprarlos. ¿Dónde? Las casas de cambio nunca tienen. Los bancos tampoco. Pero la Bolsa negra está llena de francos, y de que la Bolsa negra esté llena de ellos se encargan, cómo no, los bancos y las casas de cambio. Detrás del mostrador, el robo se sujeta a unos límites que en la calle desaparecen. Los hombres con la camisa abierta y las mujeres con abrigos de pieles piden, por los francos que tienen, el precio que quieren, y la gente, indefensa, paga lo que le piden, porque el tren no espera a nadie. Un franco que vale en Berlín 25.000 millones de marcos vale en Bonn, en el momento de nuestra estancia aquí, 600.000, 700.000, 800.000 millones. El precio depende de lo negra que tenga el alma el «bolsista».

Moraleja: los separatistas son hombres con una gorra verde que dicen que si ellos ganan la Bolsa negra se habrá acabado. Y la gente, cansada y muerta de asco, piensa que ojalá...

Bonn, noviembre

[*La Veu de Catalunya*, 20-XI-1923]

DE LA ALEMANIA DE HOY

VON KAHR EXPLICA EL GOLPE DE ESTADO DE MÚNICH

Después de las escenas de gran espectáculo del Bürgerbräukeller; después de los tiros de revólver de Hitler y de los discursos encendidos de éste y de Ludendorff, de Poehner, de Sessler y del general Von Lossow; después de la constitución de aquel gobierno nacional que lo iba a arreglar todo, y de la formación de aquel nuevo ejército alemán que se lo iba a comer todo: Berlín, París, la Alsacia y la Lorena..., ha resultado que no había nada de eso. Ni nuevo gobierno, ni nuevo ejército, ni golpe de Estado. Todo ha sido una broma entre cuatro amigos, a fin de hacer pasar una velada entretenida a los forasteros.

Von Kahr, sentado ante una media luna de periodistas bávaros y extranjeros, lo asegura con una seriedad perfecta:

—No es necesario hablar de golpe de Estado—dice—. No ha habido golpe de Estado de ninguna clase en Múnich, ni en Baviera, ni en Alemania. Lo sucedido no es un golpe de Estado, sino un golpe de efecto. Un golpe de efecto de la juventud alocada. Hitler es un gran chico, pero no tiene paciencia. El general Ludendorff es un gran general, pero Hitler lo tiene dominado. Nosotros, yo, el general Von Lossow y el coronel Sessler, no tenemos nada que ver con lo que ocurrió. Cuando menos lo pensábamos, nos encontramos con una pistola en el pecho. Si no decíamos amén a todo, perdíamos la vida y se hundía la patria. Si hacíamos ademán de aceptar, salvábamos la patria y además la piel. Hicimos, pues, como que aceptábamos. En nuestro lugar, ustedes habrían hecho lo mismo.

Seguramente. Pero eso no significa que el señor Von Kahr, comisario general y dictador de Baviera, tal como lo tenemos delante, resulte un hombre simpático. Habla con las manos en los bolsillos y los ojos fijos en el suelo. Viste de negro de los pies a la cabeza; lleva una levita corta, una corbata que le tapa la camisa y un cuello recto, alto y ancho, que le oculta la sobarba y le roza los lóbulos de las orejas. Un bigote que parece postizo les resta a la boca y a la nariz cualquier tipo de carácter, y por encima de la frente estrecha y echada para atrás le caen, hasta la altura de las cejas, los mechones de una cabellera fina y sin aguante.

—Ha sucedido lo que ha sucedido—continúa diciendo—contra mi voluntad y a pesar de todas las medidas tomadas para evitarlo. El mismo día 8 de noviembre, por la tarde, tuve una última entrevista con los representantes de las asociaciones y ligas patrióticas. Estaba presente el general Ludendorff. Expliqué una vez más que, a mi entender, aún no había llegado la hora de lanzarse a la calle. En el norte de Alemania las cosas no están lo bastante maduras. Esta unidad, por ahora, no existe. Deben eliminarse muchos obstáculos, deben resolverse muchos conflictos, debe darse respuesta a muchos y graves interrogantes. La cuestión monárquica, clara en Baviera, plantea en el resto de Alemania problemas inquietantes y complejos. ¿Quién debe ser el emperador? ¿Es conveniente, o sólo posible, la restauración de todas las dinastías? Son muchos los patriotas de la Alemania del Norte que no dan ningún tipo de importancia a la cuestión monárquica. Hay otros que creen que el nombre del general Ludendorff, impopular en el extranjero, hace al movimiento nacionalista alemán más daño que otra cosa. Todos estos puntos deben esclarecerse antes de avanzar hacia una acción definitiva. Ésta es mi opinión, y una vez la hube expuesto y fundamentado, todos los presentes—Hitler y Ludendorff entre ellos—la aprobaron.

»Cinco horas más tarde, Hitler, faltando a su palabra, se presentaba en el Bürgerbräukeller, y con el revólver en la mano obligaba al general Von Lossow y al coronel Sessler, jefe de policía, y a mí mismo, a declararnos de acuerdo con la "revolución nacional", que él acababa de iniciar.

»Con nuestra aceptación momentánea del estado de hecho, que no podía representar ningún compromiso de honor porque nos era arrebatada por la fuerza, salvamos nuestras vidas y conservamos la libertad de movimientos necesaria para detener las maldades que iban a caer sobre Alemania. Eso ya está conseguido. El ejército es fiel al general Von Lossow. La policía es fiel al coronel Sessler. Y el general Von Lossow y el coronel Sessler me son fieles a mí. No puedo pedir más. El general Ludendorff ha sido detenido esta mañana, pero lo hemos vuelto a soltar enseguida porque ha prometido portarse bien. Hitler ha huido, pero lo cogeremos y lo castigaremos, porque lo que ha hecho no está bien. Yo estoy allí donde estaba y no me moveré así como así. Me he propuesto la tarea de expulsar de Alemania el "marxismus" y restaurar la monarquía. Colaboradores no me faltan. Entre todos llevamos ya mucho trabajo hecho, y el que queda no tardaremos en hacerlo. Lo principal es que nos dejen tranquilos.

«Este hombre es peligroso; dice lo que piensa», decía Thiers hablando de Bismarck, poco tiempo antes de que empezaran las guerras prusianas contra Austria, Dinamarca y Francia. Von Kahr pertenece a la clase de hombres que dicen lo que piensan y es ciertamente un personaje menos importante que Bismarck. Pero más peligroso que Hitler.

Múnich, noviembre

[*La Veu de Catalunya*, 23-XI-1923]

DE LA ALEMANIA DE HOY

ADOLF HITLER O LA NECEDAD DESENCADENADA

Pocas horas antes del golpe de Estado que debía convertirlo en dictador de Alemania por una noche, Adolf Hitler nos había concedido una entrevista que no dudamos en calificar de interesante. La actualidad nos ha obligado a ocuparnos, antes, de otros asuntos y a hablar de Hitler por otros motivos. Aun así, creemos que dejar inéditas las declaraciones que el futuro ex dictador de Alemania tuvo la amabilidad de hacernos sería una injusticia y una falta de consideración. Herido y encarcelado, Adolf Hitler sigue siendo para nosotros el mismo que, intacto y en libertad, era: el necio más sustancioso que, desde que estamos en el mundo, hemos tenido el gusto de conocer. Un necio cargado de empuje, de vitalidad, de energía; un necio sin medida ni freno. Un necio monumental, magnífico y destinado a hacer una carrera brillantísima. (De esto último él está aún más convencido que nosotros mismos.)

Adolf Hitler es el jefe del Partido Socialista Nacional; es el general en jefe de las organizaciones de combate del Partido Socialista Nacional; y es el verdadero director del periódico *Völkische Beobachter*—«El Observador Popular»—, órgano del Partido Socialista Nacional. Es joven: no tiene ni cuarenta años. En cuanto a la descripción del personaje, ya hemos tenido ocasión de hacerla una vez en estas mismas columnas. Es verdad que entonces no habíamos visto de Hitler más que un retrato. Pero ahora que lo hemos tenido delante, no sabríamos añadir ni una sola palabra. Entre la fotografía y el hombre, equivalencia absoluta. Se ve enseguida que Hitler es uno de esos hombres que han venido al mundo expresamente para hacerse retratar.

Nos recibe en su despacho del *Völkische Beobachter*. Lleva puesto un impermeable con la cruz germánica bordada en la bocamanga. No se quita la gorra. Saluda militarmente entrechocando los tacones. Toda la gente que entra y sale del despacho saluda del mismo modo. Hitler nos ofrece asiento y a continuación empieza a hablar:

—¿Españoles, eh? Dos españoles. —Vamos juntos Josep Pla y yo—. Muy bien, muy bien. Dos españoles...

Nosotros le dejamos hablar.

—Los españoles en Baviera tienen todas las puertas abiertas. Son los únicos extranjeros que pueden decirlo. Por los demás extranjeros profesamos muy poca simpatía. No los necesitamos ni los queremos, y en Múnich, gracias a Dios, se puede decir que ya no quedan. La mayor parte de los extranjeros que van por el mundo son judíos: ¿comprende? No hay que fiarse. Italianos, ingleses, rumanos, holandeses..., cada cual con su pasaporte. ¡Permítame que me ría! Todos judíos. Hace unos cuantos meses, pasearse por las calles de Múnich con cara de extranjero era peligroso, se lo confieso. La juventud estaba muy excitada y los garrotazos eran frecuentes. Usted mismo, con la nariz que tiene, no se habría escapado. De todos modos, declarando que era español, después del primer trompazo, nadie le hubiera propinado el segundo...

Hitler se ríe, y yo también, pero no tan a gusto como él.

—Era necesario, imprescindible—sigue diciendo, sin parar un segundo—, y todavía no hemos llegado a donde nos dirigimos. Ahora bien, ¿acaso vamos a llegar? Puede contar con ello. La cuestión judía es un cáncer que roe el organismo nacional germánico. Un cáncer político y social. Afortunadamente, los cánceres políticos y sociales no son una enfermedad incurable. Tenemos la extirpación. Si queremos que Alemania viva, debemos eliminar a los judíos...

—¿A garrotazos?

—Ojalá, si no hubiera tantos. El pogromo es una gran cosa, pero hoy por hoy ha perdido buena parte de su eficacia medieval. En la Edad Media no había problemas nacionales judíos. Sólo había una serie de problemas locales o municipales, y el pogromo era un método adecuado y suficiente para resolverlos. Pero ahora las cosas han cambiado. ¿Qué ganaríamos con apalear a la población judía de Múnich si en el resto de Alemania los judíos continuaran siendo, como ahora, los dueños del dinero y de la política? En toda Alemania hay más de un millón de judíos. ¿Qué quiere hacer? ¿Los quiere matar a todos en una noche? Sería la gran solución, evidentemente, y si eso pudiera ocurrir la salvación de Alemania estaría asegurada. Pero no es posible. Lo he estudiado de todas las maneras y no es posible. El mundo se nos echaría encima, en lugar de darnos las gracias, que es lo que debería hacer. El mundo no ha comprendido la importancia de la cuestión judía por la sencillísima razón de que el mundo está dominado por los judíos. ¿Lo va viendo claro, ahora? La cuestión judía es una cadena. Alemania, si no quiere morir, debe romper esta cadena. ¿Cómo? ¿De qué modo? Ya hemos visto que el pogromo no era posible. No queda sino la expulsión: la expulsión en masa. Con la expulsión de los judíos hace más de cuatro siglos, España...

—¿Cree usted que hizo un buen negocio?

—Le agradecería que me dejara hablar. España hizo un negocio desastroso. Pero ¿por qué? ¿Me quiere decir por qué? Los Reyes Católicos, permítame que se lo diga, no comprendieron el problema judío. Creyeron que era un problema religioso y dieron a los judíos el derecho de permanecer en España si se convertían al catolicismo. Se convirtieron más de la mitad. ¿Lo entiende? ¡Más de la mitad! Naturalmente. [*Tres líneas censuradas.*]¹ El problema judío, entérese de una vez por todas, no es religioso. Es un problema de raza. El modo de resolverlo es la expulsión. Pero la expulsión rigurosa de todos cuantos sean de raza judía, tanto los practicantes como los indiferentes y como los conversos. En Baviera las expulsiones de judíos ya han empezado, pero con timidez. Von Kahr expulsa, poco a poco, a todos los judíos que no son ciudadanos bávaros. Es muy poca cosa, pero hay que reconocer que no puede hacer más. Von Kahr tiene las manos atadas.

—¿Por quién, si se puede saber?

—Se va a quedar de piedra. El defensor principal de los judíos en Baviera es el arzobispo de Múnich, el cardenal Faulhaber. Un gran hombre, sabio, virtuoso, nacionalista y monárquico. Pero cardenal: ¿comprende? Cardenal y arzobispo y, por tanto, obligado a ejecutar las órdenes del Vaticano, es decir, de los judíos. El Vaticano

---

¹ Desde septiembre de 1923 existía en España la censura militar.

es el centro de las intrigas internacionales judías contra la liberación de la raza germánica. A nosotros esto nos consta positivamente, y, si le pudiera explicar todo lo que sé, vería visiones.

No hace ninguna falta que Hitler nos explique nada. Basta con que hable, porque lo admiramos. Sus ideas sobre el problema judío son claras y divertidísimas. Mañana tendremos ocasión de exponer sus concepciones económicas y políticas, que, como nuestros queridos lectores —y nosotros mismos— tendrán repetidas ocasiones de constatar, no tienen desperdicio.

Múnich, noviembre

[*La Veu de Catalunya*, 24-XI-1923]

LA INQUIETANTE PERIFERIA GERMÁNICA

COSAS DE BAVIERA: HITLER (MONÓLOGO)
por Josep Pla

Es difícil ver a Hitler. Como buen revolucionario es un hombre de vida irregular y de actividad constante y desquiciada. Pero para nosotros, ahora, es fácil. La fuerza moral que nos da, en esta situación bávara, pertenecer al estado español, nos lo facilita. La cuestión es ir a la redacción del periódico de Hitler y de entrada, delante del portero, ponerse a cantar el aria de nuestro dictador. En otro país lo tomarían a uno por necio, pero en Múnich se tolera todo esto y cualquier cosa con tal de que sea reaccionaria.

De la portería se pasa a la redacción y la cuestión es cantar siempre la alabanza de Primo de Rivera. No falla. Si no es un redactor, es otro quien dice que «los españoles son los únicos extranjeros bien vistos en Baviera». Nosotros nos lo vamos a dejar decir todo antes de romper el contacto con el rosario de redactores, antes de pasar por antirreaccionarios. Al final, el aria, a fuerza de ser cantada, se oxida un poco, uno pierde todo el día miserablemente—el día reaccionario de su vida—pero la puerta se abre y Hitler lo recibe a uno, si no con los brazos abiertos, por lo menos con una sonrisa en los labios.

La redacción de «El Observador Popular»—pues así se llama en español el papel hitleriano—es un campo de batalla. Uno constata que un campo de batalla reaccionario es, aproximadamente, igual que un campo de batalla revolucionario. Impera el mismo desorden, el mismo entrar y salir, las mismas cosas pintorescas, la misma inútil febrilidad. El campo de Hitler es, además, un campo lleno de elementos internacionales. El propio Hitler no es un alemán de tierra alemana, es un alemán de Bohemia. Sus lugartenientes principales son alemanes danubianos. Hay austriacos legitimistas, checoslovacos contrarios a Praga, húngaros partidarios del antiguo régimen. Uno cree estar en la redacción de un periódico y se encuentra en la casa de la raza.

La característica de Hitler es el impermeable. Es un impermeable vulgar, con cinturón y solapas grandes, pero parece el patrón del que han salido los impermeables vulgares, con solapas grandes y cinturón. En la manga,

Hitler lleva una gran cruz teutónica. Esta cruz, hoy, en Alemania, es el signo antijudío. Los judíos usan los dos triángulos superpuestos e invertidos. Los antijudíos usan una cruz con prolongaciones en los cuatro brazos que le confieren el aire de ser una cruz con cangilones.

—La situación política en Alemania—dice Hitler para empezar—es desde el punto de vista de la dignidad de nuestro partido, desde el punto de vista de la dignidad de la raza, verdaderamente intolerable. Nosotros estamos decididos a todo, menos a petrificarnos en este estado de vergüenza y de abyección. La guerra es preferible, infinitamente preferible, a la continuación de esta abyecta servidumbre. En todas partes del mundo han triunfado los hombres de orden, del puño de hierro, los patriotas, los verdaderos amigos de su país. Aquí estamos aún dominados por una serie de experimentadores siniestros, vendidos al extranjero, marxistas y judíos. Todo esto debe expelerse. Sobre todo, debemos resolver de una manera general, con una explosión en los cuatro puntos del Imperio, el problema judío. Este problema lo vamos a resolver con la expulsión en masa. Tenemos un precedente en lo que hizo España con los judíos. Nosotros, sin embargo, vamos a corregir la solución española. No vamos a dejar a los judíos la opción entre la conversión o la expulsión, como hizo España. No. Optamos por la expulsión pura y simple. Para España, el problema judío era un problema religioso; para nosotros, es un problema de raza. Aquí, en Baviera, ya se están expulsando a los judíos que no son ciudadanos bávaros. Es un primer paso para la expulsión general. No se nos oculta que la solución de este problema nos va a situar frente a fuerzas considerables. Con quien primero vamos a topar será con los católicos, siendo como es el Vaticano el defensor y el centro de todas las intrigas y de todo el movimiento judío internacional.

»Para nosotros—continúa diciendo Hitler—, esto es un problema de raza. Alemania debe ser gobernada por alemanes y con métodos germánicos. El marxismo es la negación de nuestro espíritu, que es antes que nada nacionalista y patriota. Nosotros somos socialistas, todos los problemas de la clase obrera nos interesan, porque son problemas germánicos, pero no creemos que estos problemas puedan tener otra solución que la antimarxista, esto es, que el nacionalismo. Nuestro partido se llama nacionalsocialista, nombre que se ajusta perfectamente a nuestra situación. Nada tenemos que decir contra los comunistas. Estamos en inmejorables relaciones con este partido. Los obreros comunistas no son germánicos impuros, porque el comunismo no es en Alemania un hecho antinatural. Contamos con los comunistas para triunfar. Por otra parte, somos partidarios decididos de la alianza con Rusia. Rusia está hoy gobernada por elementos marxistas. El papel de Alemania será expulsar del Gobierno del gran país del Este estos elementos, y hacer que en Rusia los elementos alógenos sean dominados por los elementos puros. Entonces habrá llegado la hora de hacer marchar paralelamente, hacia el grandioso porvenir que tienen abierto delante, al pueblo alemán y al pueblo ruso.

»La política que hoy se hace con nosotros—dice siempre Hitler, con un aplomo proporcional a su grosería desatada—tiene como finalidad el empobrecimiento moral y físico del pueblo alemán. Se nos quiere aniquilar. Al final de esta política no hay más que la guerra. Si Francia puede hacer lo que hace, es porque es un país instigado y financiado por los Estados Unidos. Inglaterra, en cambio, está cada día más de nuestra parte, y si no ha declarado ya la guerra a Francia es porque tiene miedo. Este nudo, empero, debe romperse, del mismo modo que se rompió el nudo de Napoleón. Para Alemania, la situación es exacta a la de 1803. Entonces también fuimos invadidos, y sólo la reacción y la decisión nos salvó. Alemania, si quiere salvarse, debe decidirse a repetir el golpe de 1803, aquel gran golpe que significó el despertar de nuestra raza.

Vuelve después Hitler a la situación interior y dice:

—Como partido que aspira a gobernar, el nuestro debe tener y tiene soluciones para los problemas inmediatos. El primer problema, hoy, es el de la carestía de la vida. La vida es más cara aquí que en los Estados Unidos. Si en un país que debe contar principalmente con la exportación, la vida es cara, entonces debe pagar mucho por la mano de obra. Y, en definitiva, no puede cumplir, porque se encuentra en situación de inferioridad. Nosotros queremos abaratar el coste de la vida, creando en toda Alemania una red de grandes almacenes, regidos por el Estado, nacionalizados. En estos grandes almacenes, el obrero, el pobre, tiene que encontrar a un precio bajo todo lo que necesite para vivir él y su familia. En Alemania hay muchos grandes almacenes, pero son de particulares o de firmas generalmente judías. De estos almacenes esperamos milagros de todo orden.

Hitler nos los explica. No los vamos a repetir, porque

el lector ya los conoce. Son los comprendidos dentro del anuncio: «género bueno y barato». Son los milagros del «artículo alemán».

Y éste es el monólogo de Hitler.

Múnich, noviembre

[*La Publicitat*, 28-XI-1923]

DE LA ALEMANIA DE HOY

UN CONSEJO DE AMIGO A LOS TENEDORES DE MARCOS

Pronto va a hacer un año que, yendo hacia Barcelona, me encontré en París a un amigo de Terrassa, fabricante y propietario de un montón de miles de marcos. Tal vez no de tantos miles como llevaba yo en el bolsillo a fin de poder tomar un taxi al volver de Berlín, pero, de todos modos, un puñado de miles de marcos que le habían costado otro puñado de miles de pesetas. Mi amigo ya había perdido una gran parte de las ilusiones que albergaba cuando hizo la compra de los marcos, pero aún tuvo coraje para pedir mi opinión. Yo le dije que el suyo me parecía un caso desesperado. Entonces mi amigo (que, como todas las personas que tienen asegurada la comida, da una gran importancia al dinero) me hizo una confesión:

—Sólo en Terrassa se han perdido tal vez más de cien

millones de pesetas. —Y, a continuación, una pregunta enternecedora—: ¿Dónde se ha metido toda esta cantidad de dinero?

Por toda respuesta le supliqué que mirara los zapatos que yo llevaba puestos y me dijera con toda franqueza si él no habría pagado 10 duros. Mi amigo tuvo la amabilidad de decirme que incluso 12, y después de esto yo no tuve ningún inconveniente en declararle que los zapatos que llevaba me habían costado 10 pesetas y que, por tanto, de los 100 millones perdidos en Terrassa, 50 pesetas por lo menos ya sabía dónde estaban. Al llegar a Barcelona, unos cuantos días más tarde, se me presentó repetidas veces la ocasión de aclararles las ideas a varios tenedores de marcos, explicándoles sencillamente que el traje que llevaba me había costado 7 duros, la camisa 9 reales y la corbata 35 céntimos, y que, por tanto, era tan difícil que volvieran a ver un céntimo como que yo me sacara la americana en medio de la calle para regalársela e indemnizarlos.

Era algo tan cantado que mucha gente, naturalmente, no quería creerlo. Cuando 100 marcos valían todavía una peseta y uno hablaba de vender a alguien que los hubiera pagado a 20, el interesado lo miraba a uno con cara de compasión. Los menos aficionados a hacerse ilusiones admitían, a lo sumo, la hipótesis de que de los marcos que tenían, ellos, personalmente, no iban a sacar nada. Pero no dudaban de que sus hijos acabarían cobrándolo todo. Y si no sus hijos, sus nietos. Alemania—decían—se restablecerá un día u otro. Alemania sí. Yo, por lo menos, así lo creo. Pero la moneda alemana es otra cuestión. Creer que el restablecimiento económico de Alemania deberá ir acompañado fatalmente de un restablecimiento de su moneda es como creer que basta con que el gerente del Banco de Barcelona coja el tifus y no se muera para que los acreedores puedan cobrar hasta el último céntimo. Esto último no se lo cree nadie. En cambio, aquello otro se lo han creído durante mucho tiempo innumerables personas que se creían despiertas. Y a base de este convencimiento, se está llevando a cabo actualmente, en España, una campaña periodística que, vista desde aquí, es una de las cosas más grotescas que pueda imaginarse.

Hay, asimismo, muchos catalanes, tenedores de marcos, que han llegado al día de hoy esperando que Alemania se restableciera y que el Banco los avisase para cobrar. Su constancia ha sido, al fin, premiada con la decisión tomada hace poco por el comisario alemán de la Moneda, que autoriza a los bancos a suprimir de su contabilidad los ceros inútiles y a dar por nulas las cuentas y depósitos inferiores a un millón de marcos. Si se considera que desde hace dos meses se necesitan *150.000 millones* para coger el tranvía, la decisión del comisario alemán debe parecer, por fuerza, justificadísima. Un millón de marcos hoy no es nada. Y como hoy no es nada, no hay ni la más remota probabilidad de que mañana o dentro de veinte años sea algo. Todos aquellos que compraron marcos y que, cuando todavía estaban a tiempo, no salvaron lo que pudieron invirtiéndolos en casas o en valores industriales, han perdido, a estas horas, hasta la camisa.

La disposición tomada por el comisario de la Moneda, doctor Schacht, no es sino una constatación de la realidad. No sabemos si, ante esta realidad, los catalanes tenedores de marcos se consideran también víctimas de una estafa. Hemos podido comprobar que un periódico de Madrid, uno de los más simples, defiende esta teoría de la estafa y está haciendo de ella, desde hace días, el motivo de una gran campaña periodística. *El Imparcial*, que durante su historia se ha especializado en la defensa de las causas perdidas, se convierte en campeón de los tenedores españoles de marcos. Dando una prueba más, que por cierto no era necesaria, de su incapacidad para ver claro, el periódico del señor Gasset propone la constitución de una gran organización española de estafados, a fin de obligar al directorio militar a hacer una reclamación diplomática y a llevar el asunto ante la Sociedad de las Naciones.

No podemos predecir el éxito que la campaña de *El Imparcial* va a conseguir. En Suecia, en Suiza, en los países donde, como en España, hay gente que se ha visto perjudicada o arruinada por el envilecimiento total del marco, no es concebible una campaña de esta naturaleza. Ningún gran periódico de un país como es debido se impone, así como así, la tarea de hacer el ridículo. Pero España no es precisamente Suiza, ni Suecia, y como *El Imparcial* es un periódico que en España tiene la influencia que se merece—es decir, mucha—, no sería extraño que gracias a su campaña los tenedores españoles de marcos se organizaran y el directorio militar se decidiera a acometer por la vía diplomática la defensa de sus intereses.

El general Primo de Rivera, con ese talento que Dios le ha dado, ha declarado que la autonomía sólo era admisible en las cuestiones administrativas. La cuestión que preocupa a *El Imparcial* es, evidentemente, una cuestión administrativa, y nosotros, por tanto, la vamos a tratar con un criterio autonómico. Comprendiendo que la situación de los catalanes que han comprado marcos y han perdido en la operación todo el dinero no tiene nada de agradable, sentimos mucho no poder darles ningún tipo de esperanza ni de consuelo. Lo único que podemos hacer, y lo hacemos con mucho gusto, es aconsejarles que no hagan caso de *El Imparcial* ni de nadie que se haga eco de la campaña de *El Imparcial*, y que no se adhieran a ninguna organización para la defensa de sus intereses, que no tienen defensa posible. Los tenedores españoles de marcos no tienen bastante con hacer el ridículo y se preparan para hacer el paripé. La ocasión es, pues, excelente para que los tenedores de marcos catalanes, y también los suecos, los suizos, los ingleses y los americanos, se queden en casa.

En otra crónica explicaremos las razones que nos inducen a dar este melancólico consejo.

Berlín, enero de 1924

[*La Veu de Catalunya*, 24-II-1924]

DE LA ALEMANIA DE HOY

QUIEN TIENE MARCOS NO TIENE NI TENDRÁ NUNCA NADA

Después de cuatro o cinco días de tener marcos durmiendo en el banco, el señor Gasset, director de *El Imparcial*, se da cuenta de que lo han estafado. El señor Gasset esperaba que los alemanes tendrían la bondad de trabajar como negros a fin de redondearle la fortuna, mientras él ejercía de ministro y de director de *El Imparcial*. O, por lo menos, confiaba en que los hombres de Estado europeos, antes de que la ruina de los tenedores de marcos españoles fuera completa, pondrían un buen remiendo a la situación. Pero nada de esto ha sucedido. Todavía no se ha remendado Europa y los alemanes dicen que bastante tienen con ocuparse de sí mismos. El señor Gasset tiene la misma sensación que si le hubieran robado la cartera en la plataforma de un tranvía (lo cual, entre paréntesis, no suele suceder sino a los bobos), grita «¡Ladrones!», y pide que la policía lo ayude. Y *El Imparcial* se enciende de indignación.

Hablamos del señor Gasset de un modo tan personal porque sabemos que el español no reacciona sino por lo que de una manera directa le afecta a la salud o al bolsillo. Si nuestra suposición es equivocada, lo que decimos se sostiene igual. Si no es un *estafado*, el señor Gasset es por lo menos un psicólogo que sabe con seguridad que su tesis será aceptada por todos los tenedores españoles de marcos y que, por tanto, su periódico, con la campaña que ha empezado, recobrará algo de popularidad, que buena falta le hace. Nosotros, ante la perspectiva de que se constituya una «Asociación nacional de tenedores de marcos», o algo por el estilo, y de que algunos catalanes se dejen liar, vamos a utilizar un lenguaje muy distinto del del señor Gasset.

¿Alemania ha *estafado* a los tenedores de marcos extranjeros? Admitámoslo sólo para poder decir que la culpa no es de Alemania, sino de los compradores de marcos. La debilitación de la moneda alemana ha sido una operación hecha a la luz del día. No ha habido ninguna ocultación. Se sabía perfectamente que Alemania tenía sobre la totalidad de su fortuna una primera hipoteca muy elevada. Que el presupuesto alemán ofrecía un déficit considerable. Se sabía que el Reichsbank aumentaba la circulación fiduciaria cada semana. Que dentro de Alemania un círculo poderosísimo de grandes industriales jugaba a la baja del marco. Se sabía todo esto y, sin embargo, se compraba marcos. Era para protegerse. Los primeros a cincuenta, los segundos a treinta, los terceros a diez, después a cinco, después a décima de entero, a milésima, a millonésima. Debe reconocerse que tanta constancia, tanta tozudez, eran merecedoras de un premio.

Ya lo tienen. Es la estabilización a un billón de marcos papel por marco oro. Nadie sabe aún si se va a hacer la conversión a este tipo. Algo sí es cierto: no hay ningún peligro de que se haga a un tipo más favorable.

¿El derecho de Alemania a hacer esta operación? Indiscutible. En agosto de 1914, tan pronto como fue declarada la guerra, el Gobierno alemán, por medio de un acto soberano, legítimo y PÚBLICO, relevó al Reichsbank de la obligación de redimir en oro sus billetes. Desde aquel momento, el marco quedó convertido en un trozo de papel, y todos cuantos compraron marcos sabían que compraban un trozo de papel, y lo hacían con la esperanza de que este trozo de papel se convirtiera otra vez, milagrosamente, en oro.

Decimos «milagrosamente» con toda la intención. Se ha dicho que la compra de marcos era una especulación. La inmensa mayoría de gente que en España ha comprado marcos tienen de especuladores, más o menos, lo que yo tengo de millonario. Es decir, nada. Los especuladores—Alemania ha estado apestada de ellos durante años, y de todas las procedencias—han hecho, en general, negocios excelentes con la baja del marco. Para obtener este resultado, los especuladores han hecho lo que todo especulador digno de este nombre hace: arriesgarse. La especulación es, ante todo, riesgo. Y la gente que en España ha comprado marcos es la gente más incapaz de arriesgarse del mundo. Compraron marcos no para ver si se hacían ricos, sino porque estaban seguros de hacerse ricos. Es gente que no se ha arriesgado nunca. Se ha arruinado, que es algo completamente distinto.

Y habrá sucedido con esta historia de los marcos, que es una de las historias españolas más jugosas y más entretenidas para el humorista, que precisamente los únicos que no lo habrán perdido todo habrán sido aquellos tenedores que supieron hacer frente a la pérdida y emprender un riesgo: los que, renunciando a la esperanza de que el papel se volviera oro, compraron, cuando todavía estaban a tiempo, casas o valores industriales.

En cuanto a la reclamación diplomática, si es que llega a formularse, tendrá el mismo éxito que hubiera tenido una reclamación diplomática alemana si las cosas hubieran sucedido al revés. ¿Qué dirían los tenedores españoles si el marco estuviera a la par y el Gobierno alemán no quisiera pagar a cada uno sino el precio por él pagado (hipótesis, por otra parte, técnicamente imposible)? Dirían que el Gobierno alemán es un gobierno de necios y tendrían razón. Pero, viendo que el marco ha desaparecido, *El Imparcial* no se priva de invitar al Directorio a reclamar, en nombre de los tenedores españoles, la diferencia. ¿Le va a hacer caso el Directorio? Yo, que soy un hombre que se ríe a gusto, prefiero no estar presente.

Berlín, enero de 1924

[*La Veu de Catalunya*, 28-II-1924]

DE ALEMANIA

UNA CONVERSACIÓN CON EL CANCILLER MARX

ALEMANIA Y EL INFORME DE LOS TÉCNICOS.
POLÍTICA INTERIOR Y POLÍTICA EXTERIOR.
POR LA PAZ, HACIA LA LIBERTAD

En medio de sus desgracias, Alemania tiene la gran suerte de contar con un partido como el Centro Católico, que es un partido moderado e independiente, de una moderación probada y de una independencia absoluta. Dentro del Estado alemán, el Centro Católico es una fuerza con todas las cualidades políticas que los modernos teorizantes de la monarquía atribuyen expresamente al poder real: permanencia, desinterés y hasta herencia, porque es evidente que el Centro Católico de hoy está formado, casi exclusivamente, por los hijos de los hombres que formaban el Centro Católico de hace veinticinco años y por los nietos de los que lo formaban hace cincuenta, algo que no nos atreveríamos a afirmar de la mayoría de las dinastías. Es un partido que no se propone hacer esto y lo otro, que no promete la luna y que puede mirar con tranquilidad hacia el futuro. Los miembros del partido son, como todos sabemos, los católicos alemanes, concentrados principalmente en el Rin, en Baden, en Silesia, en Westfalia y desperdigados por el resto del país. Es muy difícil que estos católicos dejen de ser miembros del Centro Católico, pues, a pesar de su imponente número, los católicos de Alemania constituyen una minoría religiosa con la obligación y las ganas de defenderse, y es natural que procuren organizarse como ciudadanos, a fin de tener la vida y la tranquilidad aseguradas como creyentes. La solidez de este gran partido político, organizado sobre la base de una importante minoría religiosa, ha sido hasta ahora formidable y todo permite creer que seguirá siéndolo. La fuerza política y parlamentaria del Centro Católico después de la revolución ha continuado tan fuerte como en tiempos del Imperio y todos prevén que en las próximas elecciones el centro será el único partido alemán que, sin perder ni ganar, conservará, más o menos, intactas sus posiciones. Es un partido inconmovible. Los miembros del partido trabajan para la gloria del cielo en la otra vida y eso hace que los jefes del partido, por su parte, no estén obligados, como los comunistas, los nacionalistas y los monárquicos, a prometer al elector la felicidad más completa para el mes que viene.

Si los alemanes, que son los inventores de la *Realpolitik*, tuvieran siquiera un poco de sentido de la realidad para los asuntos de política, al día siguiente de firmar el Tratado de Versalles habrían encargado al Centro Católico que les administrara los intereses durante una temporada larga: quince o veinte años por lo menos. En lugar de esto, han querido hacer probaturas de gobiernos socialistas, de golpes de Estado, de cancilleres pasivos y resistentes como el naviero Cuno, y el resultado ha sido desastroso. Si no se ha ido todo a pique y la situación todavía se aguanta, es sin duda por la voluntad de Dios y por la gracia de unos cuantos cancilleres católicos que, por circunstancias, han sido siempre cancilleres en el momento oportuno y han tenido suficiente talento, suficiente resignación, suficiente valor personal y suficiente sentido político para navegar contra viento y marea, para firmar los ultimatos que hicieran falta, para decir amén a todo y para creer que voluntad es vida y que mañana será otro día.

Alemania cuenta hoy, para fortuna suya, con uno de estos cancilleres. El doctor Marx es un católico renano, diputado por Düsseldorf, abogado y ex juez, que ya ha dicho adiós a la primera, a la segunda y a la tercera juventud, pero que todavía no se ha dejado quitar por los años ni un centímetro de su larga estatura. Habla con calma y dulzura, y con un aire de buena fe que da una excelente impresión. Lleva una levita negra, un cuello alto, recto y cerrado, y unas gafas de oro que no llegan a ocultar el cansancio de los ojos. Tiene la cabeza pequeña y blanca, y la piel suave y rosada. Si Alemania fuera un país pequeño, como Austria, y el canciller Marx pudiera salir a recorrer las capitales de Europa y tratar de llegar al corazón de los acreedores, como ha hecho el reverendo Seipel a cuenta de Austria, estoy seguro de que conseguiría un éxito decisivo. Pero Alemania sigue siendo un gran país—y que lo sea por muchos años—y sus gobernantes no pueden desempeñar ciertos papeles. Lo mismo da. El canciller Marx cumple sus funciones admirablemente. Quien ha visto Alemania el día que él llegó al Gobierno y quien la ve hoy debe reconocer que las cosas se han enderezado mucho y que cada día se enderezan un poco más. Puede defenderse, cómo no, la teoría de que el hombre que ha enderezado las cosas y las sigue enderezando no es el canciller Marx. Hay cierta clase de historiadores que se dedican a demostrar que la obra de Cromwell, Pitt, Napoleón, Disraeli, Cavour y Bismarck era la obra de unos señores admirables, imprecisos y verdaderamente extraordinarios, que no eran ni podían ser Cromwell, ni Napoleón, ni Pitt, ni Cavour, etc. Hoy esta escuela histórica resulta de una vacuidad intolerable. Uno tropieza con hombres que le guiñan el ojo y le aseguran que Lloyd George, Poincaré, Clemenceau, Macdonald—y no digamos el canciller Marx—son unos infelices y que todo el trabajo importante lo han hecho o lo hacen los técnicos. ¡Los técnicos! Un día hablaremos con calma de los técnicos. Hoy diremos tan sólo que los técnicos son el instrumento preferido del que se valen los políticos para aplazar las decisiones. El técnico se pone a trabajar cuando el político se lo dice; sufre crisis agudas de pereza y de actividad según las instrucciones que recibe del político; deja de trabajar cuando éste le dice que ya es suficiente. Y entonces el político, con una ligereza de bailarina, hace lo que se le pasa por la cabeza, y sus decisiones—y no el trabajo de los técnicos—constituyen una categoría muy importante de hechos históricos. El señor Hjalmar Schacht, director del Banco de

Alemania, no sólo es un técnico prodigioso, sino también un hombre con ideas políticas muy claras y razonables. Pregunten al señor Hjalmar Schacht si desea otra política que la del canciller Marx y le dirá que no. El canciller Marx es un hombre que de técnico no tiene nada. Lo único que tiene es la convicción de que la política razonable de su partido es la buena, y con esta convicción gobierna. Si mañana llegara un canciller tan poco técnico como el doctor Marx, pero con una convicción política contraria, toda la técnica del doctor Schacht no serviría de nada. Ni el doctor Schacht ni todos los técnicos de Alemania podrían impedir que se hundiera el marco renta.[1] Y si se hundiera el marco renta es probable que no sucediera gran cosa, porque los alemanes son una gente a la que ya lo mismo le da una catástrofe más o menos. Pero debido a esta proeza, la hora de cobrar, para Francia, se retrasaría tanto, tanto, que tal vez no llegaría nunca.

Escuchemos, pues, al canciller Marx, que es un hombre prudente, modesto y considerable, y que tiene siempre la puerta abierta para los periodistas.

—La decisión tomada por el Gobierno alemán—comienza diciendo—de aceptar, sin reservas de ningún tipo, el informe de los técnicos como base de discusión representa una gran responsabilidad y un gran sacrificio. Hay que tener en cuenta que, según cálculos oficiales, el

---

[1] Del alemán *Rentenmark*, denominación del nuevo marco, introducido el 15 de noviembre del 1923, equivalente a un billón de marcos antiguos.

valor de las prestaciones que Alemania debe realizar en concepto de reparaciones asciende a cincuenta y seis millones de marcos oro, sin contar más de cinco mil millones de marcos oro para los gastos de los ejércitos de ocupación y las comisiones de control de todo tipo que funcionan en territorio alemán. El informe Dawes[1] impone a Alemania nuevas y terribles obligaciones. Para cumplirlas durante los primeros cuatro años, que constituyen el llamado período de transición, Alemania deberá agotar sus últimas reservas de energía e intensificar el trabajo al máximo de su capacidad. No creo que nadie en el mundo esté hoy en situación de poder afirmar si, pasados estos cuatro años, cuando se entre en el período que el informe de los técnicos llama normal, Alemania podrá, a pesar de todo, realizar las prestaciones que el informe fija. Sea como fuere, el pueblo alemán está decidido a emprender esta tarea titánica con todo el entusiasmo de que es capaz, y el Gobierno que yo presido espera llegar a un acuerdo sobre la realización del plan de los técnicos. Nuestra tarea sería mucho menos pesada si no se nos hubiera ocultado una vez más la suma total que las naciones aliadas esperan de nosotros y que debería ser una suma que el mundo encontrara justa y que nosotros pudiéramos pagar. Esta incertidumbre crea en el pueblo el sentimiento de que su esclavitud económica jamás tendrá fin, y eso es malo. Pero, a pesar de todo, hemos aceptado el informe, y al hacerlo hemos dado una prueba más de la sinceridad con que Alemania está obli-

---

[1] El Plan Dawes—abril de 1924—presentó un nuevo programa para el pago de las reparaciones por parte del Gobierno alemán.

gada a cumplir sus responsabilidades dentro de los límites de su capacidad. Quiero señalar únicamente que Alemania, hace ya más de dos años, indicó que la mejor manera de hallar una base para la solución del problema de las reparaciones sería encargar a una comisión internacional de técnicos, de reconocida imparcialidad, la misión de investigar nuestra capacidad de pago. Es una lástima que entonces no se quisiera hacer caso de nuestra propuesta. Si hubiera sido aceptada, a estas horas la reconstrucción de Europa estaría mucho más avanzada.

—Puesto que el problema de las reparaciones es el principal elemento de discordia política que hay ahora en el mundo, ¿cuál cree usted que va a ser la influencia del informe de los técnicos sobre la situación política internacional?

—Es indudable que la situación política exterior ha mejorado en los últimos tiempos. Por primera vez después de muchos años, la voz de la razón ha conseguido hacerse oír y por primera vez vemos que el mundo no se tapa los oídos para no oírla. Desde que perdimos la guerra, hemos sido, durante años, arrastrados de conferencia en conferencia, ha caído sobre nosotros una lluvia de notas y de ultimatos y la miseria y la mala calidad de vida han sido en Alemania cada día más insoportables. Las consideraciones de la razón, los hechos económicos, han sido sacrificados a una política desatinada, y todas las manifestaciones de buena voluntad por nuestra parte eran sistemáticamente acusadas de entrañar una intención de falsedad y de malicia. Consideremos, pues, que un documento como el informe de los técnicos, al que nadie podrá negar la cualidad de haber sido dictado por un deseo sincero de juzgar objetivamente la capacidad económica de Alemania, representa un progreso esencial. Y, por eso, a pesar de la conciencia de que las obligaciones que se nos quieren imponer representan una carga enormemente gravosa, podemos rendir homenaje al espíritu que ha inspirado la tarea de los técnicos. Su informe puede convertirse en la piedra fundamental de un acuerdo que signifique una paz real durable.

—Se comenta la posibilidad de que en las próximas elecciones los partidos alemanes enemigos de la aceptación del informe de los técnicos consigan una gran victoria, cuyas consecuencias en el exterior serían incalculables. Frente a este hecho, ¿qué significación atribuye usted a la lucha electoral del cuatro de mayo?

—Los que tratan de explotar y de excitar el sentimiento nacional de la gran masa alemana para provocar el rechazo del informe de los técnicos y el resquebrajamiento del Tratado de Versalles merecen el calificativo de malos alemanes. Con su palabrería vacua y vocinglera atizan las pasiones, perturban los sentidos del pueblo y, con una ligereza criminal, lo empujan hacia nuevos sufrimientos. Contra estos enemigos internos, el pueblo alemán deberá y sabrá tomar una decisión el día cuatro de mayo. Ese día deberá decidir si quiere dar a su tierra, por medio del cumplimiento del deber, la paz y la libertad, o si prefiere seguir los consejos de gente irresponsable que quiere conducirlo de nuevo hacia una guerra que sería una locura. El próximo cuatro de mayo el pueblo alemán decidirá si está dispuesto a aceptar el informe de los técnicos a fin de devolver la libertad a nuestros hermanos del Rin y de la cuenca del Ruhr o si está dispuesto a rechazar los consejos de los eminentes economistas del comité Dawes, haciendo así imposible por mucho tiempo la solución del problema de las reparaciones y provocando un nuevo hundimiento de la moneda alemana. El día cuatro de mayo el pueblo alemán deberá decidir si quiere seguir practicando en el futuro una política razonable o si prefiere una política de frases y de aventuras que, por otra parte, no tardaría en terminar desastrosamente...

»Espero—dijo el canciller Marx para finalizar—la decisión del pueblo alemán con confianza. Pero repito en esta ocasión lo que he dicho otras veces: para resolver los graves y afilados problemas que la guerra ha dejado tras de sí, es necesario que el pueblo alemán acepte con plena libertad las responsabilidades que la pérdida de la guerra impone. Un pueblo de la importancia y de la tradición del alemán no puede someterse a un trabajo de esclavo; si lo hiciera, se rebajaría ante sí mismo, ante sus contemporáneos y ante la posteridad. Pedimos, pues, que se dé al pueblo alemán la consideración que le corresponde, pues mientras Alemania no pueda convivir con las demás naciones, gozando de los mismos derechos y dignidades que ellas, no podrá decirse que en el mundo reina la paz, ni habrá tratado que pueda servir de garantía para la seguridad de los estados. Nadie me podrá acusar de exagerado nacionalismo, pero por esta misma razón me siento más libre y con más derecho para declarar, con plena conciencia de mi responsabilidad, que de un pueblo alemán esclavizado, privado de libertad, nadie será capaz, a la larga, de sacar nada. Si el pueblo alemán reconoce, en cambio, que la tarea y las obligaciones que ahora le imponen los técnicos en su informe no representan la esclavitud, sino, al contrario, un trabajo de hombres libres para conseguir la libertad de Alemania, tengo la certeza de que no retrocederá ante el esfuerzo que se le pide, pues entonces sabrá cuál es el objeto y la recompensa de su trabajo y de sus sufrimientos. Paz y libertad: no queremos nada más. Por la libertad del Rin y de la cuenca del Ruhr no habrá ningún sacrificio, por grande que sea, que el pueblo alemán no esté dispuesto a hacer. Sin la seguridad de poder liberar a nuestros hermanos, todos los sacrificios resultarán insoportables.

Así ha hablado el canciller Marx. Yo creo que ha hablado como un libro, y celebraría que los lectores fueran del mismo parecer.

Berlín, abril

[*La Publicitat*, 2-v-1924]

ALEMANIA

EXPLICACIONES, EN LUGAR DE PRONÓSTICOS ELECTORALES

Pasado mañana son las elecciones alemanas. Es demasiado tarde para hacer pronósticos. Cuando se publique este artículo, el lector ya conocerá los resultados, por lo menos parcialmente, y los pronósticos no le van a hacer ninguna falta. Está claro que yo tengo mi idea de cómo irán las elecciones e incluso es cierto que he hecho una apuesta con un alemán que tiene una concepción distinta de la mía. Pero sería inocente e inútil que me arriesgara a hacer de profeta a estas alturas. Hace tres semanas, cuando yo no tenía aún el gusto de escribir en *La Publicitat*, un artículo de pronósticos electorales habría sido muy oportuno, muy interesante, y el lector lo hubiera leído con aquella agradable impresión de fomento de la cultura que producen siempre las estadísticas. Si con la llegada de las elecciones hubiera demostrado que me había equivocado por completo, hoy nadie me hubiera hecho reproche alguno, porque nadie se habría acordado. En cambio, si me arriesgara ahora al juego de las hipótesis y ofreciera al lector los medios para poder comparar mis estimaciones *a priori* con los resultados matemáticos del escrutinio, la menor divergencia entre mis cálculos y la realidad me acreditaría de simple y de desorientado, de hombre incapaz de ver las cosas claras y de saber lo que pasará mañana. En lugar de hacer pronósticos, voy a dar, pues, explicaciones, y tengo la esperanza de que, entre las cifras que habrá publicado el periódico estos días y las explicaciones que ahora le voy a dar, el lector podrá hacerse cargo de la importancia que pueda tener el resultado de las elecciones de diputados en el segundo Reichstag de la República alemana.

Existen, presencialmente, 23 partidos. Esto prueba que los alemanes son mucho más bromistas de lo que la gente piensa. Hay un Partido de los Arrendatarios que gustaría mucho a mi distinguido amigo señor Vilalta Comes. El 999 por mil de los arrendatarios no forman parte de este partido, naturalmente. Hay un Partido de la Reforma de la Tierra que desea convertir a todos los alemanes en propietarios. Está el partido de amigos de la viruela que lucha con el nombre de Partido de los Enemigos de la Vacuna. Está el partido del «apóstol» Luis Häusser, que es un hombre que se pasea por Unter den Linden y la Tauentzinstrasse con un hábito de peregrino y una cabellera impresionante. El «apóstol» Luis Häusser no tiene prestigio alguno entre los niños de Berlín, que lo persiguen, lo apedrean y se las hacen pasar moradas, pero, con todo, ha encontrado 500 electores mayores de edad que le han dado la firma para que pudiera presentar una lista de candidatos. Están el Partido de la Unión Económica de la Clase Media, el Partido Popular Polaco, el Partido Particularista Hannoveriano, el Partido Agrario Socialcristiano y el Partido de los Expropiados por la Desvalorización del Marco. Y, finalmente, los siete partidos que cuentan con suficientes electores para sacar más de cero, o más de dos o tres diputados. Estos siete partidos son: el Partido Alemán Racial, el Partido Alemán Nacional, el Partido Alemán Popular, el Partido Alemán Democrático, el Partido del Centro Católico, el Partido Socialista Unificado y el Partido Comunista.

No es necesario explicar la significación del Partido Comunista. Como todos los partidos comunistas, está muy bien relacionado con Moscú y los rusos tienen mucha influencia sobre él. Ha ganado mucho terreno durante los últimos meses, va a sacar bastantes diputados, pero, como su programa es la revolución y mientras la moneda se aguante no hay revolución posible, los comunistas no son para la política alemana un factor relevante. Su misión en el Reichstag será armar escándalo y no dejar hablar al general Ludendorff, con lo cual prestarán, sin proponérselo, un verdadero servicio a la patria.

Los socialistas unificados son partidarios sinceros del informe de los técnicos. Quieren paz y tranquilidad, entendimiento con Francia, con Inglaterra y con todo el mundo. Después de haber sido el partido organizado más fuerte del mundo y de haber ejercido durante cinco años una influencia dominante sobre la política alemana, hoy están muy debilitados. Han perdido gente, y, sobre todo, prestigio. Su falta de resolución y de firmeza como partido de gobierno es la causa de que, aun siendo todavía hoy el partido numéricamente más fuerte del país, su peso sobre las decisiones políticas sea completamente nulo. No parece probable que el resultado de las elecciones pueda provocar un cambio en la triste situación del Partido Socialista.

El Centro Católico y el Partido Alemán Demócrata son las dos organizaciones políticas donde se reúnen las fuerzas burguesas más o menos republicanas y de izquierda que pueda haber en Alemania. El noventa y nueve por ciento de la burguesía judía pertenece al Partido Democrático y ello hace que este partido tenga su capacidad de expansión muy limitada, pues, dejando de lado el antisemitismo frenético de los «raciales» y de los «nacionales», la simpatía del pueblo alemán, incluso del pueblo obrero, por los judíos es más bien escasa. En el Centro Católico hay republicanos sinceros y convencidos como el ex canciller Wirth, autor de la frase «El enemigo está a la derecha», pero el partido tiene también un ala conservadora, cuyo republicanismo es más bien tibio. Por otra parte, la característica política esencial del Centro Católico es la adaptabilidad.

Mención especial merece el modo en que el Partido Popular alemán—el partido de Stresemann—conduce la campaña electoral. Stresemann dijo un día que él era monárquico por tradición y republicano por reflexión. Su partido hace propaganda electoral como si fuera monárquico. Los carteles de propaganda van orlados con los colores de la bandera del Imperio y dicen que el partido tiene la esperanza puesta en la vuelta de un «emperador del pueblo». Es obvio que Stresemann y su partido se preparan para convertirse en los abogados del imperio constitucional. El hecho tiene importancia porque el Partido Popular representa la casi totalidad del capitalismo industrial y comercial de Alemania, y, sobre todo, porque Stresemann, después del asesinato de Rathenau y de la eliminación de Wirth, es el único temperamento político con cierto temple que ha dado este país.

No es necesario explicar mucho sobre el Partido Alemán Nacional, ni sobre el Partido Alemán Racial, porque son partidos, como el comunista, que con el nombre lo dicen todo. El primero es importante porque le respaldan las nueve décimas partes de los terratenientes. Es monárquico, por supuesto, pero monárquico de la vieja escuela prusiana. Cree que en Alemania todo se arreglaría con un nuevo Bismarck, y guiado por este pensamiento presenta para diputado a un nieto de Bismarck que también se llama Bismarck, pero que ya se ve desde ahora que no va a hacer nada. El Partido «Racial», que es el partido de Hitler y de Ludendorff (la adoración de ciertos alemanes por los generales derrotados es algo que da mucho que pensar sobre otro país), es importante porque cuenta con mucha gente dispuesta a organizar asesinatos, golpes de Estado y todo tipo de salvajadas. Políticamente los «raciales» son unos fantoches, pero como es innegable que esto de la raza, lo mismo que el antisemitismo, es algo que el pueblo alemán siente hasta cierto punto, sucede que tanto los «nacionales» como los «populares» han hecho gran parte de su propaganda con la terminología de los «raciales».

Resumiendo, porque si no no acabaríamos nunca. Si, como consecuencia de estas elecciones, los socialistas no consiguen convertirse otra vez en un factor de gobierno indispensable, la política alemana, sea cual fuere el resultado numérico de la batalla electoral, seguirá declinando hacia la derecha y la República irá decolorándose más aún de lo que ya está.

Berlín, mayo[1]

[*La Publicitat*, 9-V-1924]

DE ALEMANIA

LOS CONSERVADORES DESPUÉS DE LAS ELECCIONES

El gran éxito público de las elecciones alemanas ha sido para los comunistas. Todos, incluidos ellos mismos, pensaban que desempeñarían un buen papel, pero nadie

---

[1] Una nota del periódico asegura que el artículo fue «recibido con considerable retraso».

creía que llegaran a sacar más de 60 diputados y a tener cerca de cuatro millones de votos. En distritos como Düsseldorf los comunistas obtuvieron 8.000 votos el año 1920 y ahora han conseguido 225.000. En Berlín han obtenido casi tantos votos como los socialistas unificados y en Silesia, cuatro veces más. En Dresde, en Hamburgo, en Chemnitz y en la cuenca del Ruhr las votaciones comunistas han sido imponentes. Lo que ocurre, sin embargo, es que los comunistas, como todo el mundo sabe, se han comprometido a hacer la revolución, y la revolución es algo tan fácil o tan difícil de llevar a cabo con los 60 diputados que tienen ahora como con los 15 que tenían antes. Ya veremos, pues, si la hacen. De momento, más vale hablar de las elecciones alemanas como si no fueran a hacerla.

Y hablar de las elecciones quiere decir hablar de los conservadores, que ahora se llaman alemanes nacionales; pero son los herederos de las dos viejas ramas del Partido Conservador Prusiano con sucursales en todas las demás tierras germánicas. El Partido Nacional Alemán ha obtenido también un gran éxito. No ha ganado tanto terreno como los comunistas, es cierto, pero tampoco le hacía ninguna falta, porque como ya tenía 65 diputados ha tenido suficiente ahora con un aumento de votos del cincuenta por ciento para llegar a un centenar de diputados y convertirse en una fuerza parlamentaria tan importante como los socialistas; más importante, si se tiene en cuenta que los alemanes nacionales pueden contar con la ayuda de algunos grupos de dos o tres diputados cada uno, como los agrarios de Turingia, los agrarios de Wurtemberg, etc. Los nacionales alemanes, o conservadores, son un partido rico y han llevado la campaña con gran abundancia de medios materiales y, desde su punto de vista, con cierta habilidad. Una tercera parte de los votos que han obtenido, la tercera parte que constituye el aumento, viene de ex funcionarios del Estado, gente despedida durante estos últimos meses, otros funcionarios del Estado que no han sido despedidos pero que tienen miedo de serlo o que ven que con lo que ganan no pueden vivir, y de todo tipo de gente que ha quedado expropiada a consecuencia de la desvalorización del marco. Las otras dos terceras partes, que son los votos conservadores de siempre, proceden de los distritos rurales. Los terratenientes son todos conservadores y, aunque una parte de los obreros del campo están organizados y votan a los socialistas, la inmensa mayoría de los campesinos votan a los conservadores porque son sensibles a las formas benévolas y patriarcales de la corrupción electoral, que son las únicas que se practican en Alemania [*veinticinco líneas censuradas*]: reparto de cigarros, palmaditas en la espalda, cazuelas de arroz y vino escaso. Son votos fáciles, que se obtienen dando muy poco y sin necesidad de prometer nada. Para conquistar a la otra tercera parte, en cambio, los conservadores han tenido que prometer mucho: han prometido que volverían a contratar a los funcionarios despedidos, que subirían los sueldos de los funcionarios no despedidos hasta el nivel de antes de la guerra (actualmente apenas pasan de la mitad), y que devolverían el dinero a los expropiados, si no todo, por lo menos una buena parte. En cuanto al informe Dawes, han afirmado que se trataba de un plan maquiavélico para convertir al pueblo alemán en un pueblo de esclavos, y han asegurado al elector que si votaba a los alemanes nacionales no debía tener ningún miedo a la esclavitud porque ellos se proponían rechazar el informe Dawes de una manera radical y definitiva. Total: 100 diputados y más de seis millones de votos.

Los conservadores son los triunfadores políticos de la lucha electoral. Como no son revolucionarios y como, a pesar de ser monárquicos, no hacen del restablecimiento de la monarquía una cuestión previa, no les queda más remedio que ponerse a gobernar. Después de cinco años de oposición cómoda y sistemática, el Partido Nacional Alemán se encuentra de un día para otro con que no tiene más que alargar la mano para recibir el poder de manos del presidente Ebert, que, si no estamos equivocados, todavía es miembro del Partido Socialista. Todos reconocen la victoria de los conservadores y nadie se opone a su advenimiento. De las dos coaliciones posibles, la gran coalición hacia la izquierda entre los partidos burgueses moderados y los socialistas, y la gran coalición hacia la derecha entre los partidos burgueses moderados y los alemanes nacionales o conservadores, es esta última la que tiene más probabilidades de constituirse, la que puede encontrar más facilidades en el Parlamento gracias a la ayuda de los pequeños grupos, y la que con mayor exactitud refleja la tendencia de opinión que las elecciones han revelado.

No existe más que un inconveniente: el programa electoral de los conservadores. Ha sido un programa excelente para ganar votos, pero su aplicación ofrece importantes dificultades. Es uno de esos programas tan buenos, como puede ser el socialista, que sirven para llegar a gobernar pero que no sirven para gobernar. Si no fuera más que la reintegración de los funcionarios despedidos, la lluvia de los sueldos y la indemnización de los expropiados por la baja del marco, todo se arreglaría—todo se arreglaría, claro está, a base de no reintegrar a los despedidos, de no subir los sueldos y de no indemnizar a nadie—. Pero está el informe del comité Dawes. A una buena parte de los conservadores, y entre ellos a su jefe Hergt, que es un hombre muy parecido al marqués de Olérdola,[1] les gusta mucho figurar y se mueren de ganas de ser algo, cuanto antes mejor; están buscando el modo de explicar al elector que todo ha sido una broma y que el informe del comité Dawes, al fin y al cabo, no es tan malo. El señor Hergt ha dicho ya en unas declaraciones al *Lokal Anzeiger* que él era partidario de una política de «comprensión amplia» y que el informe Dawes podía ser aceptado con reservas. Por algo se empieza.

Pero otra parte del partido conservador, la integrada por la gente con menos luces, no está de acuerdo con la nueva dirección que le quiere dar el señor Hergt y pide la ejecución del programa electoral al pie de la letra. Como esto es una estupidez, si los conservadores intransigentes no ceden, Hergt no tendrá más que dos caminos: renunciar a gobernar a fin de conservar la integridad del partido, o gobernar y provocar la división del partido.

Berlín, mayo

[*La Publicitat*, 14-V-1924]

---

[1] Manuel Rius y Rius, marqués de Olérdola, abogado y propietario.

EN ALEMANIA

LAS ELECCIONES VISTAS DESDE BERLÍN

Ante el magnífico resultado de las elecciones, los demócratas y republicanos alemanes están algo avergonzados. Uno de los principales motivos que los demócratas y republicanos tenían para deplorar la victoria de los conservadores en las elecciones alemanas era la influencia que este triunfo había de tener, según ellos, sobre el curso de las elecciones en Francia. El triunfo de Tirpitz y de Hergt, y, detrás, de Ludendorff y de los «raciales», confirmaba las previsiones de Poincaré y debía contribuir, por tanto, a acreditar su política y a reforzar su posición. Hay que reconocer que este argumento es, en superficie, impecable. Los alemanes, que para los asuntos de política son una gente muy superficial, y es natural que lo sean porque les falta experiencia, lo aceptaron sin reservas. Se comprende. Los alemanes, interiormente, invertían el argumento y el orden de los hechos, imaginaban unas elecciones francesas ocho días antes de las elecciones alemanas, unas elecciones francesas en las que Poincaré y el Bloque Nacional obtenían un éxito clamoroso, y se preguntaban, de buena fe, qué clase de efecto habría tenido un acontecimiento semejante sobre el resultado de las elecciones alemanas ocho días después. No cabe duda alguna. Si Poincaré y el Bloque Nacional hubieran triunfado en Francia ocho días antes de las elecciones alemanas, la victoria electoral de los conservadores alemanes hubiera sido mucho mayor todavía de lo que ha sido, tanto que acaso les habría dado en el nuevo Reichstag la mayoría absoluta, que ahora no poseen ni de lejos.

Los alemanes, todos los alemanes, creían que el Bloque Nacional triunfaría. Los partidos políticos no tenían la menor duda de ello. ¡Y toma! El pueblo francés, que está curtido en asuntos de política, no se ha preocupado lo más mínimo del resultado de las elecciones alemanas y ha votado en masa al Bloque de las Izquierdas. De nada le ha servido al señor Poincaré ser el hombre más intensa y unánimemente odiado en Alemania. Los franceses se lo han quitado de encima sin pensárselo siquiera. Francia renuncia al honor especial de dejarse gobernar por el único hombre que ha tenido suficiente nervio para mantenerse durante trece años de preguerra, de guerra y de posguerra haciendo siempre la misma política inflexible. Ocho días después de haber triunfado Ludendorff, cae Poincaré y su caída no tiene nada de brillante. Durante dos años, muchos alemanes han dicho, y muchos se lo han creído de buena fe, que el señor Poincaré era la única causa de todos los males de Alemania y de todos los males de Europa. Y he aquí que esta causa de males desaparece de un día para otro y desaparece por voluntad del pueblo francés. No es de extrañar que la impresión que este hecho ha causado en Alemania resulte difícil de explicar. Ha sido, naturalmente, una impresión de alegría y hasta de entusiasmo. Pero la satisfacción habría sido mayor si el señor Poincaré, en lugar de ser derrotado en las elecciones, se hubiera muerto, se hubiera muerto de la gripe española o hubiera tenido la amabilidad de volverse loco como el señor Deschanel. Ahora la alegría llega mezclada con la estupefacción y, entre los demócratas y republicanos, las cristalizaciones de esta mezcla de sentimientos son, como ya hemos dicho, la confusión y la vergüenza. Al día siguiente de las elecciones francesas Theodor Wolf se desconsolaba en nombre de la democracia alemana y declaraba en el *Berliner Tageblatt* que la victoria de las derechas alemanas en el mismo momento en que en Francia triunfaban las izquierdas era una «calamidad».

Nosotros, por nuestra parte, no estamos tan seguros como el señor Wolf de que estos dos hechos casi simultáneos—avance de las derechas en Alemania, triunfo decisivo de las izquierdas en Francia—sean, en conjunto, una calamidad europea. Más bien tendemos a creer todo lo contrario. Hay que hacerse cargo de cuál es la actual disposición de ánimo de Alemania para poder comprender y creer—como yo creo—que el triunfo de los conservadores alemanes, un triunfo no absoluto ni decisivo, pero suficientemente grande para ponerles el gobierno en los morros, es un hecho satisfactorio y favorable para la paz de Europa durante los diez próximos años. Hace mucho tiempo que Alemania las pasa canutas y tiene el deseo firme, unánime y perfectamente comprensible de ver si esto se acaba. Es muy natural, por tanto, que si llegan unos señores diciendo que ellos tienen un remedio radical e infalible, estos señores adquieran inmediatamente gran prestigio y obtengan muchos votos en las elecciones. Es el caso de los comunistas y de los nacionalistas. Es difícil que los comunistas puedan hacer una aplicación práctica de su remedio porque en Alemania hay un ejército y un cuerpo de policía organizado militarmente lo bastante fuertes, por ahora, para ahogar cualquier levantamiento comunista en veinticuatro horas. Pero el caso de los nacionalistas es muy distinto. No es ningún secreto que la mayor parte de los jefes del ejército alemán son nacionalistas. Ante un golpe—un *Putsch*, como lo llamamos—de la derecha, menos grotesco que el de Kapp o el de Hitler, la actitud del ejército no sería ni mucho menos la misma que ante un golpe comunista.

¿La dictadura? Hay muchos alemanes que la piden, la creen posible y la consideran positiva. Estos alemanes nos tendrán que disculpar si les decimos que son unos ilusos: primero por pedirla, segundo por considerarla positiva, y—sobre todo—tercero, por creerla posible. La dictadura de derechas no la querrían los comunistas ni los sindicatos, no la querrían los judíos ni tampoco los católicos (cuatro millones de votos en las últimas elecciones), ni la querría Francia, ni Inglaterra, ni Bélgica, ni Italia. Pero si la dictadura en Alemania es, gracias a Dios, imposible, no lo es, ni mucho menos, la tentativa de la dictadura. Y esta tentativa habría sido inevitable si los avances de los nacionalistas alemanes en las últimas elecciones no hubieran sido tan importantes como fueron. Treinta diputados «raciales» en el Reichstag—cuya llegada era, en cualquier caso, segura—, los «nacionales» condenados a no salir de la oposición, y la aceptación del informe Dawes por una pequeña mayoría de partidos de centro y de socialdemócratas eran el golpe de Estado y el intento de dictadura cantados e inevitables.

Pero la victoria electoral abrió a los «nacionales» las puertas de la participación en el gobierno sin necesidad de haber ensayado el golpe de Estado con el concurso de los «raciales». Y ahora los franceses despiden con elegancia al señor Poincaré y dejan a los conservadores alemanes cara a cara con el informe del comité Dawes, que el Gobierno inglés ha aceptado sin reservas. Si el nuevo Gobierno francés hubiera obrado con un poco más de audacia y de generosidad, los conservadores alemanes tendrían que demostrar un gran talento, que hasta ahora han mantenido muy oculto, para no hacer el ridículo.

Berlín, mayo

[*La Publicitat*, 23-v-1924]

[DE ALEMANIA]

EL PLEBISCITO AUTONOMISTA DE HANNOVER

Ayer tuvo lugar en la provincia de Hannover el plebiscito previo para decidir si había que ir a la celebración de un plebiscito definitivo sobre la cuestión de la autonomía. Este plebiscito previo ha dado un resultado desfavorable al Partido Autonomista. Por ahora, pues, Hannover, en concreto la región noroeste de Hannover, seguirá siendo una provincia prusiana (el «gobernador civil» de la provincia de Hannover es el ex ministro de la Guerra socialista Noske) y la formación del estado de «Baja Sajonia» no pasará de proyecto. Pero como el plebiscito previo de ayer, a pesar de su resultado, o precisamente a causa de su resultado, no puede tener la última palabra sobre la cuestión «güelfa», vale la pena explicarlo y comentarlo brevemente.

El artículo 18 de la Constitución de Weimar regula el derecho de las regiones alemanas a determinar por su propia voluntad el estatuto que deben tener dentro de la unidad general del estado federal alemán. Cualquier provincia de cualquier estado federado (Prusia, Sajonia, Baviera, Brunswick, etc.) puede reclamar y obtener el derecho de dejar de ser una provincia y pasar a constituir otro estado federado. Para resolver asuntos de esta naturaleza, la Constitución de Weimar prescribe el método plebiscitario, con modalidades técnicas algo complicadas. En primer lugar, es necesario que sea reconocida legalmente la existencia de un deseo de autonomía entre los habitantes, y para que este deseo sea reconocido, basta con que 10.000 ciudadanos electores dirijan al Gobierno una demanda de plebiscito, demanda que no puede ser denegada bajo ningún concepto. Una vez presentada y concedida, se procede a la celebración de un plebiscito previo para decidir si hay que celebrar uno definitivo, el cual tiene lugar únicamente en el caso de que una tercera parte del censo electoral vote afirmativamente en el plebiscito previo. En el caso de que el plebiscito previo dé un resultado afirmativo, debe procederse de inmediato al plebiscito definitivo sobre la cuestión de fondo. En este segundo plebiscito es necesario, para que la proposición de autonomía sea aprobada, que voten afirmativamente las tres quintas partes de los electores inscritos en el censo. No es suficiente con la mayoría de votos emitidos. Es preciso reunir el asentimiento activo de una parte determinada del censo en los dos plebiscitos, el previo y el definitivo. Las abstenciones son votos en contra. Los partidos antiautonomistas han conducido la campaña al grito de «votad en contra o absteneos».

Los partidos antiautonomistas—comunistas, socialistas, católicos y populares alemanes—han ganado. No se conocían aún los datos definitivos en el momento en que escribo estas líneas, pero se calcula que a los autonomistas les faltarán unos 150.000 votos para llegar a la tercera parte del censo. No habrá necesidad, por ahora, de celebrar el plebiscito definitivo. Sin embargo, cabe remarcar, acerca de los progresos y el carácter del movimiento autonomista en Hannover, los siguientes hechos: el partido «güelfo» o autonomista tuvo en las recientes elecciones al Reichstag un aumento apreciable de votos en comparación con las elecciones precedentes. Tenía cuatro diputados en el antiguo Reichstag; tendrá cinco en el nuevo. El número de votos emitidos a favor de la autonomía en el plebiscito previo que acaba de tener lugar es, según los resultados que hasta el momento se tienen, superior en el cincuenta por ciento al número de sufragios recogidos por el partido «güelfo» en las elecciones por el Reichstag. El partido «güelfo» tuvo algo más de 300.000 votos; se prevé que los votos a favor de la autonomía serán unos 450.000. El partido «güelfo» es reaccionario, monárquico y agrario. El resultado del plebiscito prueba, sin embargo, que hay un numeroso grupo de ciudadanos de otras ideas que son favorables a la solución autonomista. El jefe de los autonomistas izquierdistas de Hannover es el conde Bernstorff, diputado democrático en el Reichstag y ex embajador de Alemania en los Estados Unidos.

Berlín, 19 de mayo

[*La Publicitat*, 25-V-1924]

ALEMANIA

EL PARLAMENTO, LA CRISIS Y LA CONSTITUCIÓN DEL SEÑOR PREUSS

El Parlamento alemán es un Parlamento de tira y afloja. Tantos electores que votan a tantos diputados. Un diputado por cada 60.000 votos emitidos. El próximo Reichstag tendrá 470 diputados. Si el lector tiene afición a la estadística y quiere saber cuántos electores votaron en las últimas elecciones alemanas sólo tiene que coger un lápiz y lo sabrá enseguida. Es una sencilla regla de tres.

Ante el nuevo Reichstag, el panorama es de una nitidez extraordinaria: una situación interior más bien satisfactoria, pero excesivamente frágil; una situación exterior dominada por el informe del comité Dawes. A estas alturas parece que nadie en Alemania debería tener derecho a permitirse el lujo de dudar y hacer aspavientos. La inteligencia internacional sobre las bases del informe de los peritos es la consolidación de la moneda alemana a largo plazo, es la tranquilidad, es la posibilidad de que los alemanes puedan volver a arreglar un tingladillo por el mundo y, más tarde, si todo va bien, un tingladazo. El rechazo del informe de los técnicos por parte de Alemania supone el hundimiento del marco renta, una nueva crisis de pobreza, la inquietud, la desazón y la negra noche. La tarea del nuevo Reichstag no debería ofrecer, de momento, ninguna clase de dificultad. Debería limitarse a sostener un gobierno como el difunto Gobierno Marx-Stresemann, dispuesto a aceptar sin reservas el informe del general Dawes y a cobrar, cuanto antes mejor, los 800 millones de marcos oro del empréstito internacional, que es de lo que se trata o, por lo menos, de lo que debería tratarse.

La mayoría de los 470 diputados del nuevo Reichstag son favorables al informe de los técnicos. Los tres partidos representados en el gobierno Marx-Stresemann tienen 138 diputados: 45 el Partido Popular, 65 el Centro Católico y 28 los demócratas. El Partido Socialista tiene 100 diputados. Son, en conjunto, 238 contra 232 diputados de todos los demás partidos juntos, desde los comunistas hasta los «raciales». Es cierto que la mayor parte de estos 232 diputados no son muy, o nada, amigos del informe de los técnicos: los comunistas por principio, los «raciales» por pura demencia y los nacionalistas porque dijeron que lo eran durante la campaña electoral. Estos tres partidos sumaban 194 diputados. Pero de los 38 diputados que quedan, por lo menos una docena de hannoverianos, bávaros independientes, «económicos», etcétera, están dispuestos a aceptar el informe. Un gobierno de centro que hiciera del informe Dawes su programa podría contar, pues, en el nuevo Reichstag, con 250 diputados, es decir, con una mayoría de 30 votos.

Este gobierno de centro que proponemos habría podido ser el mismo gabinete Marx-Stresemann sin ningún tipo de modificación. Sin necesidad de entrar en colaboración ministerial con los socialistas, porque después del retroceso sufrido por el Partido Socialista en las elecciones, su entrada en el gobierno podría tomarse como una provocación a los nacionalistas victoriosos. Pero los socialistas lo habrían ayudado desde fuera con una docilidad perfecta, pues los socialistas, si hoy no tienen autoridad moral para gobernar, sí tienen más de seis millones de votos, conservan una influencia decisiva en la mayoría de los sindicatos obreros y constituyen, todavía, el partido más fuerte de Alemania. Habría sido una solución admirable y de un parlamentarismo acabado que habría interpretado de una manera exacta el resultado de las elecciones.

Pero estas soluciones agradables y parlamentarias en Alemania no son posibles. El Gobierno Marx-Stresemann se ha retirado sin osar presentarse en el Parlamento. Durante los diez últimos días hemos asistido al extravagante espectáculo de un Gobierno con un programa y una mayoría en el Parlamento favorable a este programa negociando un día tras otro con un partido que no aceptaba el programa del Gobierno para ver si era posible formar un nuevo Gobierno que dispusiera en el Parlamento de una mayoría dispuesta a votar un programa idéntico al del Gobierno que quería dimitir. El Gobierno Marx-Stresemann se había propuesto resolver este entramado absurdo antes de la reunión del Parlamento, pero fracasó—no es extraño—, y presentó la dimisión la víspera de la primera sesión del Reichstag. Ahora tenemos Parlamento desde hace tres días, pero no tenemos Gobierno. El presidente de la República ha encargado al doctor Marx que forme uno nuevo, pero nadie sabe cuándo estará listo. Mientras escribo, las negociaciones continúan y la finalidad que se persigue es siempre la misma: formar con enemigos del informe Dawes una mayoría dispuesta a votar la aceptación del informe Dawes.

La cuestión de los candidatos, importantísima siempre, ha tenido y tiene en esta crisis alemana un peso decisivo. Los nacionalistas la han llevado a primer término con una franqueza y un empuje formidables. Durante diez días han mantenido la candidatura del almirante Tirpitz para canciller, y ayer se decía que todavía no habían perdido la esperanza de imponerla. El almirante Tirpitz es un hombre de setenta y cinco años, con una gran barba y un aspecto de pobre vergonzante bien vestido, que nos recuerda al ex diputado por Vilafranca del Penedès y consecuente monárquico José Zulueta.[1] Según parece, en el extranjero su candidatura ha sido muy mal recibida por motivos fáciles de comprender. Sería, con todo, injusto creer que los nacionalistas han presentado esta candidatura por razones de política interior y, en concreto, por razones de partido. Los jefes del Partido Nacional Alemán, Hergt, Wallraf, Lange, etcétera, ven la necesidad y la conveniencia de aceptar el informe de los peritos [*cuatro líneas censuradas*], y los que lo forman, con una buena fe más digna y propia de electores que de elegidos,

---

[1] José Zulueta Gomis (Barcelona, 1858-1925). Diputado en las Cortes por Vilafranca del Penedès (1903-1923) en representación del Partido Reformista. Escribió sobre temas agrícolas. Fue presidente de la Lliga de Productors de Catalunya y de la Agrupació Mútua del Comerç i de la Indústria.

piden que el informe de los peritos sea rechazado en bloque, tal como se hacía en las reuniones de propaganda electoral. Eso quiere decir que, al día siguiente de la victoria, la unidad del partido está amenazada de muerte, y, según parece, el almirante Tirpitz, convencido de que hay que aceptar el informe de los peritos, es la única figura con suficiente autoridad moral para hacer al mismo tiempo la política de Hergt y evitar la división del partido. Tirpitz, canciller, sería, pues, una especie de gigante llevado por Hergt y seguido con fidelidad infantil por los 100 diputados del Partido Nacional Alemán. Esta combinación de Hergt fracasó por culpa de los demócratas y, sobre todo, de los católicos, y ahora los alemanes nacionalistas se vengan vetando a Stresemann, que no es católico ni demócrata. Quieren que el Ministerio de Asuntos Exteriores lo ocupe un diplomático de carrera. El partido de Stresemann no quiere sacrificar a su jefe, como es de suponer, y el canciller Marx a estas horas suda la gota gorda y no acaba de alinear su segundo gabinete.

De todo lo que he dicho, y de muchas cosas más que podría añadir, tiene la culpa la Constitución del señor Preuss aprobada por la Asamblea Nacional de Weimar el año 1919. El señor Preuss, que en cuestiones de derecho político y administrativo es un especialista excelente, hizo, con la colaboración de unos cuantos amigos, una Constitución tan admirablemente escrita y pensada que no sirve para nada. Es una Constitución donde todo está previsto, todo está regulado y todo está admirablemente resuelto. Una de las partes más admirables de esta Constitución modelo es la parte que trata de cómo se pueden aprobar leyes que no estén de acuerdo con la Constitución. Es muy sencillo: basta con reunir una mayoría de dos tercios de los votantes, en una sesión del Reichstag donde estén presentes por lo menos las dos terceras partes de los diputados. Si no es posible reunir esta mayoría, la Constitución del señor Preuss permanece inalterable. Reunida esta mayoría, la Constitución del señor Preuss puede ser objeto de profundas renovaciones mensuales, semanales y diarias.

Lo que no previó el señor Preuss, sin embargo, fue la posibilidad de que un día hiciera falta reformar la Constitución y no fuera posible reunir el número constitucional de votos necesarios para reformarla, que es lo que está pasando ahora. El informe de los técnicos cuenta con una mayoría de diputados que le son favorables, pero esta mayoría suficiente en Inglaterra y en Francia para aprobar el informe Dawes y cosas más importantes, en Alemania no sirve de nada porque no llega a ser la mayoría constitucional necesaria para reformar la Constitución del señor Preuss. Añadimos, para redondear esta información, que en Alemania no se puede hacer nada importante si no es reformando la Constitución, y que si se trata, por ejemplo, de realizar—es un decir—el plan de reparaciones de los técnicos, es necesario que el Reichstag apruebe como mínimo diez leyes reformadoras de la Constitución. Y el canciller Marx, para hacer aprobar el informe de los peritos según la Constitución, no puede pasar sin el concurso de los nacionales alemanes, que no son amigos ni del informe de los peritos ni de la Constitución del señor Preuss.

Berlín, mayo

[*La Publicitat*, 4-VI-1924]

DE ALEMANIA

EL GENERAL VON SEECKT

Se acaba de celebrar en Berlín la vista de una causa contra dos señores muy patriotas y muy «raciales», llamados Thormann y Grandel, a los que se acusaba de haberse propuesto la «eliminación» del general Von Seeckt, jefe del ejército alemán, y de haber dado pasos muy decididos para llevarla a cabo. Decir eliminación quiere decir asesinato. A asesinar, los «raciales» alemanes lo llaman eliminar. Eisner, Tretzberger, Haase y Rathenau fueron eliminados—y no asesinados como se ha divulgado en el extranjero con una mala intención evidente—. Los señores Thormann y Grandel, decididos a eliminar al general, pero faltos de valor para hacerlo ellos mismos, se presentaron en el Secretariado del Partido Racial en Berlín, y preguntaron si disponían de un «eliminador» joven y decidido para hacer el trabajo sucio. El plan lo llevaban ya trazado: el general Von Seeckt tiene la costumbre de practicar un par de horas de equitación antes de ir al Ministerio; lo único que el eliminador debía hacer era sacar un abono de equitación en el mismo *Tattersall* que el general Von Seeckt y pegarle un par de tiros cuando estuviera haciendo evoluciones por la pista. Operación fácil y ecuestre. En el Secretariado del Partido Racial los señores Thormann y Grandel fueron recibidos por el señor Tattenborn, el cual, después de felicitarlos por la brillante ocurrencia que habían tenido, les dijo que podía recomendarles un eliminador magnífico, hombre con mucho estómago y buen caballista, llamado Kopke. En la primera reunión, Kopke dijo que todo le parecía muy bien, pero que no disponía de pantalones de montar. Los señores Thormann y Grandel le compraron unos elegantes pantalones de montar, y le dieron 80 dólares. Quedó fijado el día de la eliminación. En la terraza del café Josty, que es un café de la Potsdamer Platz lleno desde la mañana hasta el anochecer de chicas rubias que esperan a Lohengrin, Thormann y Grandel esperaban a Tattenborn, quien debía presenciar el espectáculo desde lejos y comunicar el resultado de la operación.

Tattenborn se presentó a la hora convenida, pero detrás de él iban tres inspectores de policía, prevenidos por el propio Tattenborn, que detuvieron a los señores Thormann y Grandel.

Entretanto, el general Von Seeckt hacía evolucionar el caballo con la más perfecta inocencia, y el señor Kopke, con los 80 dólares y los pantalones de montar, iba de compras por la Leipzigerstrasse, que es como la calle Ferran[1] de Berlín. Al fin y al cabo, todo muy risible, pero los señores Thormann y Grandel tenían malas intenciones.

Ahora, como ya hemos dicho, se acaba de celebrar la vista de la causa, y el Tribunal, después de diez días de debates, ha reconocido que la intención de eliminar a Von Seeckt por parte de los señores Thormann y Grandel no podía ser más clara, pero ha declarado, al mismo tiempo, que se veía obligado a absolverlos. El Tribunal

---

[1] Calle emblemática del casco antiguo de Barcelona que parte de la Plaça Sant Jaume, centro histórico de la ciudad, donde se encuentran la Generalitat y el Ayuntamiento, y va a dar a La Rambla actual.

dice que los preparativos de los señores Thormann y Grandel para eliminar a Von Seeckt se habían limitado a comprar pantalones de montar a terceras personas que jamás habían tenido la intención de eliminar al general Von Seeckt. Parece que eso, según el Código alemán, no es delito. En la apreciación del veredicto, la prensa se ha dividido. Los periódicos de la izquierda—el general Von Seeckt es un hombre de derechas, pero no «racial»—opinan que los jueces del Tribunal eran unos juerguistas disfrazados. Los periódicos raciales, que el veredicto era precioso. El fiscal ha pedido la revisión del proceso, pero no se sabe todavía si la van a conceder.

Lo mismo da. Los personajes principales del proceso no han sido los acusados, y el interés ha sido sobre todo político. En la sala del Tribunal han sido evocadas las semanas de fiebre y de conmoción del otoño del año pasado, cuando el marco valía cada día la mitad menos que el día anterior, y la gente iba por la calle echando el bofe. Fue la época de la gran campaña a favor de la dictadura, con el grotesco espectáculo del golpe de Estado de Hitler y Ludendorff. El organizador de la campaña en el norte de Alemania era un tal señor Class, abogado y presidente de una Federación muy importante de asociaciones patrióticas. Este señor iba y venía entonces de Múnich a Berlín tres veces por semana y gozaba en Baviera de una gran popularidad.

Uno de los acusados de haber querido asesinar al general Von Seeckt—el señor Grandel—tuvo la debilidad o la sinceridad de declarar un día al juez de instrucción que la malicia que lo condujo hacia el general Von Seeckt venía de haber oído decir al abogado Class que el general era un mal alemán, y que era preciso eliminarlo. Acusado como quien dice de instigador del crimen, el abogado Class [*cuatro líneas censuradas*] se ha visto obligado a explicarse, y ha declarado, como es de suponer, que él jamás había dicho semejante cosa. Y como, además de decirlo, lo ha jurado, y la ley alemana en lo tocante al juramento es muy medieval, el Tribunal se lo ha creído. Pero, para justificarse, el abogado Class ha hablado, y así hablando no ha tenido más remedio que explicarnos algo de lo que hacía en otoño del año pasado. [*Nueve líneas censuradas.*] El general Von Seeckt ha sido llamado a declarar durante el proceso, y su declaración ha sido sencillamente brillante. No ha querido declarar a puerta cerrada. No ha querido decir una palabra sobre el complot para asesinarlo. Pero ha querido dar su opinión sobre el abogado Class. [*Ocho líneas censuradas.*] El general Von Seeckt es un señor muy importante, del que volveremos a hablar en más de una ocasión.

Berlín, junio

[*La Publicitat*, 21-VI-1924]

LOS MONÁRQUICOS RUSOS SE PONEN EN EVIDENCIA

Desde hace tres días los periódicos de Berlín vuelven a ocuparse de los monárquicos rusos. Estos señores—y señoras—, después de un largo silencio, han dado otra vez señales de vida: han celebrado una reunión en el primer piso de una cervecería de lujo, y han organizado una suscripción a fin de engrosar el tesoro político del gran duque Nicolás, el cual, según parece, se ha decidido a tomar el mando activo del movimiento monárquico entre los emigrados rusos.

El gran duque Nicolás hace constar que él no pretende la Corona. Si se la ofrecen hará el sacrificio de aceptarla, naturalmente. Pero no es un pretendiente en sentido estricto como, por ejemplo, don Jaime de Borbón o el vizconde de Güell. El pretendiente declarado a la Corona de Rusia es el gran duque Cirilo, que también vive en la Costa Azul, como el gran duque Nicolás. Tanto el uno como el otro duermen de día y cuando cae la noche empiezan a dedicarse a la alta política. El gran duque Cirilo es un pretendiente de toda la vida. Al día siguiente de la revolución y del destronamiento de Nicolás II, el gran duque Cirilo, con una flor roja en el ojal, se presentó en el Palacio de la Duma, y desde los escalones de la puerta principal pronunció un discurso revolucionario, ofreciéndose al pueblo para todo cuanto conviniera. El pueblo, con un instinto magnífico, le contestó que saliera de en medio si no quería salir perjudicado. El gran duque Cirilo, prudente y desilusionado, emprendió la retirada y no se detuvo hasta Montecarlo. Tiene pocos partidarios, pero alegres y bien vestidos.

El gran duque Nicolás, célebre durante la guerra por la persistencia de sus retiradas ante los alemanes, tiene más partidarios que el gran duque Cirilo. En Berlín todos los monárquicos rusos están con él. El jefe de los monárquicos rusos de Berlín y de Alemania es el señor

Martov, personaje de la categoría intelectual y moral del barón de Viver.[1]

La reunión magna celebrada en la cervecería Flugverbandhaus fue presidida por el conde Krüdner-Strüwe, enviado especial del gran duque Nicolás, quien pronunció un discurso muy hermoso, escrito por Martov, advirtiendo que había que prepararse porque la República de los Soviets estaba a punto de venirse abajo, y el pueblo ruso, cansado de soportar la tiranía roja, no tenía otro deseo que guarecerse moralmente bajo la capa del gran duque Nicolás, el cual... etcétera, etcétera. Después de esto, pasó la bandeja en nombre del gran duque Nicolás.

Estos monárquicos rusos que ahora vuelven a ponerse en evidencia, dando pruebas de lo ridículo de un valor que no demostraron ni ante Mackensen ni ante la revolución ni ante los bolchevistas, son una gente atroz y despreciable que, después de haber estafado—les viene de herencia—al pueblo ruso, han estafado, valiéndose de políticos conservadores vanidosos o limitados, como Churchill y Millerand, al pueblo inglés y al francés, en particular, y a toda Europa, en general. Las expediciones de Koltchak, Judenitch, Denikin y Wrangel han costado cientos de millones al comercio de todo el mundo. A estas horas, los despojos del ejército Wrangel viven en Serbia explotando de una manera indigna el agradecimiento elemental de los serbios a la vieja Rusia, que los ayudó a conquistar la libertad.

En la Costa Azul y en las grandes ciudades, en París,

---

[1] Darío Romeu Freixa, segundo barón de Viver (Barcelona, 1886-1970). Prestó apoyo a la dictadura de Primo de Rivera. Fue alcalde de Barcelona (1925-1929).

en Londres, en Viena, en Estocolmo, en Praga y, sobre todo, en Berlín, vive la crema de los emigrados monárquicos. Es gente que se da la gran vida: los hombres son altos y lustrosos, llevan monóculo y brazaletes, y tienen el aire de caballos de carreras; de las mujeres no diré—como un día dijo el señor Escofet, de *La Vanguardia*—que tienen «la agilidad de los peces del Volga», pero llevan encima unas riadas de diamantes que dañan la vista, tienen el alma esclava y tendrían el cuerpo envidiable si no fuera porque suelen llevar las uñas terriblemente teñidas de color rosa y la nuca un poco sucia.

En los restaurantes caros y cabarés de lujo, el emigrado ruso se distingue por la afición a romper loza y porque mezcla el salmón frío con el queso de Roquefort, come un cebollón sin aliñar después de haber tomado un helado de fresa y un café con leche, y bebe champán y vodka, alternativamente, durante seis horas seguidas, las mujeres lo mismo que los hombres.

Todo este mundo, cuando consigue despertar, se dedica a la política. Su ideal es poder llevar esta vida seis meses en Berlín y seis meses en Petrogrado, en lugar de verse obligado a llevarla todo el año en Berlín. Pero mientras Rusia sea una República federativa de Soviets, este ideal es irrealizable. Por cosas así, la monarquía es imprescindible e insustituible. Hay muchos poetas líricos de una gran sensibilidad que han visto muy claro esto. Los exiliados rusos monárquicos lo ven todavía más claro que los poetas líricos.

Al día siguiente de la reunión en la cervecería, el señor Martov recibió a los periodistas en un lujoso piso que olía a almizcle para confirmarles que esta vez iba de veras, que Inglaterra e Italia habían hecho un disparate reconociendo el Gobierno de los Soviets, y que ahora Herriot se preparaba para hacer otro mayor. Según el señor Martov, el gran duque Nicolás tiene las cosas organizadas de manera que no le puedan fallar. El pueblo ruso le está llamando a gritos. Estos gritos no los oye nadie más que el gran duque Nicolás y unas cuantas personas de su círculo, pero eso no quiere decir nada. Son unos gritos de dolor y de esperanza, y el gran duque Nicolás, que es un hombre a quien, cuando piensa en el pueblo ruso después de las doce de la noche, se le caen las lágrimas, ha declarado que estos gritos no lo dejaban dormir y que aceptaba la dirección de las fuerzas monárquicas.

El gran duque Nicolás—repitió el señor Martov—no es pretendiente a la Corona. ¿Quién va a ser el futuro emperador? Nadie puede decirlo. Es posible que el hombre con más derechos legítimos a la Corona sea, en efecto, el gran duque Cirilo. Ya lo veremos. El gran duque Nicolás y sus partidarios creen que la hora de resolver esta cuestión no ha llegado todavía. Por muchas razones, y una de éstas es que nadie sabe a ciencia cierta si Nicolás II está muerto. El señor Martov, por su parte, cree que está muerto. Muerto y disecado. Pero hay personas tan necias como el señor Martov que creen lo contrario. Por ejemplo: la emperatriz viuda, que vive en Dinamarca, todavía no ha encargado una misa por el alma de su hijo. Y esto—dice el señor Martov—es muy significativo, muy significativo...
[*Cuarenta líneas censuradas.*]

Berlín, junio

[*La Publicitat*, 24-VI-1924]

ALEMANIA

SIETE CANDIDATOS

La candidatura del ministro de la Guerra, Gessler, fracasó y la señora Catalina von Oheimb, ex diputada del Reichstag, que es una señora muy rica y algo aposentada, pero aún llena de energía y de majestad, muy interesada por la candidatura del ministro Gessler, se ha dado de baja del Partido Popular, el partido de Stresemann, que hizo todo lo que pudo, que es mucho, para arruinarle la candidatura al ministro Gessler. Pequeña nota de sociedad.

Si el ministro Gessler hubiera sido designado candidato único de los partidos burgueses, su elección hubiera sido segura. Seis y tres: nueve, y cuatro: trece, y uno: catorce, y uno: quince, y dos: diecisiete. Diecisiete millones de votos (seis de los nacionalistas, tres de los populares, cuatro del Centro Católico, uno de los populares bávaros, uno del Partido Económico y dos de los demócratas) no se los quitaba nadie, y en Alemania, con diecisiete millones de votos, se es sin problemas presidente de la República. El nuevo presidente habría sido definitivamente elegido el día 29 de marzo, porque el ministro Gessler, con diecisiete millones de votos, habría dispuesto de la mayoría absoluta sobre todos los demás candidatos (un socialista, un comunista y, probablemente, un racial), y la mayoría absoluta es indispensable para ser elegido en la primera votación, pues así lo dispone la ley especial para la ejecución del artículo 41 de la Constitución de Weimar, que es el artículo por el que el pueblo alemán asume la misión de elegir cada siete años al jefe del Estado por sufragio universal y directo.

Fracasada la candidatura Gessler, por las razones que hemos dicho y por otras menos importantes, las elecciones del 29 de marzo serán un sencillo recuento de fuerzas, el prólogo de las verdaderas elecciones, y nada más. Sabemos ya que ningún candidato conseguirá la mayoría absoluta por encima de todos los demás. De esto estaba convencido, desde el primer momento, casi todo el mundo. Pero cuando el Partido Popular Bávaro dio a conocer la decisión de presentar un candidato propio, y los raciales hicieron lo mismo, se disiparon las últimas dudas. De los siete candidatos alineados ninguno saldrá elegido el 29 de marzo, y mucha gente parece estar convencida de que tampoco el 26 de abril. Ello es posible porque la ley ejecutiva de la que hemos hablado autoriza la presentación de candidatos nuevos en el segundo plebiscito. Se habla de resucitar la candidatura Gessler. Se habla también de una candidatura Luther. Pero todo esto es el futuro. El presente son las elecciones del día 29 y los candidatos que se presentan. Estos candidatos son, como ya hemos dicho, siete, y se los vamos a presentar ahora al lector, siguiendo el orden en el que ellos se presentaron al cuerpo electoral.

Otto Braun, candidato socialista, es un hombre corpulento, con hombros de ganapán, perfil de emperador romano, cejas más espesas que el mariscal Joffre, y la cabeza monda como una bola de billar. Su carrera es idéntica a la de Ebert: obrero, socialista y sindicalista, funcionario del partido y de la organización sindical, periodista, propagandista, diputado y, después de la revolución, gobernante. Ha sido durante tres años consecutivos, hasta hace dos meses, primer ministro de Prusia. No se puede afirmar que lo haya hecho mal; más bien lo contrario. Las dotes de organizador y de diplomático de Otto Braun son indiscutibles. Políticamente, sin embargo, como todos los jefes socialistas en general, y los alemanes y españoles en particular, es un cero a la izquierda. Si no lo fuera, no habría aceptado la candidatura a la presidencia de la República. Primero, porque no tiene ni la más remota probabilidad de salir. Segundo, porque la presentación de una candidatura socialista multiplica por cien las probabilidades de que salga elegido un candidato de la derecha. De hecho, si éste no sale elegido ya en el primer plebiscito, se deberá exclusivamente a los católicos, que son las únicas personas políticas de Alemania. A estas horas todavía no se sabe si los socialistas están dispuestos a votar a un candidato de concentración republicana en el segundo plebiscito, o si querrán mantener la candidatura Braun a toda costa. Si la mantienen, habrán encontrado el modo de demostrar que su incapacidad política, tantas veces puesta de manifiesto, no tiene límite.

El Partido Nacionalista, el Partido Popular (Stresemann) y una parte de las fuerzas reunidas bajo el pintoresco nombre «Partido Económico de la Clase Media» se han puesto de acuerdo para presentar a un solo candidato. La persona escogida es el doctor Jarres, ex ministro del Interior y alcalde de Dinsburg, expulsado por los belgas y amnistiado recientemente. Se dice del doctor Jarres que es un hombre de convicciones nacionalistas muy radicales. No podría asegurar si es cierto, porque jamás me ha hecho confidencias. Oficialmente, el doctor Jarres pertenece al Partido Popular, y si lo que se dice sobre sus convicciones nacionalistas es exacto, el hecho de estar adherido a un partido «posibilista», como el popular, y no a un partido de dementes, como el «racial», demuestra que no es ningún necio. La nariz chata, los labios finos, la frente escasa y evasiva, y el cabello ralo proyectado hacia atrás con violencia, dan al doctor Jarres un aire mefistofélico, según la concepción italiana y musical del personaje. De cerca, el candidato de la derecha es un hombre amable y simpático. El discurso de presentación, correcto y de una gran habilidad, ha gustado poco a la mayoría de quienes han de ser sus electores por demasiado constitucional. Las probabilidades de que el doctor Jarres llegue a ser presidente de la República no son muchas, pero, de todos modos, es uno de los candidatos para el segundo plebiscito. Le votarán millones y millones de personas de convicción monárquica, pero, si resultara elegido, la República no estaría amenazada. Se volvería, al contrario, cada día más burguesa y suntuosa.

Un día, cuando en Alemania las cosas iban muy mal y parecía que todo estaba a punto de derrumbarse, el señor Marx fue nombrado canciller. Al atardecer de ese mismo día los periodistas extranjeros fueron recibidos por el nuevo jefe del Gobierno en la Cancillería. Iba conmigo Josep Pla, entonces en Berlín. Marx nos habló media hora con una gran sencillez. Al salir, Pla, que no había entendido ni media palabra (ni falta que le hacía), me dijo: «Es el hombre que Alemania necesitaba. Con un canciller así Alemania irá a todas partes.» La historia de los últimos meses se ha encargado de confirmar la opinión de Pla. Si los socialistas alemanes no fueran lo que son, Marx habría sido el único candidato de los republicanos, sin reservas, y habría triunfado en el primer plebiscito indiscutiblemente. Alemania habría hecho un gran negocio, porque Marx es un hombre inteligente, fino, honrado, buena persona, cuyo corazón puede apreciarse a través de los cristales de sus gafas, que quiere la paz, la tranquilidad y la República. Marx es uno de los políticos más bienintencionados y más cordiales de Europa, y sería muy positivo para todos que llegara a ser presidente de la República alemana.

Llenos de un optimismo que los honra, los demócratas presentan un candidato propio: el doctor Hellpach, presidente del estado de Baden y profesor en la Escuela Politécnica de Karlsruhe. La especialidad del doctor Hellpach es la psicología experimental. Ni que decir tiene que es un admirador sin reservas del señor Darío Romeu, de Barcelona, y que no hace nada sin consultarlo. De todos los candidatos, el doctor Hellpach es el mejor orador. Para él, hacer un discurso elocuente, amplio y largo, pronunciado con convicción, sentido musical y amor al público, es algo facilísimo y agradable. Los demócratas están muy satisfechos, y con razón, porque en Alemania, aparte de Stresemann, el presidente del Reichstag Loebe y cuatro comunistas que no cuentan, la elocuencia es un bien escaso. El doctor Hellpach es joven, simpático y muy culto. Si llega a tener dos millones de votos ya será mucho.

Como el doctor Jarres es una personalidad muy significativa dentro de la Iglesia evangélica, el Partido Popular Bávaro, sintiéndolo mucho, no ha podido decidirse a aceptar su candidatura y presenta al doctor Held, católico reconocido y primer ministro de Baviera. El doctor Held lleva bigote y mosca, y es [*dos palabras ile-*

gibles]. Los bávaros tienen la esperanza de que en el segundo plebiscito el doctor Held será el candidato común de los partidos burgueses. Las personas que son como es debido tienen la esperanza contraria. Cariz interesante de la candidatura Held: el particularismo. Los hannoverianos, que siempre hacen causa común con el Partido Económico de la Clase Media, votarán por él, y va a ser curioso observar el número de votos que obtiene en Baviera, además de los de su propio partido.

Quedan aún dos candidatos: el obrero Thalmann, comunista, y el general Ludendorff, racial. El obrero Thalmann se presenta porque en Moscú son muy intransigentes y quieren evitar, por todos los medios, que los comunistas voten al candidato socialista. No tiene ninguna probabilidad, naturalmente, y debemos celebrarlo, porque así podrá continuar actuando como diputado. Thalmann es uno de los elementos más activos y escandalosos de la fracción comunista, que, junto con Stresemann, es el único elemento parlamentario del Reichstag. Lo poco que el Parlamento alemán tiene de parlamentario (la juerga, la improvisación y lo inesperado) se lo debe a los comunistas y a Stresemann. Sin ellos, las sesiones serían insoportables. El general Ludendorff, desamparado y confundido, se dispone, una vez más, a hacer el paripé para complacer a Adolf Hitler. Estos generales tan buenos no comprenden que la gente prefiera morir de muerte natural, y cuando las guerras se acaban van por el mundo sin tener gracia alguna.

Berlín, marzo

[*La Publicitat*, 28-III-1925]

APÉNDICE

VIEJAS NACIONES Y NUEVOS ESTADOS

MASARYK, PRESIDENTE DEL PUEBLO

Después de exponer que el presidente de la República no podrá ser reelegido por segunda vez, el apartado cuarto de la Constitución checoslovaca añade:

«La presente disposición no se aplica al primer presidente de la República.»

Bajo esta forma anónima, discreta y puramente jurídica, Tomás Garrigue Masaryk quedó proclamado presidente vitalicio de la República checoslovaca. Ningún otro jefe de Estado de Europa tiene como él asegurada, aparte de la estabilidad de su magistratura, la veneración perpetua del pueblo al que rige. Su autoridad, a un tiempo paternal y magistral, tiene un carácter como providencial, y su popularidad es, con un punto de ironía, la coronación gloriosa de una vida de impopularidad, de lucha contra las ilusiones nacionales, contra los prejuicios del pueblo y de los intelectuales. Fue con una energía y una dignidad admirables como el presidente Masaryk llevó su vida de independencia intelectual y política hasta las puertas de la vejez.

Hijo del pueblo, al querer seguir una carrera universitaria, Masaryk se encontró con dos obstáculos: la pobreza y la raza. Para el Imperio austriaco un checo o un eslovaco eran muy poca cosa, y un checo o un eslovaco pobres no eran nada. Masaryk es un eslovaco de Moravia, y sus padres tuvieron que pedir al emperador un permiso especial para que su hijo pudiera entrar en la segunda enseñanza. Una vez vencido el obstáculo de la raza, la pobreza obligó a Masaryk a dejar los estudios y a emprender el oficio de herrero. Pero a los treinta y dos años el oficial herrero y estudiante por vocación llegaba a la cátedra de Filosofía de la Universidad de Praga. A su alrededor se reunieron enseguida la flor y nata de la juventud eslava: al lado de los checos y los eslovacos, los croatas, los serbios e, incluso, los búlgaros y los rusos. En todos ellos la enseñanza de Masaryk despertaba la idea nacional y estimulaba la formación de la conciencia civil. La filosofía política y civil que enseñaba Masaryk era, en el fondo, una adaptación a los tiempos modernos de las doctrinas de Joan Huss, precursor checo de la reforma y mártir de la libertad religiosa y nacional. Esta doctrina, moral, social y política a la vez, pretende fomentar, sobre la base de la libertad de conciencia, una vida espiritual sin corrupción, una organización económica sin explotación y sin servidumbre, y un Estado nacional conciliable con el interés superior de la humanidad. Fortalecer la dignidad humana y honrar en todo momento a la verdad: apuntalado sobre estos dos principios básicos, Masaryk aplicó rigurosamente el método crítico tanto a los hechos de la historia como a las manifestaciones del presente nacional. En 1885 emprendió, prácticamente solo, la campaña llamada «de los manuscritos». En la época de oro de los hallazgos arqueológico-literarios, Masaryk no vaciló en afirmar y demostrar la falsedad de unos poemas que todo el mundo tenía por los títulos más antiguos y gloriosos de la literatura checa. Este sacrilegio contra el patriotismo y la ciencia oficiales promovió un escándalo. El autor fue atacado, insultado y acusado de mal patriota.

Intelectual, universitario, profesor, Masaryk sintió el deber patriota de hacer política. Fundó su propio partido y lo bautizó con el nombre de Partido Realista. Este partido jamás tuvo más de tres diputados en el Reichsrat de Viena. Cuando estalló la guerra, el único diputado del Partido Realista era el propio Masaryk, e incluso el ser diputado lo debía a la generosidad del Partido Socialista Nacional, que quiso hacerle el homenaje de respetar su sitio. De acuerdo con su nombre, el Partido Realista de Masaryk era un partido oportunista y maximalista. Su programa consistía en conseguir en cada momento lo máximo posible. Ni que decir tiene que durante veinticinco años no consiguió nunca nada, absolutamente. Pero la autoridad moral de Masaryk en el Parlamento era inmensa, y su nombre traspasó las fronteras de su patria.

A pesar de los desengaños sufridos, Masaryk no se decidía a recomendar la fórmula separatista, porque no veía posible su realización. Tenía más bien puestas sus esperanzas en la fórmula llamada eslavista o trial, esto es, la transformación de la doble monarquía austrohúngara en una monarquía triple: germánica, magiar y eslava. Había gente que decía y creía que el heredero de la Corona austriaca era partidario de esta solución.

... El heredero de la Corona austriaca fue, no obstante, asesinado. Estalló la guerra, y ante el nuevo hecho, Masaryk demostró de forma espléndida el rico y profundo sentido de su etiqueta política. La realidad se transformó ante sus propios ojos, y él transformó su programa realista ante la nueva realidad.

Cuando aún no hacía ni medio año que duraba la guerra, en diciembre de 1914, Masaryk abandona, por la puerta de Italia, el territorio austriaco, y se va al extranjero con un programa preciso y radical: la reunión del pueblo checoslovaco en un nuevo estado independiente. Junto con otros dos hombres, que por la edad podrían ser sus hijos, constituye en París el Consejo Nacional Checoslovaco, que al cabo de tres años y medio, un mes antes de la proclamación de la independencia en Praga, debía ser reconocido por los aliados como el Gobierno provisional de la República checoslovaca.

Entre estos dos hitos, sin embargo, ¡cuántas inquietudes y cuántas luchas difíciles, indecisas hasta el último momento! La tarea de conquistar la simpatía de los hombres de Estado de la Entente por la causa de la libertad checoslovaca no era nada fácil. Austria tenía en todas las cancillerías de Europa amigos poderosos. Pero Masaryk y sus dos compañeros tenían, en la mente y en el corazón, una idea dura y clara como un diamante. Sin medios y rodeados por la malevolencia y el recelo (el Gobierno de Viena juraba todos los días que la lealtad del pueblo checo era absoluta), empezaron a trabajar. Benes, el discípulo favorito de Masaryk, se encargó de la organización de la propaganda política. Stefanik, checo de nacimiento, nacionalizado francés, ingeniero y astrónomo, soldado voluntario desde el primer día de la guerra, viendo que el momento estaba dominado por las necesidades de orden militar, tuvo la genial idea de formar, con los prisioneros checos y eslovacos hechos por los aliados, las famosas legiones checoslovacas que combatieron en los frentes ruso, italiano y francés. Masaryk era toda la solvencia moral de la empresa.

Pero sin piedad para sí mismo, Masaryk fue, también, un agente infatigable de la causa. A los sesenta y cinco años, el viejo profesor entró en el período más agitado y venturoso de su vida. A fin de vencer las resistencias que sólo él podía vencer, y de ganar las adhesiones que él solo tenía suficiente autoridad para atraer, Masaryk recorrió la Europa occidental de punta a punta—España no, por supuesto—y dio la vuelta al mundo. Lo vemos en París, en Londres, en Suiza, en Roma, en Escandinavia; después en Rusia, y cuando triunfa en Rusia la revolución maximalista, desafiando los peligros entonces terribles del mar, se va al Japón y a Vladivostok para encontrarse con las legiones checoslovacas que llegan del frente ruso a través de Siberia.

Del Extremo Oriente, Masaryk pasó a California, y emprendió un viaje de propaganda por toda América del Norte. Gracias, sobre todo, a la ayuda de los dos millones de inmigrantes checos y eslovacos establecidos en los Estados Unidos, este viaje consiguió un éxito triunfal y, al llegar a Washington, el futuro presidente Masaryk fue huésped del presidente Wilson.

El momento político, ya maduro, no ofrecía ningún obstáculo a la inteligencia de dos hombres naturalmente hermanados por una formación intelectual idéntica y las mismas inquietudes espirituales. Cuando en Europa no se habían vencido aún las últimas resistencias, existía ya entre Masaryk y el presidente Wilson una inteligencia absoluta. El año 1620, en la batalla de la Montaña Blanca, la nación checa perdió definitivamente la libertad, y trescientos años después, en la Casa Blanca de Washington, un viejo profesor, solo, libraba y ganaba la batalla decisiva para la reconquista de la independencia.

Masaryk estaba todavía en Estados Unidos cuando se firmó el armisticio. Pero, elegido presidente de la República por los Consejos Nacionales checoslovacos de París y de Praga reunidos en asamblea en Ginebra, hacia finales de noviembre vuelve a Europa y, cuatro años después de haber salido de la patria como emigrado político, regresa triunfal como jefe del Estado, héroe de la libertad de la nación y padre del pueblo. El 27 de mayo de 1920 fue confirmada por el primer Parlamento constitucional de la República checoslovaca la elección de la Asamblea de Ginebra. Masaryk queda definitivamente proclamado jefe supremo de la nación checoslovaca libre. Por voluntad y amor del pueblo, su autoridad y su magisterio deben durar tanto como su vida.

Brno, julio

[*La Publicitat*, 7-VIII-1924]

UNA JORNADA CON EL PRESIDENTE MASARYK

Cuando salimos, por la mañana, de Brno para ir a Zidlocovice, residencia de campo del presidente, la ciudad, llena de luz, banderas, oriflamas y gente bien acicalada y vocinglera, tiene, a pesar de la fisonomía germánica, un matiz oriental. Todas las casas están engalanadas, y los forasteros llegan tarde. La entrada del presidente en Brno, con motivo de la primera visita oficial a Moravia desde la independencia de la República, tendrá lugar a las cinco de la tarde. Son las diez de la mañana, y las calles centrales por donde va a pasar, siete horas más tarde, la comitiva están ya acordonadas por una muchedumbre necesitada. Los destacamentos de *sokols*, con sus músicas y banderas, van de un lado a otro. Tan pronto son las camisas rojas de los viejos *sokols* separatistas, como los uniformes de las nuevas organizaciones: camisas azules de los católicos, camisas blancas de los socialistas.

De Brno a Zidlocovice, la carretera atraviesa una de las comarcas más ricas de Moravia. Es la tierra que da la remolacha más llena de azúcar y la cebada de mejores cualidades para la cocción de cerveza. Extendidos a lo largo de la carretera, los pueblos se confunden. En cada uno hay una azucarera o una fábrica de *Malz*.[1] Y toda la carretera es una calle interminable, engalanada como en días de fiesta mayor y llena de gente endomingada. Las fábricas no trabajan y las escuelas están cerradas. Hay multitud de niños. Los hombres guarnecen las ventanas y los portales con ramas verdes.

Hace unos cuantos días que el presidente, después de haber visitado otros lugares de Moravia, descansa en Zidlocovice. Antigua residencia de caza de uno de los 950 archiduques de Austria, Zidlocovice es hoy una propiedad del Estado checoslovaco, puesta al servicio del presidente de la República. Una bella casona de estilo barroco francés, estilo inevitable de los príncipes alemanes. En la entrada del parque, dos centinelas; pero de la pesada cancela han sido visiblemente arrancadas las armas de los Habsburgo. En la puerta de la casona, el jefe de la

---

[1] Germanismo por «malta».

Casa Militar de la Presidencia, el general Hoppe, nos recibe, y nos conduce por la amplia escalera blanca hasta la pieza donde el señor presidente nos hará el honor de recibirnos. Es una sala noble y desnuda, sin ningún asiento y con las ventanas sobre el parque.

El señor presidente no se hace esperar. Entra con paso ligero, nos extiende la mano con sencillez y nos pregunta en qué lengua preferimos hablar. El presidente domina las grandes lenguas de la cultura europea—la española no, por supuesto—, tanto latinas como germánicas y eslavas. Hablando francés, las frases impecables y las palabras justamente escogidas sin vacilación se desgranan con algo de melodía eslava y un punto de acento angloamericano (la señora Masaryk, muerta hace poco tiempo, era americana, y el inglés es, en la casa del presidente, la lengua familiar). El presidente habla, generalmente, con lentitud, pero su palabra, como su mirada, fulgura, de vez en cuando, con un relámpago de viveza. Su tono de voz es suave, pero sin desfallecimiento, del mismo modo que, a pesar del cuerpo alto y delgado, recto y tenso como un mimbre, de este hombre de setenta y cinco años, una leve inclinación de la cabeza blanca y fina—pliegue ilustre de la meditación—resta a la figura cualquier tipo de altivez. A veces, mientras habla, camina. Sus pasos son amplios y firmes, y todos sus movimientos son de una agilidad que cada vez más causa admiración, pues se sabe la edad del presidente y la grave enfermedad que no hace mucho puso en peligro su vida.

Más tarde, el general Hoppe nos contará que todas las mañanas el presidente da con él un paseo de un par de horas a caballo. Nunca da la menor muestra de fatiga.

Acabado el paseo, salta de la silla y se pone a trabajar sin concederse ni un minuto de reposo.

Un día que se hablaba de su enfermedad, el presidente dijo, con una sonrisa:

—La crisis ya ha pasado. Ahora viviré diez años. Pasado este tiempo moriré, porque pienso que ya no voy a hacer ninguna falta.

Siento mucho no poder ofrecer al lector una interviú con el presidente Masaryk. La interviú periodística es un arma de defensa en manos de los soberanos sin prestigio, sin popularidad, sin carácter, con el cargo en tanganillas y el futuro de la familia comprometido. Los reyes de los países geográfica o espiritualmente balcánicos hacen un gran uso de este método de defensa y de propaganda. Llaman al primer periodista que pasa por la ciudad, lo obligan, antes de recibirlo, a vestirse de majadero con una levita y un viejo sombrero de copa, y cuando lo tienen delante le dan un cigarrillo y le explican cualquier cosa. Como de niño no aprendió a hacer el paripé, el presidente Masaryk sería incapaz de representar este tipo de papeles. Por otra parte, no tiene ninguna necesidad de ello. El presidente Masaryk recibe a un periodista del mismo modo y por las mismas razones que recibe a un músico, a un industrial, a un médico o a un cura: porque cree que es parte de su función recibir y hablar con la gente que tiene interés en acercársele. Conversa largamente con los visitantes, y, cuando se tercia, los sienta a su mesa, al lado de su hijo y secretario particular, Joan Masaryk; de su hija, Alice Masaryk, presidenta de la Cruz Roja checoslovaca; del general Hoppe y otros colaboradores íntimos. En este círculo, el presidente, igualmente alejado de la reserva y de la confidencia, habla de todo con una amabilidad perfecta.

¿Tenemos derecho a reproducir algunas de sus palabras? Sin ninguna duda, pues lo que dice el presidente Masaryk no tiene jamás el aire de una manifestación. Su pensamiento ha alcanzado un punto de madurez magnífica. Sus juicios, valorización exacta de los hechos, tienen la densidad y el peso de los hechos mismos.

—Checoslovaquia posee dentro de su territorio minorías nacionales importantes—dice, por ejemplo, el presidente al hablar de uno de los problemas más difíciles que tiene la joven República—; minorías alemanas, en primer lugar. Además de los alemanes, hay una minoría fuerte de magiares, un número considerable de pequeños rusos en Eslovaquia, una pequeña minoría de polacos y una minoría ínfima de rumanos.

»Esta composición étnica del estado genera controversias para dilucidar si Checoslovaquia es un estado nacional o un estado mixto, como Suiza. Los checos sostienen la primera concepción; los alemanes y las demás nacionalidades que defienden la segunda fingen apoyarse, a veces, en una ficción étnica: afirman que los eslovacos son diferentes de los checos, y que, por tanto, en el estado checoslovaco la población puramente checa no tiene mayoría. Esta pretensión no tiene ningún valor histórico ni actual. Los checos y los eslovacos formaban antiguamente una sola nación y hablaban una misma lengua. La invasión de los magiares sometió a los eslovacos a ocho siglos de opresión. Durante este largo período, los checos, más libres, trabajaron más su lengua que los eslovacos, y eso hace que, habiendo conservado los eslovacos el habla antigua, ahora la empleen como lengua oficial y escrita.

»Hablar de un problema de nacionalidad y de lengua entre checos y eslovacos es querer empezar una polémica sin ninguna clase de fundamento y, por otra parte, del todo superflua, pues nadie niega el hecho, ni su importancia esencial, de que en nuestro país existe, tocando la frontera de Alemania, un núcleo considerable de alemanes. Es necesario que estos alemanes dejen de vivir, como hasta ahora, apartados de la vida del estado, y los gobernantes de Checoslovaquia deberán encontrar la solución a este delicado problema...

Desde su puesto de moderador y árbitro, el presidente Masaryk pone toda su autoridad al servicio de la conciliación. Estas visitas a Moravia y a la ciudad de Brno representan un hito capital de la acción conciliadora. En Moravia hay una minoría alemana numerosa, y el presidente, en todos los actos y palabras, parecía querer indicar que su visita iba especialmente dedicada a los alemanes.

Es de suponer que, después de este viaje presidencial a Moravia, el problema alemán de Checoslovaquia seguirá existiendo. Pero el presidente habrá fortalecido aun entre los alemanes su posición moral y su prestigio, y los hombres dispuestos a trabajar según sus ideas y enseñanzas encontrarán más sencilla la tarea. En la exposición detallada de esta tarea, la acción personal del jefe del Estado ha sido decisiva y ha dado frutos. Si no el mismo amor de hijos agradecidos, los alemanes tienen por el presidente el mismo respeto y admiración que los checos.

Un alemán de Praga (uno de los primeros periodistas alemanes de Checoslovaquia) me dijo:

—El presidente desea que nosotros, alemanes, podamos llegar a dar al país (lo que ahora aún es imposible) el máximo rendimiento: industrial, intelectual y político, del que seamos capaces. De un modo más o menos confuso así lo sienten todos los alemanes, y por eso lo respetamos. Los que vemos muy claro su pensamiento y medimos justamente su valor lo respetamos y lo queremos.

Después de haber oído hablar al presidente, en un incidente de la conversación, del fracaso de la experiencia comunista en Rusia, la opinión del alemán de Praga debería parecernos muy acertada:

—La justificación, la función y la finalidad del Estado—dijo—es captar los valores individuales (todos los valores individuales) y ponerlos en situación de dar el máximo rendimiento. Un régimen político que no ayude al Estado a llenar con toda la plenitud posible esta función es un régimen político antihumano. Por eso era antihumano el zarismo, y por eso lo es el comunismo...

Pero este individualismo moral del presidente Masaryk es de una calidad opuesta a la del individualismo negociador de Mussolini. Pues al hablar del socialismo que el ex socialista Mussolini desprecia ahora con argumentos de sacamuelas que ha ganado la rifa, el presidente Masaryk, que nunca ha sido socialista, dice:

—Nadie puede decir cuáles serán en el futuro los frutos de una doctrina como el socialismo, que a duras penas acaba de entrar en el período de las aplicaciones prácticas. Pero algo sí es cierto: creer que el actual orden capitalista está destinado a durar eternamente es una ilusión sin ningún fundamento histórico...

Con todo, la doctrina nacionalista no ha llegado aún tampoco a alcanzar el grado de expansión necesario. Con la creación de nuevos estados pequeños se satisfacen las aspiraciones de las naciones, y resulta, por tanto, posible el progreso y el fortalecimiento de la solidaridad internacional. El presidente Masaryk no da ningún valor al pretendido argumento de la balcanización de Europa. Cree, al contrario, en los Estados Unidos de Europa, sobre la base de las naciones libres:

—Es una idea que exige grandes esfuerzos de reflexión y de acción—dice—. Las dificultades que hay que vencer para realizarla no proceden de los nuevos y pequeños estados nacionales, sino de los viejos estados, de los estados imperialistas que se llaman a sí mismos grandes...

Antes de despedirnos del presidente, bajo los árboles inmensos del parque, el nombre de Cataluña vuelve a la conversación:

—En nuestra tierra—dice el presidente—Cataluña es conocida, y sabemos lo que pasa allí...

Salimos de Zidlocovice con la esperanza en la frente y un temblor de libertad en el corazón.

Por la carretera, admirablemente entretenida, rehacemos ahora, de vuelta, a velocidades fantásticas, la ruta de la mañana. Le llevamos sólo unos minutos de antelación al paso de la comitiva presidencial. Todo el camino es una fiesta de banderas.

Desde la mañana hasta ahora han aparecido miles de ellas. No ha quedado casa alguna con una ventana sin guarnecer. La inmensa mayoría son banderas checas: rojas, azules y blancas. Pero se ve también la antigua bandera de Bohemia, amarilla y roja, y los colores—negro, rojo y amarillo—de la bandera alemana. Hay un pueblo donde no se ven sino banderas alemanas, pero todo el pueblo, hombres, mujeres, viejos y niños, está en las ventanas y en la calle.

...Acabamos de pasar una jornada con el hombre eminente que, después de haberle dado al estado checoslovaco la vida, le está dando una tradición—una tradición de libertad—. Para homenajear al fundador de esta tradición todas las banderas son buenas, todas las banderas son necesarias. Al lado de la bandera checa, la alemana. Bajo el magisterio de Masaryk, el pueblo checoslovaco ha conquistado la independencia y ha perdido el miedo.

Brno, julio

[*La Publicitat*, 9-VIII-1924]

LA INDUSTRIA CHECOSLOVACA Y SUS PROBLEMAS

De los 13,5 millones de habitantes que tiene hoy la República checoslovaca, 10 millones corresponden a los territorios de Bohemia, Moravia y Silesia, sometidos antes al Imperio de Austria, y 3,5 millones escasos a Eslovaquia, explotada durante ochocientos años por el imperialismo magiar. Eslovaquia es un país de silvicultura y de ganadería. Bohemia, Silesia y Moravia constituían, en cambio, el centro industrial más importante de la doble monarquía austrohúngara. La base de la prosperidad económica de estas regiones era, naturalmente, un mercado interior de 53 millones de habitantes bien acordonado y defendido por un arancel de Aduanas hecho a medida.

Dadas estas condiciones, se explica que el patriotismo de una buena parte del capitalismo industrial checo fuera más bien tibio. El industrial que veía funcionar su fábrica como un reloj y los negocios como una seda encontraba que las cosas ya estaban bien tal como estaban. Un poco de autonomía, servida caliente, la habrían aceptado con mucho gusto la mayoría de los industriales. Pero la independencia, por nada del mundo. Ni regalada. Ellos no eran separatistas. Klofach y los socialistas nacionales que pedían la independencia, y en pleno Parlamento trataban al emperador de vieja bestia alcohólica y sanguinaria, eran unos abominables aguafiestas. Los checos serían las primeras víctimas de la independencia. Una Checoslovaquia independiente no podría vivir. ¿Qué haría la industria? ¿Quiere alguien hacer el favor de decirme qué sería de la industria?

Los principales defensores de este punto de vista se valían de los argumentos empleados por los economistas Rusignolski, el vizconde de Kussow, el conde de Karaltski y los señores Salarski, Nualerski y Jaime Stapinski.

Estos señores eran, y son aún hoy, unos perfectos imbéciles. El calificativo se lo pueden apropiar, si gustan, todos los que piensan como ellos. La teoría de la incompatibilidad entre la independencia y la existencia es una teoría antinatural, anticientífica y antiempírica. Es antinatural porque supone que una frontera debe producir por fuerza los mismos efectos de un bloqueo, único medio hallado hasta ahora para ahogar efectivamente la vida económica de un pueblo. Es anticientífica porque excluye la eficacia, multiplicada por el estímulo de la necesidad, de los esfuerzos de rectificación, adaptación, transformación, etcétera. Es antiempírica porque ignora este hecho indiscutible y terminante: no ha habido nunca un estado independiente que se haya visto obligado a renunciar a la independencia a fin de evitar que sus ciudadanos se murieran de hambre o de asco.

Checoslovaquia es, pues, como decimos, un país industrial de 13 millones de habitantes con una industria montada para satisfacer las necesidades de un mercado interior, y arancelariamente protegido, de 53 millones de habitantes. Hace cinco años que Checoslovaquia es una República independiente. Si el punto de vista de los señores Rusignolski, Stapinski, etcétera, hubiera sido exacto, a estas alturas ya se habría demostrado que el nuevo estado no podía vivir. Checoslovaquia sería un país de hambruna y de miseria, con las fábricas cerradas, la gente pidiendo limosna por las calles y carreteras, las ciudades muertas y el pueblo famélico. Los políticos, desconcertados y confundidos, maldecirían la hora en que convencieron a Clemenceau, Wilson y Lloyd George de la necesidad de desmenuzar la monarquía austrohúngara. Todos reconocerían que la independencia es una desgracia, y desearían volver a los buenos viejos tiempos.

Será conveniente hacer constar, en primer lugar, que en Checoslovaquia no pasa nada de esto. La gente vive, en general, como en cualquier otro país del mismo nivel de civilización, y, ciertamente, tan bien como hace diez años. Todo marcha, los ferrocarriles, los hoteles, las fábricas y los automóviles de alquiler. Praga es—aparte de su gran carácter de magnífica villa histórica—un centro de una vibración tan intensa como cualquiera de las ciudades europeas de su tamaño: Milán, Lyon, Bruselas o Leipzig. En Ostrava de Moravia, núcleo urbano de 130.000 habitantes, capital de la región minera y siderúrgica de Checoslovaquia, hay actualmente en plena actividad 16 cabarés y cafés cantantes. No creo que ningún economista sea capaz de negar la importancia y la elocuencia de este dato estadístico, cuya exactitud me ha sido garantizada por uno de los directores de los Altos Hornos de Witkowice.

¿Quiere esto decir que la industria checoslovaca atraviesa actualmente un período de decisiva prosperidad? Claro que no. En Checoslovaquia la industria ha pasado y pasa todavía por una grave crisis, aunque no tan grave como las de Inglaterra, Suecia o Cataluña. Es cierto también que la crisis de la industria checoslovaca tiene, además de las causas de orden general o mundial, una causa de orden particular, y es la de no disponer de un gran mercado interior protegido por un arancel. Pero el hecho dominante y característico de la situación actual de la industria checoslovaca no es la crisis, sino, al contrario, el grado de actividad que ha vuelto a alcanzar el utillaje industrial. Vuelve a haber ya industrias que trabajan a pleno rendimiento. Las más afectadas por la crisis, como las industrias laneras, trabajan a más del cincuenta por ciento. Los últimos cálculos establecen que, como media, el setenta por ciento del utillaje industrial de la República funciona y produce. Si se tiene en cuenta que en las épocas de máxima prosperidad normal (el período de la guerra no cuenta) la media del utillaje industrial en actividad no pasa jamás del noventa por ciento, habrá que convenir que el nivel alcanzado por la industria checoslovaca, al cabo de cinco años de independencia, y en medio de un período de desconcierto universal, es muy digno y satisfactorio. Si del estado particular de la industria pasamos al estado económico general del país, la situación es todavía más favorable, pues nos encontramos con una agricultura avanzada y floreciente, una banca sólida, una moneda estable y un presupuesto equilibrado.

Pienso que puede ser interesante resumir en pocas palabras las circunstancias de hecho, gracias a las cuales la existencia económica de la República checoslovaca es posible y agradable. Estas circunstancias son, principalmente, cuatro, y se presentan, según el orden de influencia, del siguiente modo:

1. A pesar de la potencia de su industria, Checoslovaquia no es un país predominantemente industrial como Inglaterra o Bélgica, sino un país de economía mixta, con predominio de la agricultura, como Cataluña. Exporta grandes cantidades de *Malz* y azúcar de primera calidad. No llega a producir suficiente para mantener a su población (100 habitantes por kilómetro cuadrado, mucho más densa que la de Cataluña), pero su déficit de víveres

es relativamente poco importante, y cuando se tambalea la superestructura industrial, el país puede resistirlo porque la infraestructura agrícola se aguanta sin resquebrajarse.

2. De industria destinada a servir principalmente las necesidades de un gran mercado interior, la industria checoslovaca se vio, de golpe, obligada a convertirse en industria de exportación. Ya hemos dicho que la inevitable crisis determinada por este hecho ha sido mucho menos grave de lo que mucha gente pensaba. La industria checoslovaca se ha adaptado rápidamente a los cambios, y hay que fijarse muy bien en la importancia de este hecho: Austria, Hungría y las regiones rumanas y yugoslavas que formaban parte de la doble monarquía son hoy, como eran antes, el principal mercado consumidor de productos industriales checoslovacos. Esto es perfectamente explicable. Es natural y no podía ser de otro modo. La causa no reside en la simpatía de los austriacos y húngaros hacia los checos y eslovacos, que no es tal, ni en una superioridad absoluta de la industria checoslovaca, que tampoco es cierta. Lo que ocurre es que la industria checoslovaca está formada para satisfacer los gustos de toda aquella gente, y que eso no se aprende en un día. La cuestión del crédito tiene también mucho peso. Y, por último, la libertad que tiene Checoslovaquia para sacar el trigo y el ganado que le falta de donde más le convenga inspira a sus antiguos «compatriotas» reflexiones muy serias.

3. Checoslovaquia era, como ya se puede suponer, un país explotado tributariamente sin freno y sin vergüenza. Esto hace que, sin ninguna necesidad de aumentar

los impuestos—al contrario—, Checoslovaquia se encuentre, vencidas ya las primeras dificultades de tesorería, ante una situación financiera inmejorable, que le permite emprender grandes obras públicas y sostener una legislación social de las más generosas—esto es, crear nuevas posibilidades laborales y socorrer a los obreros sin trabajo.

4. El mercado interior, pequeño como es, está bien defendido, y la negociación de tratados de comercio está en manos de los checoslovacos.

Para acabar, un apunte de política económica práctica e inmediata. La industria checoslovaca produce artículos que la industria catalana no produce, o no produce en cantidad suficiente. Siempre que un importador o un consumidor catalán prefiera los artículos checoslovacos a los similares de otros países, no estará haciendo otra cosa que cumplir con su deber.

Ostrava de Moravia, agosto

[*La Publicitat*, 12-VIII-1924]

A TRAVÉS DE LA ESLOVAQUIA LIBERADA

Si un día el oriente de Europa llega a tranquilizarse, Eslovaquia tendrá la vida asegurada como país turístico; será la Suiza de Oriente. Una Suiza con lagos y montañas y funiculares y cremalleras y hoteles inmensos y desoladores en medio de la niebla, pero sin la insolencia escenográfica de la Suiza de Occidente. En Eslovaquia hay llanuras y valles de una gran normalidad y las vacas ven pasar el tren con inocencia y fascinación. En Suiza la mayoría de las vacas tienen manchas por disposición del Consejo Federal, y se echan sobre la alfombra de los prados, en honor del forastero, cinco minutos antes de pasar el tren.

Desde Ostrava de Moravia, donde el aire es sucio y espeso como en la cuenca del Ruhr y en el «país negro» de Inglaterra, hemos llegado a uno de los mejores lugares para la salud y más renombrados de la montaña eslovaca. Siete horas de tren por la gran línea de Rumanía y una hora de tren local nos llevan de la llanura industrial de Moravia al corazón de las Altas Tatras.

Al poco de dejar Ostrava, el tren se detiene en Cieszyn (en alemán Teschen), que fue la manzana de la discordia, durante mucho tiempo, entre Polonia y Checoslovaquia. Cieszyn, ciudad rodeada de colinas y construida entre la arboleda, lleva en las entrañas un secreto terrible. En las capas profundas de las tierras que rodean la colina de Cieszyn, aseguran los geólogos que hay oculta una reserva de 8.000 millones de toneladas de carbón. Polonia y Checoslovaquia, hermanas eslavas liberadas el mismo día y a la misma hora, no tuvieron más remedio que pelearse por culpa de esta riqueza, y la pelea, en ciertos momentos, se encendió de forma alarmante.

Asegura la chismorrería europea que, cuando más vivo era el conflicto entre Varsovia y Praga, Briand, amigo siempre de las soluciones oportunistas y transaccionales, propuso, sin saber muy bien lo que decía, que Cieszyn fuera adjudicada a Checoslovaquia y Teschen a Polonia, y esta proposición brillante y racional acabó imponiéndose, a pesar de su imposibilidad aparente.

La ciudad de Teschen pertenece hoy a Polonia, pero la estación de Cieszyn está enclavada en territorio checoslovaco. Los geólogos afirman que la frontera actual reparte con gran equidad los 8.000 millones de toneladas de carbón entre los dos países y garantiza, tanto a la industria polaca como a la checoslovaca, una reserva de combustible suficiente para más de doscientos cincuenta años.

Las relaciones entre Polonia y Checoslovaquia son cada día más cordiales. Tomen nota los señores Gonzalo del Cerro y Gonzalo de Reparaz.

Al salir de Cieszyn, la línea de ferrocarril, abandonando la llanura y deslizándose entre las sierras bajas de los Cárpatos blancos, desciende hasta encontrar el Vag en Zilina. Paisaje de horizonte limitado como el de la isla de Francia, pero con menos secretos, menos sensual y de un verde más tierno y claro. En Zilina la línea gira violentamente a la izquierda y por el valle del Vag, río arriba, atraviesa el altiplano eslovaco entre las Altas y las Bajas Tatras. Sin detenernos, dejamos a la derecha la ciudad de San Martín de Turcián, el meollo geográfico y espiritual de Eslovaquia. Los pueblos y las villas extendidos en la orilla del río tienen todos el mismo aire. Son manchas de casas bajas dominadas por uno o dos campanarios de flecha. Cuando se trata de una ciudad de unos cuantos miles de habitantes como San Martín de Turcián, la mancha se ensancha y se alarga, y las casas parecen todavía más aplastadas. Durante mil años de opresión, Eslovaquia vivió bajo un cielo bajo y duro. Pero el espíritu de la raza huía por la punta de aguja de los campanarios.

Tengo un compañero de viaje eslovaco que me habla de las cosas de su tierra. Más que del presente de libertad, me habla, porque yo se lo pido, del pasado de luchas por la libertad, de cuando los eslovacos sufrían la dominación de los húngaros... y la traición de los demás eslovacos. El tren asciende lentamente por el valle, el sol, oro ahumado, se oculta tras la línea de la cresta, y cada palabra de mi compañero es como una bocanada de esperanza.

—Hace treinta años—me explica—un extranjero de paso en Eslovaquia bien habría podido creer que los húngaros tenían razón al asegurar que no existía el problema eslovaco. La conciencia nacional estaba anonadada por una esclavitud de ocho siglos, coronados por cincuenta años de opresión sin freno y sin cordura, mezclada, como siempre, con los métodos más viles de corrupción y las formas más repugnantes y zafias de halago a la vanidad personal. Menos el habla, el pueblo lo había perdido todo: la memoria, la tierra, el derecho y la fuerza. No había otras escuelas eslovacas que las sostenidas voluntariamente por algunos rectores y vicarios patriotas. Una gran parte de la población estaba condenada al analfabetismo total, porque el número de escuelas del Estado era muy inferior, proporcionalmente, al número de habitantes. Por otra parte las escuelas húngaras eran agencias de desnacionalización, y algunos padres preferían tener hijos analfabetos antes que desnacionalizados y espiritualmente corrompidos...

»No había ni una universidad ni una escuela superior

en toda Eslovaquia, y los eslovacos no tenían derecho a crear y mantener universidades y escuelas superiores con sus propios medios. En Budapest estaba centralizado el monopolio de la alta cultura y la juventud eslovaca patriota tenía, por el simple hecho de ser patriota, cerrado el camino de las profesiones liberales. No es de extrañar, pues, que la mayoría de los intelectuales eslovacos fuesen agentes de la dominación magiar. Las puertas de la universidad no se abrían sino para quienes ofrecían garantías suficientes de su futura traición a la causa nacional eslovaca. Los industriales eran conformistas y enemigos de toda agitación. Estaban convencidos de que la dominación magiar iba a durar eternamente y creían que el servilismo ante Budapest era la única política posible para la defensa de sus intereses.

»La Iglesia católica había perdido poco a poco su eficacia como instrumento de defensa nacional. El Vaticano no salió jamás de la neutralidad, a pesar de que el Gobierno de Budapest, amparado por el de Viena, no dejara ni un momento de intrigar en Roma. Pero cuando las fuerzas en conflicto son tan desiguales, la neutralidad no sirve de mucho a los débiles. Al estallar la guerra, el episcopado eslovaco era en su totalidad húngaro o aliado de los húngaros y los curas patriotas eran vigilados y perseguidos.

»No había ninguna fuerza política nacional eslovaca. Los escritores, los poetas que cultivaban la lengua de la tierra, los curas católicos y los ministros protestantes que se mantenían independientes y fieles a la causa de la patria, los grupos de abnegados y fervientes que en las ciudades y en las villas se reunían alrededor de la bandera, eran aplastados entre la indiferencia e impotencia de la masa y la acción de una autoridad extranjera que contaba con la complicidad de todos los estados mayores, intelectuales, espirituales, militares y económicos. En el Parlamento de Budapest los nacionalistas eslovacos no tenían ni un solo diputado. En lengua eslovaca no salía más que un periódico pobre e insuficiente, que cada dos por tres tenía que cerrar porque la censura lo suspendía o porque faltaba el dinero para llevarlo adelante.

Ha anochecido y nos aproximamos al fin de la jornada. Hemos dejado hablar a nuestro compañero sin interrumpirlo hasta que el tren se ha detenido en Tatranska Lomnica. A pie y a oscuras subimos de la estación al hotel, construido en mitad de la sierra. Yo estoy lleno de pensamientos, pero mi compañero retoma la conversación.

—No hay ninguna nación oprimida que haya caído tan bajo como la nuestra—dice—. Nosotros mismos, los activistas del resurgir nacional, llegábamos a dudar, pero ahora sabemos que nuestras dudas no tenían fundamento. El pueblo sintió la libertad ya desde un principio y cuanto más avanza en ella, más la comprende, más la agradece y más la quiere. Los agentes eslovacos de la dominación magiar están ahora a las órdenes del nuevo Estado. Cuando se tiene alma de criado los cambios de amo son algo sin importancia.

Es tal la oscuridad que no vemos dónde ponemos los pies, y llegamos al hotel como si hubiéramos hecho el camino con los ojos vendados. Al día siguiente, por la mañana, al asomarnos a la ventana, tenemos delante un paisaje de montaña de una grandeza y de una serenidad impresionantes. Los contrafuertes de las Altas Tatras en primer término, el amplio valle del Vag con cien campanarios y, más allá, la línea gris de las Bajas Tatras. Hace un día claro y brillante, de luz azul y aire suave, con un horizonte lejano y preciso, arrebatador.

Nunca—pienso—un catalán ha puesto la mirada en el horizonte con tantas esperanzas como yo en este momento, apoyado en la ventana de una habitación de hotel de Tatranska Lomnica.

Tatranska Lomnica, agosto

[*La Publicitat*, 4-IX-1924]

BRATISLAVA, O LA GLORIA DE LA FRATERNIDAD

En Checoslovaquia, Praga es la capital de la República y la capital de Bohemia. Brno, que los alemanes llamaban Brünn, es la capital de Moravia. Bratislava, que los húngaros llamaban Pozsony, y los alemanes Pressburg, es la capital de la Eslovaquia liberada. Praga y Brno son capitales históricas. Bratislava es una ciudad con una tradición ilustre, pero no es la capital histórica de Eslovaquia. La capital histórica es Kosice, y la capital sentimental es San Martín de Turcián. Bratislava es la capital natural y la moderna capital política. Basta con subir a visitar las ruinas del castillo y contemplar la nueva capital de Eslovaquia, blanca y bien aposentada en el flanco del Danubio, a tres pasos, como quien dice, de la doble frontera austriaca y húngara, para comprender que los fundadores del nuevo estado checoslovaco son gente que sabe dónde tiene la mano izquierda.

Bratislava es una mezcla muy equilibrada de eslovacos, húngaros y alemanes. De los 90.000 habitantes de la ciudad, 30.000 son húngaros, 35.000 son eslovacos y 25.000 alemanes. Cuando Bratislava todavía se llamaba oficialmente Pozsony, la vida ciudadana estaba adormecida y era muy provinciana. Los húngaros eran los señores: ejercían de militar, de funcionario, de agente de negocios, de aristócrata, de agente provocador, de policía y, en general, de todos los oficios propios de los señores en un país conquistado. Los alemanes estaban bien vistos; no tenían ningún derecho a intervenir en la vida política del país, pero se les toleraba e incluso facilitaba la realización de trabajos agradables y bien retribuidos, como los de comerciante o propietario. Los eslovacos eran los pobres, los esclavos, los parias. La ciudad era una capital de provincias perfecta, que se consumía en verano bajo el sol y en invierno bajo la nieve. A pesar de que está admirablemente situada para ser uno de los primeros puertos del Danubio, el tráfico de Bratislava era casi inexistente. El puerto de Viena, peor situado para servir a las necesidades de Eslovaquia, de Moravia y de Bohemia, se lo llevaba todo. Uno de los elementos del pacto tácito entre Austria y Hungría para la explotación sistemática de los eslavos era precisamente que el puerto de Bratislava no debía llegar a ser nunca nada. Lo mismo daba que los eslovacos gritaran y reclamaran. Cuando para apaciguar un poco los gritos se iniciaba la construcción de un nuevo muelle o de un nuevo almacén, las obras duraban diez, veinte, treinta años; no terminaban nunca. Entretanto, los barcos iban y venían de Budapest a Viena y de Viena a Budapest, y los ciudadanos de Bratislava tenían reconocido el derecho de ir a pasear por las orillas del río y contemplar el espectáculo.

Ahora las cosas han cambiado. Se han quedado en la ciudad los húngaros útiles y con ganas de trabajar, la inmensa mayoría. Los demás —la espuma infecta, tan fácil de imaginar desde Barcelona— han tenido que irse. Los alemanes ejercen aún de comerciantes y de propietarios, pero han perdido el monopolio. Los eslovacos vuelven, al cabo de ocho siglos, a ser algo en su tierra. Su principal tarea hasta ahora ha consistido en arrancar a la ciudad la costra de provincialismo impuesta por ochocientos años de mala voluntad y de inmundicia forastera. Toda la inspiración y los medios para realizar esta magnífica obra han salido del Ministerio de Asuntos de Eslovaquia, cuya sede está en la misma Bratislava. Llevada por el nuevo espíritu, la capital de Eslovaquia se ha convertido, en cinco años, en un centro político y económico activísimo. La vida estalla por todas partes: en la Dirección de Ferrocarriles, en la Sociedad del Puerto Nuevo, en la Feria del Danubio o en el Teatro Nacional. En 1913 el tráfico del puerto era de 30.000 toneladas. Este año se prevé que pase de 300.000. La Administración húngara necesitó ocho siglos para construir tres almacenes y medio kilómetro de muelles. Con cinco años, la Administración eslovaca ha tenido suficiente para construir ocho almacenes y tres kilómetros más de muelles. Junto al puerto se ha construido el gran pabellón provisional para la Feria del Danubio, y para el gran Palacio Monumental ya está aprobado el proyecto y han sido votados los créditos. La Feria del Danubio está destinada a ser el mercado de la industria checoslovaca para los compradores de Oriente. Inaugurada el pasado año con gran éxito, para la segunda convocatoria que va a celebrarse este otoño el número de expositores y de compradores anunciados es cinco veces superior al del primer año. Con el acicate de la Feria y de las obras del puerto, la vida industrial de la ciudad se despierta. A pesar de la crisis general de la industria, en Bratislava no transcurre un mes sin que se abra una nueva fábrica.

Todo esto lo hacen los eslovacos sin necesidad de ejercer una política de represalias. Los húngaros y alemanes no sufren a manos de los eslovacos el trato que los eslovacos sufrieron a manos de los húngaros mientras los alemanes se hacían los locos. Hacía diez años que en el Ayuntamiento de Bratislava había una gran mayoría magiar y una fuerte minoría alemana, pero no había ni un solo representante eslovaco. Hoy el Ayuntamiento está compuesto por 20 regidores eslovacos, 19 magiares y 17 alemanes, y este Ayuntamiento mixto, y fielmente proporcional, trabaja con un espíritu de concordia perfecta.

La Feria del Danubio y la contribución del municipio en las obras del puerto no son producto de divisiones ni de luchas, sino el resultado de la íntima colaboración entre los tres grupos raciales que intervienen en el gobierno de la ciudad. La liberación de Checoslovaquia ha permitido a la vieja villa de Bratislava no solamente reconquistar su nombre, sino justificarlo. Pues, si no me han engañado, decir Bratislava (de *brat*, hermano, y *slava*, gloria) es lo mismo que decir «la gloria de la fraternidad».

El catalán que viaja por Checoslovaquia se halla siempre rodeado de una cortesía perfecta, y con frecuencia de un interés activo y sincero. Pero en Bratislava los apretones de manos son más largos, las palabras más claras y las conversaciones más íntimas que en ninguna otra parte. Lo que nos rodea es la fraternidad. Y no la sugestión de una etimología más o menos exacta, sino el sentimiento fraternal inconfundible de unos hombres que por ganar la libertad no han perdido la memoria. Y como si no bastara con eso, una ciudad llena de carácter y de una hospitalidad tal que cuando uno quiere hablar de ella se le cae la pluma de la mano de agradecimiento.

Aun a sabiendas de que no me voy a saber explicar, debo contar la cena con unos buenos amigos en la casa del burgués Albrecht, cosechero de vino y ciudadano de Bratislava, porque, si no lo hiciera, toda la vida me acusaría de ingrato. El burgués Albrecht es uno de los 17 ciudadanos de Bratislava propietarios de viñas dentro del término de la villa, y estos 17 ciudadanos tienen el derecho de abrir sus bodegas tres veces al año, quince días cada vez, y permitir la entrada en sus comedores durante esos días a todos los demás ciudadanos, y servirles al menudeo todo el vino que pidan y estén dispuestos a beber sin salir de la casa y a pagar honradamente. Todo esto tienen el derecho a hacerlo los cosecheros desde hace siglos y siglos sin pagar impuestos ni contribuciones de ningún tipo, y gracias a la persistencia de esta institución admirable y verdaderamente filantrópica, el vino de Bratislava no ha sido jamás objeto de comercio, de ganancia ilícita ni de falsificación. Y el vino de Bratislava es una bendición de color de oro viejo, con un punto áspero y una pizca de picor, que no acaba de hacerse amigo del paladar hasta que no se llevan bebidos media docena de vasos. Pero después...

Durante nuestra estancia en Bratislava el burgués Albrecht no tenía derecho a abrir su bodega, que es la de mayor renombre de la villa. Pero cuando se trata de hacer feliz a un forastero, en Bratislava no hay puertas cerradas. El burgués Albrecht, cosechero de vino, no tiene derecho a servir comida en su casa. Pero cuando se trata de hacer feliz a un forastero, en Bratislava se hace todo cuanto sea necesario, aunque no se tenga derecho a ello. Y el burgués Albrecht, después de hacer los honores de su bodega, nos puso delante una mesa llena de maravillas: buñuelos de queso y pimienta roja (especialidad diabólica de Bratislava), mayonesa de colas de cangrejo de río, *tok* del Danubio, escabechado; jamón de Praga que se funde como la mantequilla, salchichón de Hungría, lengua de cerdo ahumada con espliego... y vino, aquel vino que manaba sin parar de las cubas de roble y que a cada nuevo vaso parecía que hubiera envejecido diez años. Eslovaquia. ¡Cataluña! Y el vino y los corazones no paraban de manar...

«¡Bratislava forever!»

Bratislava, agosto

[*La Publicitat*, 7-IX-1924]

ESTA EDICIÓN,
PRIMERA EN ACANTILADO,
DE «EL HUEVO DE LA SERPIENTE»,
DE EUGENIO XAMMAR, SE HA TERMINADO
DE IMPRIMIR, EN CAPELLADES,
EN EL MES DE SEPTIEMBRE
DEL AÑO 2005